"共同富裕示范区"
电网企业社会责任研究

国网浙江省电力有限公司　著

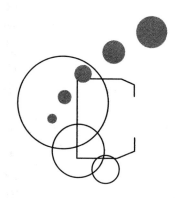

经济管理出版社

ECONOMY & MANAGEMENT PUBLISHING HOUSE

图书在版编目（CIP）数据

"共同富裕示范区"电网企业社会责任研究/国网浙江省电力有限公司著 . —北京：经济管理出版社，2023.5
ISBN 978-7-5096-9027-7

Ⅰ.①共…　Ⅱ.①国…　Ⅲ.①电力工业—工业企业—企业责任—社会责任—研究—中国
Ⅳ.①F426.61

中国国家版本馆 CIP 数据核字（2023）第 094992 号

组稿编辑：申桂萍
责任编辑：申桂萍　丁光尧
助理编辑：张　艺
责任印制：黄章平
责任校对：陈　颖

出版发行：经济管理出版社
　　　　　（北京市海淀区北蜂窝 8 号中雅大厦 A 座 11 层　100038）
网　　址：www.E-mp.com.cn
电　　话：（010）51915602
印　　刷：唐山昊达印刷有限公司
经　　销：新华书店
开　　本：720mm×1000mm/16
印　　张：16.25
字　　数：310 千字
版　　次：2023 年 5 月第 1 版　　2023 年 5 月第 1 次印刷
书　　号：ISBN 978-7-5096-9027-7
定　　价：68.00 元

前　言

　　浙江省在建设"共同富裕示范区"的宏观背景下，经济社会发展的目标导向将从经济效率优先、兼顾公平，向兼顾效率与公平、全面发展转变。国网浙江电力作为"共同富裕示范区"建设的推动者之一，其社会责任战略目标面临多重变化。通过对共同富裕目标下电网企业社会责任新战略进行重绘，国网浙江电力进一步对社会责任管理边界进行了适应性调整，对社会责任管理机制进行了主次分明的优化。本书的主要结论包括如下内容：

　　第一，对共同富裕进行了梳理，对新发展阶段的内涵特征进行了总结，并对共同富裕的战略部署与实现方式进行了理论梳理，课题组认为，共同富裕的实现需要坚持走高质量发展之路，推动区域协调发展，促进农民、农村共同富裕，优化收入分配结构，以及促进基本公共服务均等化，提高社会保障水平。

　　第二，对"共同富裕示范区"电网企业开展社会责任战略调整的必要性进行了梳理，认为在共同富裕目标下研究电网企业社会责任战略，是新发展阶段国有企业社会责任战略目标变化的需要，是"碳达峰、碳中和"目标下适应能源革命的客观需要，是服务浙江高质量建设"共同富裕示范区"的必然要求，以及落实国家电网公司发展战略与重大部署的重要内容。

　　第三，系统提出了"共同富裕示范区"背景下电网企业的社会责任管理内容新边界，以及管理机制的优化调整方向。明确提出"共同富裕示范区"电网企业社会责任的七项工作举措，以及利益相关方边界动态管理机制、社会责任实践议题机制、利益相关方赋能管理机制的具体模型。相关理论研究成果可辅助国网浙江电力及下属供电公司社会责任管理部门进行社会责任管理制度、机制、内容和策略的针对性调整。

　　第四，构建了"共同富裕示范区"省级电网企业社会责任战略新框架。提出了共同富裕目标下电网企业社会责任战略的价值目标区间模型，应该在"做大蛋糕"的基础上"做好蛋糕"、"分好蛋糕"，以带动共赢、共享公益、渐进融合、示范引领为社会责任战略愿景，推进"共同富裕示范区"背景下国网浙江电力社会责任战略转型。

第五，给出了"共同富裕示范区"电网企业社会责任战略模式的实现方式及可行建议。在夯实社会责任基础工作的同时，探索重点情境下共同富裕的推进模式，增加社会责任品牌的内外部影响力，完善社会责任评价考核。

本书的编写组由董毓华任组长，负责对全书的框架设计和统稿审定，编写组成员包括肖红军、汪华强、王楚东、王启明、吴哲彬、俞涛、王佳、俞晓松、张亚平、李耿、金朦朦、蒋君萍、陈悦君、王文波，负责各章节的写作。

目　录

第一篇　理论篇

第一章　共同富裕的基础理论 ……………………………………… 3

　　第一节　共同富裕思想的演进 ……………………………………… 3

　　第二节　新发展阶段共同富裕的内涵与特征 ……………………… 9

　　第三节　中国实现共同富裕的战略部署与方式 ………………… 13

第二章　共同富裕示范区电网企业履行社会责任的重要意义 …… 17

　　第一节　更好发挥新发展阶段国有企业功能定位的使命使然 …… 17

　　第二节　积极致力碳达峰、碳中和与适应能源革命的客观需要 …… 22

　　第三节　服务高质量发展建设共同富裕示范区的必然要求 …… 26

　　第四节　落实国家电网公司发展战略与重大部署的重要内容 …… 30

第三章　国内外企业社会责任发展新趋势与实践借鉴 …………… 34

　　第一节　国内外企业社会责任发展的新趋势与新要求 …………… 34

　　第二节　国内外一流企业社会责任实践的做法与启示 …………… 38

　　第三节　企业参与和助力共同富裕的优秀实践与经验借鉴 ……… 41

第二篇　战略篇

第四章　共同富裕示范区电网企业社会责任内容体系构建 ……… 49

　　第一节　新发展阶段电网企业在经济社会发展中的角色功能定位 ……… 49

第二节 共同富裕示范区电网企业社会责任内容界定思路 ……… 53

第三节 共同富裕示范区电网企业社会责任内容体系模型 ……… 56

第四节 共同富裕示范区电网企业社会责任的主要内容 ……… 59

第五章 共同富裕示范区电网企业社会责任战略模式的构建 ……… 68

第一节 电网企业综合价值生态化共创模式 ……… 68

第二节 社会责任战略模式构建 ……… 74

第三节 社会责任重点领域 ……… 82

第四节 社会责任管理创新 ……… 89

第六章 共同富裕示范区电网企业社会责任战略的实现方式 ……… 94

第一节 夯实社会责任基础工作 ……… 94

第二节 探索重点情境下的"共同富裕"实践模式 ……… 100

第三节 增强社会责任品牌影响 ……… 107

第四节 完善社会责任评价考核 ……… 112

第三篇　案例篇

第七章 电网企业社会责任实践助力乡村振兴案例 ……… 119

案例一 国网安吉县供电公司助力农村产业振兴案例：
产业模式助力乡村振兴，"电气化"推广携手共同富裕 ……… 119

案例二 国网宁波供电公司助力乡村人才培养案例："千户万灯·成长计划"
——多方联合培养乡村电工赋能乡村振兴 ……… 124

案例三 国网杭州供电公司数字赋能带动乡村共同富裕：
"电力驿站"数智惠农扮亮共同富裕示范区 ……… 138

案例四 国网东阳市供电公司助力美丽乡村建设案例：
全电改造为构建生态全域美丽乡村赋能 ……… 151

第八章 电网企业社会责任实践助力中小企业发展案例 ……… 162

案例一 国网浙江电力供应商产融服务中心助力中小微企业发展 ……… 162

案例二 转供"透视眼"：国网杭州市富阳区供电公司基于
"转供电费码"的中小企业数字化联动 ……… 167

第九章　电网企业社会责任实践助力经济高质量发展案例 ………… 173

　　案例一　多方共建城市碳效评价体系，精准孵化湖州工业新生态 … 173

　　案例二　数据治理赋能头门港"碳达峰"示范区建设 ………… 183

第十章　电网企业社会责任实践助力公共服务均等化案例 ………… 192

　　案例一　居民区充电桩统建统营 ………………………………… 192

　　案例二　大数据守护城市"生命线"——基于北斗定位创新探索共建
　　　　　　共享的城市安全治理新模式 ………………………… 193

　　案例三　构建基于"多规合一"的电网低碳空间规划联载体
　　　　　　——实现电网规划数字化、可视化、精益化 ………… 201

第十一章　电网企业社会责任实践助力环境可持续发展案例 ……… 210

　　案例一　精益管控确保"最强"温室气体"零排放" ………… 210

　　案例二　守护绿色生命线——基于自然资本核算的百山祖国家公园
　　　　　　生物多样性保护 ………………………………… 214

第十二章　电网企业社会责任实践助力特殊群体公益服务案例 …… 222

　　案例一　社会救助对象免费用电线上"一件事"服务模式，
　　　　　　助力电力政策普惠群众 …………………………… 222

　　案例二　新冠肺炎疫情防控常态化背景下的"侨雁归巢"
　　　　　　接力体系构建 ………………………………………… 227

　　案例三　点亮牧区——社会责任根植藏区乡村振兴 ………… 238

参考文献 …………………………………………………………… 247

第一篇

理 论 篇

第一章 共同富裕的基础理论

第一节 共同富裕思想的演进

百年来，中国共产党人在实践中始终秉承共同富裕的价值理念，将实现全体人民共同富裕作为中国共产党带领中国人民革命、改革、建设的价值追求。在党的十九大报告中，习近平总书记指出，中国特色社会主义的新时代是逐步实现全体人民共同富裕的时代。① 迈入新发展阶段，走好共同富裕的道路需要厘清共同富裕思想发展演进的脉络，从思想认识的演进中寻找实践的正确方向。

一、马克思的共同富裕思想

马克思从人与人的关系、人与自然的关系的两大维度对共产主义社会进行了概括，将促进人的自由全面发展规定为未来共产主义社会的最终目标。而实现人的自由全面发展中就隐含着全体社会成员共同富裕的前提，共同富裕为人的自由全面发展提供坚实的物质基础。马克思、恩格斯指出，共同富裕是社会主义的本质属性，共同富裕实现的物质基础是高度发达的社会生产力。唯有此，才能"保证一切社会成员有富足的和一天比一天充裕的物质生活"②。通过系统性的论证，马克思主义共同富裕思想揭示了资本主义和私有制社会的规律性和历史趋势，系统地阐述了共同富裕的理论内容，认为应当推翻资本主义制度，建立无产阶级掌权的社会主义制度，并沿着社会主义道路逐步实现共同富裕的目标。不仅如此，

---

① 习近平谈治国理政：第三卷［M］. 北京：外文出版社，2020.

② 中共中央马克思恩格斯列宁斯大林著作编译局. 马克思恩格斯选集：第三卷［M］. 北京：人民出版社，1995.

马克思还进一步指出，随着生产力发展到一定的程度，促进全体成员的共同富裕与实现人的自由全面发展是相互促进、互为因果的（张端，2021）。当社会生产力发展到一定阶段时，其不仅会使社会生产获得量上的提升，还会促进产业升级、优化资源配置、调整劳动结构、实现生活方式的转变，两极分化和剥削压迫将会被完全消灭，真正实现人的全面发展与全人类的解放，即"表现为生产和财富的宏大基石的……是对人本身的一般生产力的占有……是社会个人的发展"①。总的来说，马克思、恩格斯的共同富裕思想体现在，实现共同富裕与共产主义社会的最终目标——人的自由全面发展是相互促进、相辅相成的，而这一目标要通过社会主义道路以及高度发达的生产力实现，其找到了分配不平等和贫富差距悬殊的根源，进而探索出一条使共同富裕从空想变为科学的现实路径。

二、中国共同富裕思想的演进

（一）新民主主义革命时期的共同富裕思想

十月革命的一声炮响，为中国带来了科学社会主义，马克思、恩格斯的共同富裕思想也得到了中国共产党人的认同和接受。1921 年，李大钊在北京大学作宣讲时提出的社会主义设想即包含了共同富裕的内涵——人人均能享受平均的供给，得最大的幸福。陈独秀亦在创办《新青年》时表达了对贫富差距过大的批判："财产私有制虽不克因之遽废，然各国之执政及富豪，恍然于贫富之度过差，绝非社会之福。"② 新民主主义革命时期，以毛泽东为代表的中国共产党人不断领导工人阶级展开工人运动，抵抗"三座大山"的压迫，为工人和农民阶级争取合法权利。而作为革命主力军的农民占全国人口的 70%，实现中国人民共同富裕的难点和重点都在农民，农民拥有土地是实现共同富裕的基础和前提。为实现共同富裕，中国共产党人在农民问题上做出了许多有益的探索，提出了《我们的经济政策》《经济问题与财政问题》等思考，通过"减租减息""增开荒地""增加农贷"等政策，推动了解放区的土地改革和经济建设进程，中国共产党人在新民主主义革命时期迈出了探索共同富裕的第一步③，也为中国共产党带领全国各族人民实现新民主主义革命伟大胜利提供了深厚的群众基础和坚实的经济保障（张端，2021）。这一时期，马克思的共同富裕思想在中国萌芽，中国先进分子开始领悟到"缩小贫富差距"的重要社会意义，并首先在致力于带领广大农

---

① 中共中央马克思恩格斯列宁斯大林著作编译局. 马克思恩格斯文集：第八卷［M］. 北京：人民出版社，2009.

② 陈独秀. 独秀文存［M］. 合肥：安徽人民出版社，1978.

③ 张端. 马克思恩格斯共同富裕思想及其中国化发展［J］. 中国井冈山干部学院学报，2021，14（2）：25-30.

民群众富裕起来的实践中予以尝试，但对共同富裕思想的理解还不够深入，某些认知还停留在追求"平均主义"阶段，而且对实现共同富裕的具体路径尚处于摸索阶段。

（二）社会主义革命与建设时期的共同富裕思想

中华人民共和国成立后，毛泽东带领全党和全国各族人民开展土地革命，促进国民经济恢复与发展。就在中华人民共和国成立之初，国民经济亟待恢复、人民生活水平亟待提高的新时期，"共同富裕"概念在 1953 年通过的《中共中央关于发展农业生产合作社的决议》中被首次提出。这一决议所体现的共同富裕思想包含：一是考虑了社会主义制度与共同富裕的关系，明确了实现共同富裕的道路是坚持走社会主义发展道路（谢小飞和吴家华，2021）。具体而言，就是要破除旧的生产关系，逐步地实现对于手工业、资本主义工商业和农业的社会主义改造，使全体人民共同富裕起来，使广大劳动人民群众共享发展成果。与此同时，毛泽东还充分认识到社会主义制度的优越性在于不仅能够逐步改善国家贫困落后的面貌，而且指出社会主义制度所要实现的富裕是全体人民的共同富裕，即主张社会公平，避免两极分化。二是响应了马克思、恩格斯的主张，即认同共同富裕实现的物质基础是高度发达的社会生产力。为促进社会生产力提高，毛泽东提出中国应努力实现从落后的农业国转变为发达的工业国，提升国家的工业化水平。1956 年，毛泽东在中央政治局扩大会议上作《论十大关系》的讲话，从重工业与轻工业、农业的关系，沿海工业与内地工业的关系，经济建设与国防建设的关系，国家单位、生产单位与生产者个人的关系以及中央和地方的关系充分论述了如何从经济工作的各个方面调动积极因素推动社会主义经济建设，提高社会生产力。这一时期我国严格遵循"发展优先"原则，快速推进我国工业化建设进程。尽管由于对生产力发展和社会主义建设规律的认识不足，以及对马克思主义共同富裕思想的教条式理解，在追求共同富裕的社会主义现代化建设进程中出现了失误和偏离，我国并未完全摆脱贫穷落后的局面，但这一时期，中国共产党人仍然带领中国人民取得了非凡的成就，即使是经济困难时期，中国工业化进程仍获得了巨大发展，为改革开放时期中国共产党追求共同富裕的道路提供了有益的经验参考，是将马克思、恩格斯共同富裕思想具体运用到社会主义建设的伟大实践。

（三）改革开放与社会主义现代化建设新时期的共同富裕思想

改革开放之后，邓小平总结了社会主义革命与建设时期共同富裕思想的经验教训，并重新审视了国际形势的变化。当和平与发展成为时代主题，改革开放成为时代发展大势时，邓小平在 1978 年 12 月中央工作会议上提出了"先富后富理论"，即允许一部分地区、一部分企业、一部分工人农民先富裕起来，然后先富带动后富，"使整个国民经济不断地波浪式地向前发展，使全国各族人民都能比较快地富裕起来"①，最终实现共同富裕。这一政策激发了广大人民群众创造财富的热情和积极性，极大地解放和发展了生产力。党的十三大更是明确而系统地阐述了"三步走"的发展战略：第一步，从1981年到1990年实现国民生产总值比1980年翻一番，解决人民的温饱问题；第二步，从1991年到20世纪末，使国民生产总值再增长一倍，人民生活达到小康水平；第三步，到21世纪中叶，人均国民生产总值达到中等发达国家水平，人民生活比较富裕，基本实现现代化。随着改革在我国的全面展开和非公有制经济的发展，人民群众在享受改革开放带来的红利的同时，逐渐出现了城乡之间、东西部之间、沿海与内陆之间贫富差距逐渐扩大的问题，共同富裕面临严峻的考验和挑战。针对这些问题，邓小平将共同富裕作为社会主义的本质要求多次强调，南方谈话中，他指出，"社会主义的本质，是解放生产力，发展生产力，消灭剥削，消除两极分化，最终达到共同富裕"②。不仅阐明了解决收入差距扩大的具体阶段，即在21世纪末达到小康水平的时候，就要突出地提出和解决这个收入差距扩大问题，还从区域协调发展角度提出了"两个大局"的发展战略，即对外开放初期服从于沿海地区发展大局，等到发展到一定程度，沿海要服从帮助内地发展的大局。总的来说，邓小平的"先富后富理论"体现了以下思想内涵：第一，为了实现全体人民共同富裕的目标，就必须补上生产力发展落后的短板，从而为共同富裕奠定坚实的物质基础；第二，对共同富裕进行了辩证性的认识，共同富裕不等于平均主义"大锅饭"，既结合了我国实际国情，又符合事物发展的客观规律；第三，邓小平还根据中国经济发展状况的客观实际，坚持实事求是的原则，将共同富裕这一战略目标具体化为"三步走"战略部署、"两个大局"的发展思想等明确的战略任务，通过大胆的实践和探索开辟了达到共同富裕的中国特色社会主义道路。

以江泽民同志为核心的第三代中央领导集体继承并发扬了邓小平的共同富裕思想，大步推进中国的经济体制改革。这一时期，尽管改革开放取得了空前的成效，但邓小平所提出的"解决收入差距问题"的时期已然到来，国内收入差距进一步加大，如何在提高效率的前提下实现社会公平，捍卫和发展中国特色社会主义，也成为实现共同富裕亟待解决的现实问题。因此，江泽民进一步加深了对共同富裕的认识，以"三个代表"重要思想为指导，认为在经济发展的同时，要把调节个人收入分配、防止两极分化作为关系全局的重点工作来抓。针对收入差距扩大问题，江泽民提出要正确处理一次分配和二次分配的关系，逐步形成

---

① 邓小平文集：第二卷［M］．北京：人民出版社，1994．
② 邓小平文选：第三卷［M］．北京：人民出版社，1993．

"两头小、中间大"的分配格局；针对区域发展不平衡问题提出了实施西部大开发战略，为西部地区的快速发展和实现共同富裕开辟道路；针对城乡发展不平衡问题，提出并制定两个中长期减贫规划，并提出一系列社会保障措施。江泽民在世纪之交的关键时期致力于区域经济结构和经济体制的调整，探索出了一条正确处理公平与效率关系的道路，实现了全民总体小康，不断开辟中国特色社会主义共同富裕之路。党的十六大以来，广大群众的富裕程度普遍大大提高，但是随着经济结构的深入变化，我国经济社会发展呈现出新的阶段性特征。一方面，区域与产业之间的发展差距导致效率与公平的冲突愈加突出；另一方面，人民群众的需求愈加多样化，对社会公平的追求不断加强。以胡锦涛同志为总书记的党中央，总结国内外经验，提出了科学发展观这一重大战略思想。科学发展观的核心是以人为本，即"要始终把实现好、维护好、发展好最广大人民的根本利益作为党和国家一切工作的出发点和落脚点……做到发展为了人民、发展依靠人民、发展成果由人民共享"①。科学发展观大大丰富了共同富裕的内涵，使得共同富裕思想更好落地，更加关注人的发展和需求。为了有效消除地区差别、工农差别、城乡差别，维护社会公平正义，使人民共享改革发展成果的重大问题，科学发展观也适时强调统筹兼顾。党中央加大对"三农"的投资力度，提高农民生活质量，让农民能够共享改革发展成果；深入推进西部大开发，全面振兴东北地区等老工业基地，大力促进中部地区崛起。这一时期，共同富裕更加强调"以人为本"与"协调发展"，更加关注人民群众日益多样化的物质文化需求，致力于使全体人民共享改革发展的成果，使全体人民朝着共同富裕的方向稳步前进。

（四）习近平新时代中国特色社会主义思想对"共同富裕"的体现

党的十八大以来，以习近平同志为核心的党中央坚定不移走共同富裕道路，在始终坚持共同富裕是社会主义的本质要求的前提下，还从战略高度和社会主义全局来科学认识共同富裕，鲜明提出共同富裕也是中国特色社会主义的根本原则。中国特色社会主义进入新时代，共同富裕的思想内涵也在不断加深。首先，共同富裕的思想内涵逐步从物质层面的富足上升为物质和精神生活的共同富足。习近平指出："实现中华民族伟大复兴的中国梦，物质财富要极大丰富，精神财富也要极大丰富。"② 要让人民"有更多、更直接、更实在的获得感、幸福感、

① 中共中央文献研究室 . 十七大以来重要文献选编（上）［M］. 北京：中央文献出版社，2009.

② 中共中央文献研究室 . 习近平关于社会主义文化建设论述摘编［M］. 北京：中央文献出版社，2017.

安全感"①。这一标准从人民群众的精神需求出发,对我国的共同富裕实践提出了更高的要求。其次,共同富裕的战略目标更加清晰,阶段性任务更加明确,将共同富裕与我国两个一百年奋斗目标的战略部署紧密结合。党的十九大提出的实现中国特色社会主义现代化新"三步走"战略,将共同富裕与中国特色社会主义现代化建设紧密结合在一起,"从二〇二〇年到二〇三五年,在全面建成小康社会的基础上,再奋斗十五年,基本实现社会主义现代化。……人民生活更为宽裕,中等收入群体比例明显提高,城乡区域发展差距和居民生活水平差距显著缩小,基本公共服务均等化基本实现,全体人民共同富裕迈出坚实步伐。……从二〇三五年到本世纪中叶,……把我国建成富强民主文明和谐美丽的社会主义现代化强国,……我国的物质文明、政治文明、精神文明、社会文明、生态文明将全面提升,……全体人民共同富裕基本实现"②。最后,实现共同富裕的路径更加清晰,工作重心更加明确。党的十八大明确提出全面建成小康社会的战略规划,不仅紧紧围绕共同富裕这一主题,而且实现了从"建设"到"建成"的伟大跨越,强调"一个都不能少""一项都不能少""一步都不能迟",其正是"共同富裕"思想的直观体现。这些政策与理念均为中国人民实现共同富裕提供了坚实的基础。随着党中央对共同富裕认识的不断加深以及共同富裕内涵的不断深化,我国的共同富裕进程取得了历史性突破。2021 年 2 月 25 日,习近平总书记在全国脱贫攻坚总结表彰大会上庄严宣告:"在迎来中国共产党成立一百周年的重要时刻,我国脱贫攻坚取得了全面胜利。"③ 与此同时,我们仍需要深刻认识到,目前中国经济发展仍存在城乡发展、区域发展不协调、不平衡问题,共同富裕道路仍存在阻碍。党的十九届五中全会审议通过的《中共中央关于制定国民经济和社会发展第十四个五年规划和二〇三五年远景目标的建议》(以下简称"十四五"规划)强调"坚持共同富裕方向",要求"扎实推动共同富裕",并做出了紧密安排和部署,正如习近平总书记所说的:"促进全体人民共同富裕是一项长期任务,也是一项现实任务,必须摆在更加重要的位置,脚踏实地,久久为功,向着这个目标作出更加积极有为的努力。"④

① 习近平谈治国理政:第三卷[M].北京:外文出版社,2020.
② 习近平谈治国理政:第三卷[M].北京:外文出版社,2020.
③ 习近平.在全国脱贫攻坚总结表彰大会上的讲话[N].人民日报,2021-02-25(02).
④ 习近平在中共中央政治局第二十七次集体学习时强调 完整准确全面贯彻新发展理念 确保"十四五"时期我国发展开好局起好步[N].人民日报,2021-01-30.

第二节　新发展阶段共同富裕的内涵与特征

　　党的十九届五中全会提出，全面建成小康社会、实现第一个百年奋斗目标之后，我们要乘势而上开启全面建设社会主义现代化国家的新征程，向第二个百年奋斗目标进军，这标志着我国进入了一个新发展阶段。新发展阶段是我们党带领人民迎来从站起来、富起来到强起来历史性跨越的新阶段。党的十九届五中全会提出，"人的全面发展、全体人民共同富裕取得更为明显的实质性进展，在'十四五'规划和 2035 年远景目标明确'十四五'时期民生福祉达到新水平，全体人民共同富裕迈出坚实步伐"。2021 年 6 月 10 日，《中共中央、国务院关于支持浙江高质量发展建设共同富裕示范区的意见》发布，支持浙江高质量发展建设共同富裕示范区，为全国建设提供浙江省域样本和经验。这表明在新发展阶段，共同富裕的思想内涵、实现方法不断丰富，目标不断深化（邓观鹏等，2021）。厘清共同富裕的内涵、特征与内容，明确共同富裕的得以实现的重要逻辑，是走好共同富裕之路的基本前提。

一、新发展阶段共同富裕的内涵

　　从政策观点出发，2021 年 8 月 17 日，中央财经委员会第十次会议就促进共同富裕问题作出部署，习近平总书记对共同富裕的内涵作出了重要论述。从共同富裕的定位出发，认为共同富裕是社会主义的本质要求，是中国特色社会主义的根本原则，是坚持和发展中国特色社会主义的价值目标，是中国式现代化的重要特征。从共同富裕的内容来看，共同富裕是全体人民共同富裕，是人民群众物质生活和精神生活都富裕，不是少数人的富裕，也不是整齐划一的平均主义。全体人民共同富裕是一个总体概念，是对全社会而言的，要从全局进行把握。从共同富裕的实现方式来看，要实现 14 亿人共同富裕，必须脚踏实地、久久为功。从时间上看，不是所有人同时富裕；从空间上看，也并非所有地区同时达到一个富裕水准；从实现程度上看，不同人群实现富裕的程度有高有低。总的来说，在实现共同富裕的时间上会有先有后，不同地区的富裕程度还会存在一定差异，共同富裕不可能齐头并进。故而要深入研究不同阶段的目标，分阶段促进共同富裕，既要遵循规律、积极有为，又不能脱离实际，这是一个在动态中向前发展的循序渐进的社会历史过程。

　　就学术观点而言，学界也分别从不同的视角对共同富裕的内涵进行了界定。

学术界对共同富裕内涵的界定主要可划分为静态观点与动态观点，静态观点从共同富裕的实现标准和目标追求出发，对共同富裕进行界定，主要包括物质（经济）、精神、社会等视角。郁建兴和任杰（2021）从经济意义上对共同富裕内涵进行了解读，认为共同富裕需要体现发展性、共享性和可持续性的统一，让全体人民有机会、有能力均等地参与高质量经济社会发展。张来明和李建伟（2021）认为，应当从收入分配、社会公正以及精神需要三个维度界定共同富裕的内涵与共同富裕实现的标准，认为共同富裕的内涵是推进收入分配公平、机会均等、健康公平，推进精神文明建设，促进文化资源普惠。丁春福和王静（2020）则从物质、精神、世界三个层面对习近平共同富裕思想的内涵进行了深入解读，表示共同富裕是在贫富差距相对合理的范围内人民群众在物质方面达到一定程度的富裕水平，而且要实现物质与精神层面的共同富足和实现中国与世界的共同富裕，构建世界命运共同体，使世界人民共享发展成果，真正实现新时代中国特色社会主义的共同富裕。动态观点下，谷亚光和谷亚华（2012）从社会主义"根本目标"的高度把握共同富裕的内涵，同时认识到了共同富裕的过程性，认为共同富裕是社会主义社会的最根本特征，具有发展导向和目标约束的作用，是目标与过程的统一。另有一些学者从政治、经济和社会三个层面对共同富裕的内涵加以把握，认为共同富裕的政治内涵是国强民共富的社会主义社会契约；经济内涵是人民共创、共享日益丰富的物质财富和精神成果，是高质量发展状态和过程的统一，是当前和长远、阶段性目标和长远目标的统一；社会内涵是中等收入阶层在数量上占主体的和谐而稳定的社会结构。这一界定方式涵盖了"物质—精神—世界"的三重意蕴，并从社会和政治方面对共同富裕内涵予以充实，而且体现了共同富裕发展的过程性与阶段性，是将过程、结果有机统一的综合性界定视角（刘培林等，2021）。

综上所述，对新发展阶段共同富裕内涵的把握，一方面要体现其实现标准，另一方面也应表现其发展过程与实现方式。因而，新发展阶段共同富裕的内涵可以概括为：共同富裕是建立在不断发展的生产力、不断增强的综合国力基础上，分阶段实现的全体中国人民以及世界人民的精神与物质富裕，是全民共富、全面富裕、共建共富与逐步共富的有机统一。

二、共同富裕的特征

（一）政治引领性

习近平总书记指出，"实现共同富裕不仅是经济问题，而且是关系党的执政基础的重大政治问题"①。一方面，无论从顶层布局还是国家战略落地，共同富裕逐步实现的每一个阶段都体现了明确的政治规划性和政治责任心。在中国共产党的领导下，我们实现了经济长期稳定增长，完成了全面脱贫的壮举，为实现共同富裕奠定了坚实的物质基础和稳定的社会条件。接下来，中国共产党还将进一步带领人民，在第二个百年目标的政治战略部署中，完成全体人民共同富裕的现代化建设。另一方面，共同富裕是社会主义的本质要求，是中国人民的质朴理想，同时也是共产党人的政治初心。中国共产党代表最广大人民群众的根本利益，坚持党的政治引领实质就是坚持最广大人民群众的根本利益。坚持党在共同富裕实现过程中的政治引领，才能充分激发人民的能动性和创造性，有效凝聚全国各族人民关于共同奋斗实现共同富裕的共识，保证社会公众共享发展成果，稳步推进全体人民共同富裕。党的政治引领是实现共同富裕的保障，相应地，共同富裕也是对中国共产党执政能力的考验，是提高执政能力的重要途径，也是判断我国制度优势的重要标准。共同富裕的推进与中国共产党的进步互为因果，相互促进，共同富裕的发展体现了极强的政治引领性。

（二）共享性

从中国人民的视角出发，一方面，共同富裕不是人民群众均质化的"一样富"，也不是全体人民在共同富裕道路上的"齐步走"，而是根据贡献大小有差别的共同富裕。全体人民的辛勤劳动是实现共同富裕的根本路径，因此，要致力于保证人人机会均等，最大限度推进民众机会均等地参与经济社会高质量发展，共享经济社会高质量发展的成果。另一方面，共同富裕具有让改革发展成果更多、更公平惠及全体人民的共享性，共享发展是中国特色社会主义的本质要求。"十四五"规划第十四篇中提出，健全基本公共服务体系，……完善共建共治共享的社会治理制度，制定促进共同富裕行动纲要，……让发展成果更多更公平惠及全体人民，不断增强人民群众获得感、幸福感、安全感。从国际视野来看，新时代共同富裕思想将"共同"理念的主体中华民族共同体扩展到人类命运共同体，立足全球发展日益紧密的时代潮流和趋势，树立世界眼光和世界格局，将我国实现共同富裕放到全球视野中来谋划，促进实现全人类的共同发展与共同富裕。

（三）人民性

共同富裕的人民性回答了发展为了谁、发展依靠谁、发展成果由谁共享的问题。坚持以人民为中心，是马克思主义政治经济学的根本立场。新发展阶段的共同富裕思想是新时期马克思主义与中国实践相结合的产物，在新的历史阶段坚持

---

① 参见习近平在省部级主要领导干部学习贯彻党的十九届五中全会精神专题研讨班开班式上的讲话。

和丰富了人民主体思想。习近平始终坚持全心全意为人民服务的根本宗旨，人民中心性是贯穿于习近平共同富裕重要论述的主线。习近平曾多次强调，我们必须坚持发展为了人民、发展依靠人民、发展成果由人民共享，作出更有效的制度安排，使全体人民朝着共同富裕方向稳步前进。人民对美好生活的向往不仅是共同富裕的奋斗目标，人民群众的实践经验更是实现共同富裕的重要力量源泉和智慧宝库。随着共同富裕思想的演进和实践的深化，共同富裕的重点从贫困群体拓展到全体人民，从解决贫困问题、以收入为主要衡量标准扩展到包括教育、医疗、收入分配、环境、社会结构、养老、住房等多方面的内容；共同富裕的内容从物质富裕扩展到物质和精神共同富裕，不断满足人民群众多样化、多层次、多方面的精神文化需求。新发展阶段共同富裕思想与我国社会主要矛盾紧密契合，全方位贯彻满足人民美好生活需要这一根本宗旨，使人民获得感、幸福感、安全感更加完善、更有保障、更可持续。人民性作为共同富裕的特征，也是共同富裕实现的源泉和动力，最终为实现人的自由全面发展奠定物质和精神基础。

（四）过程性与阶段性

新发展阶段下的共同富裕是"逐步共富"，必须深入研究不同阶段的目标，分阶段促进全体人民共同富裕。在革命、建设和改革的各个历史时期，我们党为实现人民幸福、迈向共同富裕目标进行了不懈的奋斗。经过长期艰苦奋斗，我们党在实践中形成了先富带动后富、逐步实现共同富裕的规律性认识。实现共同富裕是一项具有长期性、艰巨性、复杂性的系统工程，不可能一蹴而就。共同富裕的发展必定有一个从低级到高级、从不平衡到平衡的过程，这是由量变到质变的一个渐进过程。从整体战略布局来看，新时代共同富裕与党的十九大对实现第二个百年奋斗目标作出的分两个阶段推进的战略安排具有一致性。从二〇二〇年到二〇三五年，我国在全面建成小康社会的基础上，再奋斗十五年，基本实现社会主义现代化，与此相对应，在基本实现社会主义现代化这个阶段，全体人民共同富裕必须取得更为明显的实质性进展，基本公共服务实现均等化。从二〇三五年到本世纪中叶，在基本实现社会主义现代化的基础上，再奋斗十五年，把我国建成富强民主文明和谐美丽的社会主义现代化强国，在这个阶段，全体人民共同富裕基本实现，居民收入和实际消费水平差距缩小到合理区间。在统筹推进的同时要抓好浙江共同富裕示范区建设，鼓励各地因地制宜探索有效路径，总结经验，逐步推开。从具体实现路径上看，共同富裕的实现路径是一个从顶层设计，到各级、各地区协同实施，再到具体措施稳步扎实推进的系统工程。要坚持稳中求进、循序渐进、脚踏实地、久久为功，分阶段促进共同富裕。

第三节 中国实现共同富裕的战略部署与方式

一、实现共同富裕的战略部署

多年来，中国共产党为实现共同富裕做出了许多积极有益的探索，不断对共同富裕理论作出新的阐释，对共同富裕战略作出新的重大战略部署。1987年10月，中国共产党第十三次全国代表大会提出经济建设的战略部署大体分三步走。在社会主义现代化和共同富裕的逐步推进过程中，党的十三大报告指出："在社会主义初级阶段，发展社会生产力所要解决的历史课题，是实现工业化和生产的商品化、社会化、现代化……党的十一届三中全会以后，我国经济建设的战略部署大体分三步走。第一步，实现国民生产总值比一九八〇年翻一番，解决人民的温饱问题。这个任务已经基本实现。第二步，到本世纪末，使国民生产总值再增长一倍，人民生活达到小康水平。第三步，到下个世纪中叶，人均国民生产总值达到中等发达国家水平，人民生活比较富裕，基本实现现代化。然后，在这个基础上继续前进。"邓小平从实际出发，对中国现代化建设的目标和步骤进行了深入的思考，把解决人民温饱问题作为第一步目标，立足于中国社会主义初级阶段的基本国情，找准了中华民族伟大复兴的历史起点和现实基础。使中华民族在实现伟大复兴和共同富裕的征途中，第一次有了清晰而切实的战略目标和步骤。此后，党的十四大、十五大逐步丰富了"三步走"战略，党的十五大报告首次提出"两个一百年"奋斗目标：到建党一百年时，使国民经济更加发展，各项制度更加完善；到世纪中叶建国一百年时，基本实现现代化，建成富强民主文明的社会主义国家。此后，党的十六大、十七大均对两个一百年奋斗目标作了强调和安排。

2012年，党的十八大描绘了全面建成小康社会、加快推进社会主义现代化的宏伟蓝图，向中国人民发出了向实现"两个一百年"奋斗目标进军的时代号召。"两个一百年"自此成为一个固定关键词，成为全国各族人民追求共同富裕的奋斗目标。党的十九大对实现第二个百年奋斗目标作出分两个阶段推进的战略安排：第一个阶段，从二〇二〇年到二〇三五年，在全面建成小康社会的基础上，再奋斗十五年，基本实现社会主义现代化。第二个阶段，从二〇三五年到本世纪中叶，在基本实现现代化的基础上，再奋斗十五年，把我国建成富强民主文明和谐美丽的社会主义现代化强国。2020年10月26日，中国共产党第十九届中央委员会第五次全体会议召开，通过了《中共中央关于制定国民经济和社会发展第十四个五年规划和二〇三五年远景目标的建议》。其中，关于共同富裕的目标任务，习近平总书记要求深入研究不同阶段的目标，分阶段促进共同富裕：到"十四五"末，全体人民共同富裕迈出坚实步伐，居民收入和实际消费水平差距逐步缩小。到2035年，全体人民共同富裕取得更为明显的实质性进展，基本公共服务实现均等化。到本世纪中叶，全体人民共同富裕基本实现，居民收入和实际消费水平差距缩小到合理区间。三阶段的战略部署为逐步实现全体人民共同富裕提供了明确方向和科学指引。2021年8月17日，习近平总书记主持召开中央财经委员会第十次会议，研究扎实推动共同富裕等问题，习近平总书记在会议上作出我国现在"已经到了扎实推动共同富裕的历史阶段"的重大判断；深刻阐明促进共同富裕要把握好的四大原则：鼓励勤劳创新致富、坚持基本经济制度、尽力而为量力而行、坚持循序渐进；深刻阐明促进共同富裕总的思路，并有针对性地提出一系列重大举措，即提高发展的平衡性、协调性、包容性，着力扩大中等收入群体规模，促进基本公共服务均等化，加强对高收入的规范和调节，促进人民精神生活共同富裕，促进农民农村共同富裕。厘清了新发展阶段促进共同富裕的重要意义、科学内涵、坚实基础和目标任务，将如何扎实推进共同富裕战略规划进一步细化，提出了切实可行的实施路径。

在统筹推进共同富裕整体战略部署的同时，更要鼓励各地因地制宜探索有效路径，总结经验，逐步推开。"十四五"规划提出，支持浙江高质量发展建设共同富裕示范区。2021年5月20日，中共中央、国务院印发《关于支持浙江高质量发展建设共同富裕示范区的意见》（以下简称《意见》）。《意见》将共同富裕示范区战略定位于高质量发展高品质生活先行区、城乡区域协调发展引领区、收入分配制度改革试验区、文明和谐美丽家园展示区。在建设过程中应坚持党的全面领导、坚持以人民为中心、坚持共建共享、坚持改革创新、坚持系统观念五大工作原则。还提出了示范区建设的发展目标：到2025年，浙江省推动高质量发展建设共同富裕示范区取得明显实质性进展；到2035年，浙江省高质量发展取得更大成就，基本实现共同富裕。这是当前我国发展不平衡不充分问题仍然突出，城乡区域发展和收入分配差距较大，各地区推动共同富裕的基础和条件不尽相同的必然选择。促进全体人民共同富裕作为一项长期任务，需要选取部分地区先行先试、作出示范。支持浙江高质量发展建设共同富裕示范区，不仅有利于通过实践进一步丰富共同富裕的思想内涵，更是探索破解新时代社会主要矛盾的有效途径，为全国推动共同富裕提供省域范例，打造新时代全面展示中国特色社会主义制度优越性的重要窗口。

二、共同富裕的实现路径

第一，坚持走高质量发展之路。高质量发展是共同富裕的基础，而共同富裕是高质量发展的最终目标。正如习近平总书记在中央财经委员会第十次会议上所说的，"坚持以人民为中心的发展思想，在高质量发展中促进共同富裕"，高质量发展是实现共同富裕的必经途径。不同于党的十三大，目前社会主要矛盾的焦点不再是落后的社会生产，而在于如何解决人民日益增长的美好生活需要和不平衡不充分的发展之间的矛盾，从而矛盾的焦点转变为"不平衡不充分的发展"，这决定了在当前的发展阶段，如何平衡效率与公平、如何实现高质量发展成为实现共同富裕必然要解决的问题。

第二，推动区域协调发展。习近平总书记指出，推进实现城乡区域协调发展，不仅是国土空间均衡布局发展的需要，而且是走共同富裕道路的需要。只有弥补区域之间的发展鸿沟，才能进一步推动共享发展，实现共同富裕。一方面，要立足东西地区、南北地区、沿海与内陆地区的比较优势，建立优势互补、高质量发展的区域发展结构和区域经济布局，因地制宜推进高质量发展。另一方面，要发挥"先富带动后富"的城市群联动效应，可以通过资金、技术及人力资本等生产要素的跨区域流动和配置方式，推动地区间经济生产领域的横向带动，深化区域间分工合作，畅通区域经济循环。此外，还可通过技术创新赋能区域协调，借助新技术最大范围整合资源，破解规划协同、区域协作等难题，进一步缩小区域间发展差距。最终形成共同富裕的推进与区域协调发展战略、区域重大战略等同频共振、协同发力的良好局面。

第三，促进农民农村共同富裕。农村、农民、农业是促进共同富裕的薄弱环节，促进农业变强、农民变富、农村变美是解决社会主要矛盾的主要方面，是促进共同富裕的重点任务。其一，大力推进乡村振兴战略。深化农业供给侧结构性改革，创新乡村治理体系，坚持人与自然和谐共生，走质量兴农、绿色发展之路。此外，要巩固好脱贫攻坚成果，健全防止返贫监测帮扶机制，促进脱贫地区乡村特色产业发展，实现农业全面升级。其二，进一步探索破解城乡二元结构、健全城乡融合发展的体制机制。促进城乡一体化的区域产业协同发展，实现土地、资本、人才、技术等要素在城市和农村中的双向有序流动，激活农村资源要素，保障广大农民参与共同富裕建设新征程，分享共同富裕发展成果。其三，建立健全农业基础设施保障，增强基本公共服务的可及性和服务水平，提升社会保障服务资源的均衡配置与适度倾斜。

第四，优化收入分配结构。收入分配制度改革是实现共同富裕的调节器。首先，要提高中等收入群体占比，中等收入群体的扩大，代表着居民普遍收入水平的提高、消费能力的增强。在中央财经委员会第十次会议上，强调了要加强对高收入的规范和调节，依法保护合法收入，合理调节过高收入，鼓励高收入人群和企业更多回报社会。要清理、规范不合理收入，整顿收入分配秩序，坚决取缔非法收入。同时，要调动企业家积极性，促进各类资本规范、健康发展。其次，要完善以按劳分配为主体、多种分配方式并存的分配制度，健全各类生产要素由市场决定报酬的机制。在初次分配中要提高劳动报酬的比重，提高分配效率；加大二次分配调节力度，更加注重社会公平；鼓励与扩充第三次分配，调整利益分配格局，助力慈善和捐赠事业在安全、透明的环境下运作。最终实现收入与消费相互促进的良性发展，推动收入分配结构从"金字塔"型向"橄榄"型转变。

第五，促进基本公共服务均等化，提高社会保障水平。完善的社会保障制度具有化解社会矛盾、维护社会公平的功能，对新时代我国实现共同富裕起到重要的化解社会风险的兜底作用。首先，强化和完善社会保障的政策体系与制度供给。完善教育、医疗、养老、住房保障体系，着力提升政策体系的公平性、统一性。缩小城乡、区域之间的差距，进一步推进公共服务均等化，保障人民共享经济社会发展成果。其次，建立多维、多层次、多类别的社会救助体系，科学配置资源，提高帮扶针对性和有效性。此外，可以通过推进数字赋能公共服务均等化，建设与当前经济社会发展水平相对应的社会保障服务体系，以大数据和数字化、信息化建设为抓手，促进共同富裕的软基础设施建设，促进社会保障服务的更新换代。

第六，促进人民精神文化生活共同富裕。首先，要强化价值观引领，厚植共同富裕理念。将社会主义核心价值观和党与人民在各个历史时期奋斗中形成的伟大精神落实到共同富裕的社会实践与治理之中，夯实人民群众为共同富裕而团结奋斗的思想基础，铸牢中华民族共同体意识。其次，要推动文化事业、文化产业发展繁荣，不断满足人民群众对美好生活追求过程中的精神文化需要。完善公共文化服务体系，加大文化保障力度；扩大文化产业有效供给，促进文化产业高质量创新发展，实现经济效益和社会效益的有机统一。最后，要加强促进共同富裕舆论引导，澄清各种模糊认识，正确理解共同富裕，阐释共同富裕的各种科学内涵，有效化解急于求成和畏难情绪，为促进共同富裕提供良好舆论环境。

第二章 共同富裕示范区电网企业
履行社会责任的重要意义

国有企业的特殊性质决定，国有企业履行社会责任是与生俱来的天然使命。从所有制性质看，国有企业属于全民所有，这是国有企业的根本性质，必须保障全体人民群众的利益。从功能定位看，国有企业不仅是政府干预经济的手段，也是政府参与经济的手段，必须维护经济社会协调健康发展。按照国有企业功能界定与分类改革要求，遵循习近平总书记提出的新时代国有企业"六个力量"的历史定位，国网浙江省电力有限公司（以下简称"国网浙江电力"）必须科学认识和自觉履行企业社会责任。在新一轮能源革命背景下，我国提出碳达峰、碳中和目标。电网连接电力生产和消费，是重要的网络平台，是能源转型的中心环节，是电力系统碳减排的核心枢纽，在能源体系中的责任更加重大、地位更加凸显，亟须公司发挥助推作用，加快构建以新能源为主体的新型电力系统。在新的百年起点上，坚持以人民为中心的发展思想，在高质量发展中促进共同富裕是必由之路。国家电网公司是扎实推进全体人民共同富裕的重要力量，国网浙江电力是建设浙江共同富裕示范区的探索者，这对公司履行社会责任提出了更高要求。立足新时代背景，国家电网公司提出新的发展战略和重大部署，确立建设具有中国特色国际领先的能源互联网企业战略目标，提出"一业为主、四翼齐飞、全要素发力"的发展总体布局。国网浙江电力将争创国网战略落地的示范窗口和省域样板，这也为公司更好地履行社会责任指引了新的方向。

第一节 更好发挥新发展阶段国有企业
功能定位的使命使然

国有企业属于全民所有的根本性质，决定了国有企业履行社会责任是与生俱来的天然使命。国有企业既是市场经济的运行主体，与其他类型的企业一样追求经济目标、创造经济效益，同时又是政府干预和参与市场经济的重要手段，承载着其他企业所不具备的非经济目标和特定功能。鉴于国有企业目标和功能的多样性和复杂性，我国深入推进国有企业功能界定和分类改革，已经成为新时期国资国企改革的重要内容。国有企业是中国特色社会主义的重要物质基础和政治基础，是我们党执政兴国的重要支柱和依靠力量，提出了国有企业"六个力量"的历史定位。国家电网公司以投资建设运营电网为核心业务，是关系国家能源安全和国民经济命脉的特大型国有重点骨干企业。按照国有企业分类改革思路，国家电网公司的主业应归属于商业二类，具有较强的社会功能属性，因此也承担更多的社会责任。为更好发挥"六个力量"的重要作用，必须清晰认识企业功能定位，积极履行企业社会责任。

一、国有企业特殊性质决定履行社会责任是其天然使命

（一）国有企业属于全民所有的根本性质要求其关注社会效益

公有制为主体、多种所有制经济共同发展的基本经济制度，是中国特色社会主义制度的重要支柱，也是社会主义市场经济体制的根基。党的十八届三中全会指出，国有企业属于全民所有，是推进国家现代化、保障人民共同利益的重要力量。2015 年 8 月，中共中央、国务院发布的《关于深化国有企业改革的指导意见》强调，国有企业属于全民所有，是推进国家现代化、保障人民共同利益的重要力量，是我们党和国家事业发展的重要物质基础和政治基础。国有企业属于全民所有，公有制的所有制形式决定了国有企业并非一味追求利润，而是更加注重社会效益，能够在注重效率的同时兼顾公平。

国有企业作为国家的企业、全民的企业，体现国家和人民的整体利益，就应该与非国有经济有所区别，就不能唯利是图、与民争利。国有企业的资产和利润具有公共财富的性质，最终由国家和全民共享。这与非国有企业的财富属性是完全不同的。国有企业这种积累公共财富的职责，本身就是社会责任最深刻、最根本、最厚重的表现形式。国有企业创造的价值是以利润的形式来积累公共财富，还是通过常规的社会责任途径来增进社会福利，只是公共财富面向全社会分配的形式选择，在实质上并没有差异。也就是说，社会责任对于国有企业不是附加在企业之外的，而是天然内化于国有企业的根本属性。就履行社会责任与创造利润这个企业发展核心目标的关系而言，国有企业履行社会责任与创造利润具有内在的一致性，非国有企业则存在选择性。因此，国有企业应当将履行社会责任视为天然职责和基本义务，而不应仅仅当作塑造形象、提升影响的方法和手段。

（二）国有企业具有的多重属性要求其承担经济和非经济目标

由于国有企业所具有的特殊性质，其具有政治、经济和社会等多重属性，因而也承载着经济目标和非经济目标。一方面，国有企业作为市场经济的运行主体，为维持自身发展，必然要追求经济目标，要创造一定的经济效益；另一方面，国有企业作为政府干预或参与经济的手段，还被赋予了一定的非经济目标，如实施国家发展战略、调节经济结构失衡、平抑经济周期波动等。

在市场经济中，国有企业是政府干预经济的一种重要手段，是克服市场失灵和市场功能缺陷而做出的一种制度安排。通过国有企业，政府可以更好地实现提供公共产品、控制关键产业、平衡经济结构、稳定经济运行的目标。从这个意义上讲，国有企业作为国家代表公众利益参与经济和干预经济的有效手段而存在。首先，国有企业可以被作为一段时期内实现国家的社会经济发展战略，或改善一个国家的国际市场竞争地位的有效手段；其次，国有企业可以被用于解决某个时点上的经济结构失衡问题，促进经济结构的合理化和优化；最后，国有企业还可以作为平抑经济周期的大起大落的稳定器（黄速建和余菁，2006）。国有企业的特殊性质和多重属性决定，它们同时承担着经济目标和非经济目标，因此，履行社会责任是国有企业的天然使命。

从世界各国的实践经验来看，在发达的市场经济体制下，国有企业通常可以用作政府达成经济干预目标的手段。从中国国有企业实践来看，国有企业承担着多个方面的非经济目标，在经济和社会各个领域积极履行社会责任，创造出显著的社会价值。近年来，从抗击疫情、复工复产到脱贫攻坚、乡村振兴，再到碳达峰、碳中和等一系列行动，都充分展示了国有企业履行社会责任的价值体现（赖庆晟，2021）。

（三）国有企业的国有控股性质赋予多个维度社会责任

由于是特定社会制度与历史条件的产物，中国国有企业的性质与西方国家有所不同。在社会主义市场经济这一特定的背景下，我国国有企业的特殊性质决定其担负着经济功能和社会功能（乔明哲和刘福成，2010）。一方面，是经济功能，即追求一定的经济目标，具有盈利性。另一方面，是社会功能，主要体现在：维护人民的根本利益，推动和谐社会发展；服务国家宏观经济和区域经济；保障国家经济、政治和军事安全；实现政府的其他重要政策目标；等等。

与一般意义上的市场经济相比，中国特色社会主义市场经济赋予了国有企业三重规定性：从社会主义经济视角看，国有企业是"社会主义性质的企业"；从宏观经济管理视角看，国有企业是"特殊企业"；从市场经济视角看，国有企业是"一般企业"（陈燕和，2018）。国有企业的三重规定性决定了其应当从社会主义经济主体、宏观调控主体、市场主体这三个维度承担社会责任。国有企业承担多个维度的社会责任，是社会主义市场经济对于国有企业的内生要求。

中国进入新时代后，党的十九大明确了新时期社会发展的新矛盾、新方位和新思路，赋予了国有企业新使命、新任务、新担当。国有企业作为推进中国特色社会主义建设的重要政治基础和物质基础，党和国家执政兴国的重要支撑，其使命和任务呈多元化发展趋势。新时代国有企业的功能定位和社会责任主要体现在以下几个方面：国有企业是新时代中国特色社会主义建设的重要支柱，是解决发展中不平衡不充分问题的突击队和主力军，是培育具有全球竞争力的世界一流企业的基础，同时，国有企业创新也就成为驱动经济发展的第一动力，通过积极有效利用外资和对外投资可推动经济高质量发展（郭砚莉和刘嘉琳，2018）。在新时代构建新发展格局的历史使命下，国有企业还肩负着加快打造原创技术策源地、争当现代产业链"链长"、推进全民共同富裕等重大责任。伴随国有企业高质量发展步伐的不断加快，其在国家战略实施、经济社会发展等方面的功能和作用将得到更好实现。

二、国有企业分类改革精准定位国家电网公司的社会功能

（一）国有企业是保障和改善社会民生的重要力量

2016年，习近平总书记在全国国有企业党的建设工作会议上的重要讲话提出"坚持党对国有企业的领导不动摇"，用"六个力量"明确了国有企业新的历史定位。讲话强调了国有企业是中国特色社会主义的重要物质基础和政治基础，是我们党执政兴国的重要支柱和依靠力量，肯定了国有企业发展取得的巨大成就，明确了新发展阶段国有企业"六个力量"的功能定位，不但要始终成为贯彻新发展理念、全面深化改革的重要力量，而且要成为壮大综合国力、促进经济社会发展、保障和改善民生的重要力量，成为我们党赢得具有许多新的历史特点的伟大斗争胜利的重要力量。

实现共同富裕作为新发展时期我国经济社会发展的终极目标，是我党在当前历史阶段赢得社会主义建设伟大胜利的关键。国有企业作为我党实现伟大历史转折的重要力量，理应承担起相应的社会功能和责任，保障在新时期的经济改革过程中、社会民生改善过程中发挥应有的功能。

（二）不同类型国有企业功能定位和社会责任各有区别

2015年8月，中共中央、国务院发布的《关于深化国有企业改革的指导意见》明确提出，分类推进国有企业改革。根据国有资本的战略定位和发展目标，结合不同国有企业在经济社会发展中的作用、现状和发展需要，将国有企业分为商业类和公益类。其中，商业类又分为主业处于充分竞争行业和领域的商业类国有企业（以下简称"商业一类"）和主业处于关系国家安全、国民经济命脉的重要行业和关键领域、主要承担重大专项任务的商业类国有企业（以下简称"商业二类"）。2021 年 4 月，国务院国有资产监督管理委员会（以下简称"国务院国资委"）召开深化国有企业分类改革专题推进会，在肯定前一阶段国有企业功能界定与分类改革成效的基础上，提出进一步深化国有企业分类改革的新思路和新要求。其中，公益类企业要聚焦保障民生、服务社会，高效率提供公共产品和服务，做好优质服务的提供者。商业一类企业要聚焦充分竞争行业和领域，提升资本回报、质量效益，全面推进市场化、国际化，勇当市场竞争的引领者。商业二类企业要聚焦重要行业和关键领域，更好服务国家战略，完成重大专项任务，争做国有经济控制力、影响力的担当者。这为以国家电网公司为代表的商业二类国有企业，明确了总体目标和基本使命。

在以上国有企业分类改革思路指引下，不同类型国有企业的使命、功能、定位更加精准与细化。按照 2015 年 12 月国务院国资委等三部委联合下发的《关于国有企业功能界定与分类的指导意见》，商业类国有企业的主要目标被确定为增强国有经济活力、放大国有资本功能、实现国有资产保值增值，更加强调经济目标；公益类国有企业则被要求以保障民生、服务社会、提供公共产品和服务为主要目标，更加突出非经济目标（肖红军，2018）。

结合国有企业自身的功能定位和主营业务范围，需要进一步明晰其相对应的社会责任边界，从而更加精细化履行社会责任，更好地发挥国有企业的功能和作用（赖庆晟，2021）。具体到三类国有企业，社会责任有不同的侧重点：商业一类国有企业履行社会责任的重点在于产品服务责任、合规经营责任、节能减排责任、利益相关者责任等；商业二类国有企业履行社会责任的重点在于聚焦国家赋予特定功能的行业领域，提供功能导向相对应的产品服务责任、合规经营责任、节能减排责任、利益相关者责任等；公益类国有企业履行社会责任的重点在于提供高质量和高效率的准公共产品及相关服务。国网浙江电力应当按照商业二类企业的定位和要求，积极履行相应的社会责任。

（三）国家电网公司商业二类的功能定位蕴含较强的社会属性

按照国有企业功能界定和分类改革要求，国家电网公司的主业归属于典型的商业二类，本身就蕴含着较强的社会功能属性。国家电网公司以投资建设运营电网为核心业务，是关系国家能源安全和国民经济命脉的特大型国有重点骨干企业。公司经营区域覆盖我国 26 个省（区、市），供电范围占国土面积的 88%，供电人口超过 11 亿人。国家电网公司作为我国资产规模最大的国有能源供应企业，对我国经济社会发展具有重要影响力、带动力，承担重要而广泛的社会责任，责无旁贷，义不容辞。国家电网公司的社会责任内涵非常丰富，主要表现在以下几个方面：一是服务党和国家工作大局，提高经营效益和效率；二是服务电力客户，持续为客户创造价值；三是服务发电企业，促进电力工业可持续发展；四是服务经济社会发展，促进资源节约型、环境友好型社会建设；五是服务社会主义新农村建设，统筹城乡电网发展；六是服务社会主义精神文明建设，做社会道德表率。国家电网公司社会属性的体现和社会责任的落地，主要依托于各网省公司及其下属单位的积极行动和主动作为。

实际上，国家电网公司一直是我国企业社会责任发展的引领者，成为国有企业履行社会责任的示范和表率。首先，国家电网公司是中国企业社会责任发展的重要推动者。国家电网公司 2006 年初发布我国企业首份社会责任报告，其创新行动直接推动了中国企业社会责任的深入发展。其次，国家电网公司是中国企业社会责任理论的持续创新者。国家电网坚持科学的企业社会责任观，认为企业履行社会责任不仅要重视道德动机，而且必须坚持以社会价值创造结果为标准，并创新提出了"实现综合价值最大化"的概念，为中国企业认识和实践社会责任做出了巨大贡献。同时，国家电网公司坚持自主创新，提出了公司的社会责任理论模型，在国内企业率先提出全面社会责任管理模式，在创造世界企业社会责任的"中国经验""中国模式"上迈出了坚实步伐。最后，国家电网公司是中国企业社会责任实践的领跑者。公司先后发布了我国企业首份社会责任报告、首个履行社会责任指南、首本企业绿色发展白皮书，是与利益相关方沟通的领跑者，是率先开展全面社会责任管理实践的领跑者，是率先参与社会责任国际标准ISO 26000 制定的领跑者，是充分发挥中央企业社会责任国际影响力的领跑者。在国家电网公司系统内，国网浙江电力的社会责任理念和实践始终走在前列。

第二节 积极致力碳达峰、碳中和与适应能源革命的客观需要

当前，"四个革命、一个合作"能源安全新战略正加快实施，我国作出二氧化碳排放力争于 2030 年前达到峰值，努力争取 2060 年前实现碳中和的国际承诺，提出要构建以新能源为主体的新型电力系统，公司电网发展机遇与挑战交织。习近平总书记提出的碳达峰、碳中和目标，对加速推进能源清洁低碳转型提出了更高要求和明确目标。电网连接电力生产和消费，是重要的网络平台，是能源转型的中心环节，是电力系统碳减排的核心枢纽，在能源体系中的责任更加重大、地位更加凸显，亟须公司发挥推动作用，加快构建以新能源为主体的新型电力系统。

一、贯彻"四个革命、一个合作"能源安全新战略的需要

切实保障国家能源安全,是实施能源革命,实现碳达峰、碳中和目标的前提和基础。2014年6月,习近平总书记在中央财经领导小组第六次会议上提出"四个革命、一个合作"能源安全新战略,引领我国能源行业发展进入新时代。这一重大战略内涵丰富、立意高远,是我们党历史上关于能源安全战略最为系统、完整的论述,代表了我国能源战略理论创新的新高度,是新时代指导我国能源转型发展的行动纲领。

保障能源安全,是电网企业的核心功能和重要使命。"四个革命、一个合作"能源安全新战略,对国家电网公司提出了新的要求。国网浙江电力结合企业实际,全面贯彻落实,并取得了显著成效,为保障能源安全发挥了核心作用。第一,积极推进能源供给革命,电网优化配置资源能力持续增强。围绕促进煤炭清洁高效利用和新能源发展,持续加大投入,统筹推进特高压、超高压骨干网架和城乡配电网建设,提高了电网并网消纳能力和供电保障水平。第二,积极推进能源消费革命,电能替代其他化石能源取得明显成效。适应能源消费清洁化、电气化发展趋势,在终端能源消费环节大力实施电能替代。积极服务电动汽车发展,加快建设充电桩,在机场廊桥、港口码头实施以电代油。第三,积极推进能源体制革命,电力市场化改革部署有效落地落实。坚持市场化改革方向,配合做好输配电价改革、增量配电放开、交易机构独立规范运作、现货市场建设等改革任务。第四,积极推进能源技术革命,自主创新能力不断提升。实施创新驱动发展战略,在特高压、智能电网、新能源并网、大电网运行控制等领域取得一批世界领先水平的创新成果。为进一步深化能源安全新战略,国网浙江电力仍需在以上方面持续优化与提升。

二、构建新型电力系统,实现碳达峰、碳中和目标的需要

(一)构建新型电力系统是实现碳达峰、碳中和目标的关键环节

2021年3月,习近平总书记在中央财经委员会第九次会议上提出碳达峰、碳中和目标,并强调要把碳达峰、碳中和纳入生态文明建设整体布局,构建以新能源为主体的新型电力系统。对加速推进能源清洁低碳转型提出了更高要求,对电力电网的未来发展提出了更明确的目标。

当前,我国能源电力供需呈现新趋势和新特征。我国由高速增长阶段转向高质量发展阶段,能源需求特别是油气和电力需求增长旺盛,加快能源结构调整、控制油气对外依存度的形势更为紧迫。根据我国《能源生产和消费革命战略(2016-2030)》,预计2030年、2050年我国非化石能源占一次能源消费比重将

达到约20%和50%，风电、太阳能发电等新能源将持续快速增长。同时，分布式能源、储能、电动汽车等交互式能源设施快速发展，多能联供、综合服务、智慧用能等各种新型能源形式不断涌现，电力在能源转型中的中心地位进一步凸显，经济社会发展的电气化水平不断提升。这些都对加快电网发展、强化电网功能作用，提出更高要求。

实现碳达峰、碳中和，能源是主战场，电力是主力军，电网是排头兵。构建以新能源为主体的新型电力系统，是实现碳达峰、碳中和目标的重要支撑。电网连接电力生产和消费，是重要的网络平台，是能源转型的中心环节，是电力系统碳减排的核心枢纽。电网连接能源生产和消费，作为能源转换利用的重要枢纽和能源资源配置的基础平台，将在构建新型电力系统中发挥重要作用。电网能够友好接纳和优化配置多种能源，支持新能源发电、多元化储能、新型负荷大规模友好接入，能够提升终端能源利用效率，带动全社会能源消费强度降低，促进在能源供给侧构建多元化清洁能源供应体系，在能源消费侧全面推进电气化和节能提效，是促进构建新型电力系统，推动碳达峰、碳中和目标实现的有效途径，将发挥"纽带"和"平台"的作用。

（二）国网浙江电力是构建新型电力系统的先行者和示范者

2005年，"绿水青山就是金山银山"的理念在浙江发端。十几年来，国网浙江电力坚持生态优先、绿色发展，推动能源转型高质量发展，助力清洁能源示范省、"美丽浙江"建设。随着碳达峰、碳中和行动的实施，一场更为声势浩大的能源变革在这里加快推进。在新一轮能源革命背景下，国网浙江电力正以能源互联网形态下多元融合高弹性电网为核心载体，加快建设国家电网新型电力系统省级示范单位和示范点，系统推进"源网荷储"协同互动，提升全社会能效水平，实现城乡用能安全低碳又经济。

围绕"3060"目标，国网浙江电力以"节约的能源是最清洁的能源、节省的投资是最高效的投资、唤醒的资源是最优质的资源"为理念，开全国先河建设多元融合高弹性电网，通过全方位挖掘和调动电源、电网、负荷、储能四个能源环节的社会资源，推动全省能源资源清洁低碳优化配置，全面提升社会综合能效水平，打造能源互联网省域层面样板，引领支撑浙江省高质量实现碳达峰。公司积极构建能源清洁低碳、安全高效发展的全社会共建共享共担机制，2020年从省外购入清洁电能927亿千瓦时，并实现全消纳；2020年完成电能替代项目8731个，相当于节约标准煤379.39万吨，减排二氧化碳936.28万吨，全省电能占终端能源消费比重为38%，居全国领先水平。

2021年3月，国家电网公司率先发布碳达峰、碳中和行动方案，提出了六个方面18项举措。同年7月，公司制定并发布《构建以新能源为主体的新型电力系统行动方案（2021-2030）》。在公司统一战略部署下，"十四五"期间，国网浙江电力还将继续加快打造新型电力系统示范单位和示范点，完善高弹性配电网建设，高质量推进输配电网、城乡电网、源网荷储协调发展，引领清洁低碳发展，保障电力安全供应，促进实现碳达峰、碳中和目标。

三、推动电网数字化转型、引领全社会能源革命的需要

（一）推动电网数字化、智能化转型是实施能源革命的核心要务

能源革命和数字革命融合发展，是新一轮能源变革的重要趋势。随着大云物移智等现代信息通信技术在能源电力行业的广泛应用，能源电力生产组织和管理关系出现新的变化，为效率提升、价值创造开辟了新的广阔空间。数字化转型成为电网企业创新发展的必由之路，为挖掘电网设备和各类资源潜力，提升运行效率和服务水平，培育新业态、新模式，引领行业生态进化，提供了重要机遇和强大助力。

推动电网数字化和智能化转型，是适应能源革命，实现碳达峰、碳中和目标的必然选择。国网浙江电力加快建设以电为中心的能源互联网，是以坚强智能电网为基础平台，深度融合先进信息通信技术、控制技术与先进能源技术，支撑能源电力清洁低碳转型、能源综合利用效率优化和多元主体灵活便捷接入，具有清洁低碳、安全可靠、泛在互联、高效互动、智能开放等特征的智慧能源系统。这就要求信息化技术的有力支撑，电网数字化智能化水平全面提升，实现能源互联网状态全场景感知、网络全时空覆盖、平台全生态共享。价值创造方面，实现能源、信息、社会系统深度融合，全面形成以电网为平台的能源生态圈，有力支撑我国能源转型。

（二）发挥电力大数据优势能够带动全社会实现能源消费转型

2020年以来，国网浙江电力着力研究运用电力大数据，创新研发了各类新应用，为政府决策、企业生产、社会经济发展提供助力。一是电力大数据服务企业复工复产。2020年2月，在疫情形势较为严峻的时期，国内首个企业复工电力指数在浙江诞生。二是电力大数据助推电价优惠政策落地。2020年3月初，国网浙江电力在杭州试点推出转供电费码，自2020年5月8日起，这项应用在浙江全省范围内推广应用。三是电力大数据提升环保执法效率。国网浙江电力在杭州、绍兴等地先行先试，通过与当地环保部门合作，运用电力大数据，辅助监测污染企业治污设施运行情况，减少废气、废水等污染源的不正常排放，提升环保执法效率。未来，国网浙江电力将进一步发挥电力大数据作用，打造面向政府的数据服务窗口，推出更多电力大数据产品，探索更多常态化电力数据共享应用的可能，支撑政府及社会发展向数字化转型。

与此同时，国网浙江电力积极推动浙江能源消费转型和能源效率提升，也是其履行社会责任的重要内容。为了适应"十四五"时期浙江省电力供需形势变化，弥补浙江能源消费侧能效治理体系存在的不足和短板，国网浙江电力将以"供电+能效服务"为主线，加快推动重点涉电领域能效提升。2022 年 1 月，国网浙江电力发布消费侧能效提升两年行动计划，明确提出将充分发挥能源电力核心枢纽作用，当好各级政府部门的"电参谋"，服务地方能源高效利用，推动浙江全社会能效水平提升。国网浙江电力在行动计划中提出，要充分发挥浙江省能源大数据中心作用，吸收、引进、转化能源数据管理先进经验，系统性地开展能源领域顶层研究，推动能效管理与数字技术深度融合。

第三节　服务高质量发展建设共同富裕示范区的必然要求

习近平总书记在中央财经委员会第十次会议上发表重要讲话强调，共同富裕是社会主义的本质要求，是中国式现代化的重要特征，要坚持以人民为中心的发展思想，在高质量发展中促进共同富裕。这为脱贫攻坚战取得全面胜利之后进一步实现共同富裕提供了思想引领，为落实"十四五"规划及党的十九届五中全会提出的到 2035 年全体人民共同富裕取得更为明显的实质性进展提供根本遵循。国家电网公司是扎实推进全体人民共同富裕的重要力量，国网浙江电力是建设浙江共同富裕示范区的探索者，这对公司履行社会责任提出了更高要求。

一、均等化优质用电服务是建设共同富裕示范区的基本要求

（一）提供均等化用电服务是实现基本公共服务均等化的基本要求

《浙江高质量发展建设共同富裕示范区实施方案（2021—2025 年）》提出，率先基本实现人的全生命周期公共服务优质共享，努力成为共建共享品质生活的省域范例。其中，基本公共服务实现均等化，是实现共同富裕的重要内容和基本要求。国家发展和改革委员会（以下简称"国家发展改革委"）正在推动制定出台的《促进共同富裕行动纲要》，也特别强调以缩小地区差距、城乡差距、收入差距和公共服务差距为主要方向。

基本公共服务的范畴十分广泛，用电服务已经成为日常生产生活的必需品。电网是关乎国民经济命脉和国家能源安全的重大公共基础设施，是整个经济社会的"血管"和"神经"，直接连接至终端用户、覆盖至生产生活各方面、服务至

广大人民群众。电网作为公用基础设施，首要作用是满足各行业生产和人民群众生活对优质可靠供电的需求，保障经济社会持续健康发展。鉴于电网的公用事业属性，应当提供无差异、均等化的用电服务。这就要求电网企业充分感知终端用户的实际需求，积极投资建设各级电网、改造升级农村电网、推动煤改电、实现村村通动力电、援助边远地区用电等，成为助力提高人民群众生产生活水平的坚实保障。

（二）提供优质用电服务是实现基本公共服务均等化的基本要求

在高质量发展中促进共同富裕，要有高质量公共服务供给相匹配。满足人民日益增长的美好生活需要，不仅包括物质生活，也包括精神文化生活，这离不开公共服务高质量供给。

电网联结各行各业和千家万户，用电服务质量将对人民生产生活产生直接和重大影响。在国家电网公司的指导和引领下，国网浙江电力持续开展优质服务提升行动，不断提高用电可靠性和服务便捷性，显著提升用电客户的满足感和获得感。公司依托"网上国网"线上服务平台，完善服务功能，丰富服务产品，为广大代理购电用户提供便捷高效的政策咨询、合同签订、业务办理、电费账单查询等各类服务，打造国家电网代理购电全天候"一站式"服务平台，大力推进网上办、掌上办、指尖办，提升用户感知和服务体验。畅通"网上国网"与电力交易平台的信息交互，积极支持工商业用户直接参与电力市场交易，2021年12月完成350万商业用户的代理购电。在助力共同富裕中，国网浙江电力还积极建设智慧配电网，让自动化、智能化的配电网惠及更多乡村。2021年，浙江省城市供电可靠率达99.9908%，农村电网供电可靠率达99.9567%，均明显高于全国平均水平。同时，国网浙江电力还持续深化电力大数据应用，打造"电力看经济""电力看外贸""电力看低碳""电力看乡村振兴"等系列大数据服务产品，赋能社会治理现代化，为浙江省推进共同富裕、城乡一体化发展提供更科学的数据分析、指标监测、效能评价手段，提升能源和经济发展研判、预警、管控、执行能力。

二、参与社会公益和乡村振兴是建设共同富裕示范区的重要内容

（一）参与社会公益、改善人民生活品质是实现共同富裕的重要内容

由于实现"共同富裕"在新时期集中体现为解决"不平衡不充分的发展"的矛盾，通过社会公益的方式改善人民生活品质，是改变当前区域发展不均衡、人群收入不均衡等"不平衡"矛盾的重要内容。基于此，通过公益慈善可以有效地缓解发展不均衡的矛盾。

一方面，社会公益作为第三次财富分配的重要手段，是改善区域和人群之间

的收入差距和发展不均衡的重要手段。在过去的很长一段时间内，国家号召企业履行社会责任的过程中，很多国有企业、慈善企业家通过社会公益扶贫、慈善捐赠等方式参与到社会公益活动中来，通过带动产业发展、参与社会共治、提供公共产品和服务等多种方式，在我国社区治理、环境保护、应急管理等多个公共治理领域发挥了关键性作用，为改善人民生活品质提供了重要的支撑。电网企业网企业作为国有控股企业、经济社会发展的重要推动力量，一直以来通过公益慈善项目等方式探索电网企业的社会公益模式并取得了良好的社会成效，有力地论证了电网企业通过参与社会公益来解决不均衡发展矛盾问题的有效性。

另一方面，社会公益和人民生活改善，是实现公共服务均等化的重要途径。一直以来，受到发展基础、历史欠账等因素的影响，我国公共服务供应方面存在着发展地区不均衡、服务质量参差不齐、服务水平与经济社会发展不适应的问题，城乡、区域、群体之间的基本公共服务存在较大差距，城市优于农村，发达地区高于欠发达地区，常住人口强于流动人口。电网企业作为面向社会全面提供供电服务的公用事业型国有企业，电力服务的供应过程中同样存在服务质量因人群、区域而参差不齐的情况，正是通过利用社会公益、专项社会责任实践等方式来补短板、强弱项、提质量，实现了电力系统整体供能服务的提升，如通过"千户万灯""点亮玉树""幸福蜗居"等公益服务项目实现配电网系统的整体服务升级、跨区域的均等化功能供电。因此，电网企业作为公共服务的提供者，通过社会公益来改善人民生活，进而解决不平衡不充分的发展的矛盾，具有立竿见影的效果。

（二）促进乡村振兴、助力城乡一体化发展是实现共同富裕的重要内容

乡村振兴是解决区域发展不均衡问题的关键一步，也是我国未来经济高质量发展要啃下的"硬骨头"。浙江省作为共同富裕示范区，在《浙江高质量发展建设共同富裕示范区实施方案（2021—2025年）》明确提出，率先基本形成以中等收入群体为主体的橄榄型社会结构，努力成为地区、城乡和收入差距持续缩小的省域范例。基于此，服务乡村振兴、实现城乡一体化发展是电网企业助力实现共同富裕过程中的重要内容。

一方面，在电网基础设施建设方面，由于农村配电网建设的基础相对薄弱，农村用户难以享受与城市居民相同的供电服务质量。而由于电力电网发展与经济发展息息相关，供电服务的城乡不均难以支撑农村居民的生活改善、农村企业和产业的优化升级、农村用电营商环境的优化，从而无法对农村人居环境优化、乡村产业振兴提供坚实基础。基于此，电网企业通过用电基础设施的乡村建设改善助力建设乡村坚强电网，将有利于城乡供电服务的均等化，为城乡经济社会发展提供均等的营商环境，从而带动乡村经济发展、居民安居，缩小城乡差距。

另一方面，在数字化进程不断加快的情况下，农村用电户处于数字鸿沟的劣势地位，通过数字化提升用电服务质量的方式在提升城镇用户用电服务质量的同时，乡村居民的用电服务质量并没有享受到数字化的红利。因此，电网企业在通过改善电网基础设施助力实现乡村供电服务均等化的同时，还应当警惕数字鸿沟带来的城乡供电服务差距进一步拉大的风险，通过创新性措施让农村用电居民和用电企业参与并分享数字化的红利，同样是实现乡村振兴、城乡共富的重要内容。

三、企业倡导和履行社会责任是促进三次分配的重要途径

（一）企业履行社会责任是发挥第三次分配作用的重要方式

我国经济分配政策已经从"效率优先，兼顾公平"转向"有效统筹效率和公平"，企业履行社会责任是发挥第三次分配作用的重要途径，尤其是要引导资源向资源贫乏的群体转移。提高资源贫乏群体的收益正是解决收入分配不公、建立资源分配公平体系、实现共同富裕的关键所在。三次分配是道德、文化、习惯影响下社会力量的自愿自觉行为，是初次分配和再分配的有益补充，是调节收入分配、实现共同富裕的有效路径。在迈向共同富裕的过程中，企业将起到关键作用，企业履行社会责任是发挥第三次分配作用的重要方式。

在迈向共同富裕的过程中，企业作为市场主体，要转换社会责任履行的逻辑，升级社会责任履行的方式。"共同富裕是社会主义的本质要求，是中国式现代化的重要特征"的提法，明确指出了当下我国经济发展的趋势，企业履行社会责任要顺应这种趋势，从"股东至上"转向"社会至上"，将社会财富最大化作为企业长远发展的目标。企业社会责任要立足于共同富裕的视角，淡化其利己的工具性，强化其利他的功能性，将资源贫乏的社会群体识别为企业利益相关者之一，引导企业履行社会责任时的资源分配方向，真正兼顾社会效率与公平。同时，在共同富裕导向下，企业要转变商业逻辑，重新识别利益相关者，强调企业经营与社会发展的"共生共益"，建立可持续的商业模式，实现高质量发展目标。

（二）企业弘扬社会责任理念，能够促进全社会履行社会责任

《浙江高质量发展建设共同富裕示范区实施方案（2021—2025年）》提出目标，基本建成以社会主义核心价值观为引领、传承中华优秀文化、体现时代精神、具有江南特色的文化强省。其中，弘扬社会责任，增强担当意识，是浙江省建设精神普遍富足的省域范例、成为与社会主义现代化先行省相适应的新时代文化高地的核心内容之一。

国网浙江电力将社会责任管理视为业务发展和价值创造的管理变革路径，创新引领全面社会责任管理新模式，致力于自身与社会的可持续发展。作为浙江省

能源领域的核心企业，国网浙江电力六次荣登"浙江省最具社会责任感企业"榜首，多次获评"浙江省企业社会责任标杆"，社会责任管理模式走在了国家电网乃至中央企业系统的前列。

国网浙江电力履行社会责任，对全体员工乃至全社会做了良好的示范，产生了带动作用。从企业内部看，国网浙江电力在全员范围内树立社会责任理念，对员工产生了深刻影响，纷纷投身社会责任事业。公司成立的电力红船共产党员服务队，就是履行社会责任的先锋部队。随着共产党员服务队的规模不断壮大，服务内容日益丰富，产生了积极的社会影响。从企业外部看，国网浙江电力大力倡导的社会责任理念，自觉履行社会责任的行为，对供应商、用电客户、合作伙伴、社区居民等广泛的利益相关方产生了积极的带动作用，从而促进全社会增强社会责任意识，在更大范围内发挥了第三次分配的重要作用。

第四节　落实国家电网公司发展战略与重大部署的重要内容

当前，我国开启全面建设社会主义现代化国家新征程。进入新阶段，站在新起点，公司发展面临新的形势、新的任务。立足新时代背景下，国家电网公司提出新的发展战略和重大部署，深入贯彻"四个革命、一个合作"能源安全新战略，深入贯彻新发展理念和高质量发展要求，推动构建以新能源为主体的新型电力系统，围绕建设具有中国特色国际领先的能源互联网企业战略目标，研究提出"一业为主、四翼齐飞、全要素发力"发展总体布局（以下简称"一体四翼"发展布局），为公司实现高质量发展提供了战略指引。

一、新时代国家电网公司发展战略更凸显国有企业责任担当

（一）"一流企业"的战略目标是为了贯彻国资国企改革要求

经过40余年的改革开放，我国国有企业群体逐步发展壮大，综合竞争力也不断增强。2017年10月，党的十九大报告提出新的国资国企改革目标：做强做优做大国有资本，培育具有全球竞争力的世界一流企业。这对中国国有企业通过深化改革发展成为世界一流企业提出了明确要求。

世界一流企业是在重要的关键经济领域或者行业中长期持续保持全球领先的市场竞争力、综合实力和行业影响力，并获得全球业界一致性认可的企业（黄群慧等，2017）。研究国际上公认的世界一流企业发展经验发现，这些企业普遍表

现出以下特征：社会价值驱动、资源能力突出、产品服务一流、透明开放运营、管理机制有效、综合绩效卓越、社会声誉良好（黄速建等，2018）。从中国企业实践来看，尽管我国已经成长起一批具有较强竞争实力的国有企业，连续多年跻身世界500强企业行列，但要想全方面达到真正意义上的"国际一流"，仍然任重道远。因此，建设具有国际竞争力的世界一流企业，在未来一段时期内，还将是引领我国国有企业发展的核心目标。

国有企业是党和国家事业发展的重要物质基础和政治基础，在我国国民经济中发挥着"顶梁柱""压舱石"的重要作用。国家电网公司作为关系国民经济命脉的特大型国有重点骨干企业，肩负着建设具有全球竞争力的世界一流企业的责任，必须持续做强做优做大。公司提出的建设具有中国特色国际领先的能源互联网企业战略目标，正是贯彻落实当前国资国企改革目标的重大举措，凸显了公司作为国有企业的责任担当。同时，国家电网公司已经被确立为创建世界一流示范企业，公司的实践经验能够为其他中国企业提供参考和借鉴。

（二）"一体四翼"的发展布局是为了更好地服务国家战略部署

国家电网公司提出，"十四五"期间公司"一体四翼"的发展目标是：到2025年，服务大局再上新台阶，引领带动展现新作为，发展韧性实现新提高，业务布局达到新水平，经营业绩取得新成效，服务质效得到新提升，初步形成能源互联网产业生态，公司始终位列世界500强前列。电网业务要立足构建以新能源为主体的新型电力系统，服务碳达峰、碳中和大局，实现安全强、技术强、带动强、服务优、效能优、业绩优；金融业务要实现服务实体经济取得新成效，改革发展取得新突破，风险防控达到新高度；国际业务要实现资产质量、运营管理、绿地开拓、技术装备、业绩指标国际领先；支撑产业要实现总体发展水平国内领先，部分业务国际领先，科研创新持续提升，产业实力明显增强，价值创造再创新高；战略性新兴产业要基本建成核心技术领先、竞争优势明显、经济效益突出、融通发展高效的产业集群；全要素发力要聚焦要素融通、效能升级和价值创造，充分发挥好各类要素在推动公司高质量发展中的功能和作用。

从国家电网公司"一体四翼"的发展布局和目标来看，这充分体现了公司更好地服务国家战略的决心和责任担当。世界百年未有之大变局加速演进，我国进入高质量发展阶段，新发展格局加快构建，创新驱动、区域协调发展、乡村振兴、共建"一带一路"等国家重大决策部署深入实施，对国有企业发挥战略支撑作用提出更高要求。"一体四翼"发展布局立足新发展阶段，践行新发展理念，服务新发展格局，勇于担当、主动作为，全面夯实"两个基础"，践行"六个力量"，推动公司更好发挥"大国重器"和"顶梁柱"作用，履行好"三大责任"，全面落实党和国家决策部署。

二、国网浙江电力争创国网战略落地的示范窗口和省域样板

（一）担当具有中国特色国际领先的能源互联网企业的示范窗口

在国家电网公司战略指引下，国网浙江电力坚持"走在前、作示范"，奋力推动"一体四翼"发展布局落地实践，加快建设具有中国特色国际领先的能源互联网企业的示范窗口。

国网浙江电力认真贯彻落实公司"一体四翼"发展布局，提高政治站位，强化自觉行动，制订落实"一体四翼"发展布局的总体方案和专项行动计划，奋力推动落地实践。在推进"一体四翼"发展布局落地中，坚持以引领者的姿态、"示范窗口"的担当，在推动电网向能源互联网升级中走在前、作示范，在发展绩效、主要指标上由国内领先向国际领先迈进。迅速把公司部署变成行动，积极探索、大胆创新，聚焦能源电力转型焦点难点，推动首台首套、首面首域领先实践，在碳达峰、碳中和，数字化改革，乡村振兴等重大任务中率先取得突破性进展，形成一批可复制、可推广的典型经验。永葆"示范窗口"的精神气概，强化战略协同，以战略眼光和思维审视内外部条件，以更大的格局胸怀和更强烈的责任担当解放思想、破除思维定式，推动公司战略高质量落地。

（二）引领浙江高质量实现碳达峰、碳中和

为加快推进"一体四翼"发展布局落地，国网浙江电力坚决贯彻落实公司碳达峰、碳中和行动方案，着力加快建设多元融合高弹性电网，引领、支撑浙江高质量实现碳达峰。

构建新型电力系统，引领、支撑浙江高质量实现碳达峰，多元融合高弹性电网是核心载体。国网浙江电力以系统观念、系统思维、系统方法统筹能源电力安全可靠、清洁低碳、经济高效目标，全力推进企业和电网高质量发展、浙江经济社会高质量发展、高质量实现碳达峰三者有机统一，实现发展、安全、成本最佳系统平衡，综合成效最大化。以构建省域能源互联网为目标，多元融合高弹性电网为路径，大规模储能为必要条件，碳电协同为破题要旨，源网荷储协调互动为关键举措，着力实施两个替代、两个融合，打造以新能源为主体的新型电力系统浙江样板，高质量实现电力领域碳达峰。推动供给、网架、消费、互动、科技、机制六维全面提升，统筹构建高质量达峰、高弹性承载、高标准节能、高水平提效、高精尖技术、高附加价值六个共同体，构筑浙江碳—能—电（CEE）生态圈。

（三）打造"乡村振兴、电力先行"省域样板

2021年中央一号文件指出，新发展阶段"三农"工作极端重要，要坚持把解决好"三农"问题作为全党工作重中之重，把全面推进乡村振兴作为实现中

华民族伟大复兴的一项重大任务。浙江农村发展全国领先，国家"十四五"发展规划纲要明确支持浙江高质量发展建设共同富裕示范区，浙江省委省政府提出，到2025年在全国率先建成乡村振兴示范省。国网浙江电力将提高政治站位，接续奋斗、再创优势，用心当好"电力先行官"、用情搭建"党群连心桥"。

为更好助力国家乡村振兴战略，国网浙江电力加快推进城乡电网发展现代化。坚持城乡统一标准、统筹规划，适度超前建设农村电网，加大农村电力基础设施投资力度，推进城乡电力服务一体化。构建数智农村供电服务体系，试点建设数智化供电所，推广"网上办、掌上办、就近办、上门办、帮着办"农村前沿服务模式和"乡村振兴电力指数"等数字产品，深入开展"庆百年·创双百"助推乡村振兴专项行动。推进农村能源电力清洁化。实施新时代乡村电气化三年行动计划，推动农村生态环保、绿色节能发展，大力推进"农业农村电气化、农产农旅全电化"。推进农村能源消费高效化。拓展农村"供电+能效"服务，为农村客户提供多元化、个性化、定制化用能方案，提升农村综合能效水平，打造新时代"乡村振兴、电力先行"省域样板。

第三章　国内外企业社会责任发展 新趋势与实践借鉴

随着全球经济一体化、科技迅猛发展，企业面临的生存环境、政策环境、竞争环境等急剧变化，为应对快速变化的发展环境，企业资源分配态势也会呈现出多样化的特征，尤其是加大对社会各个方面的关注力度以及沟通力度，与利益相关者保持和谐关系，致力于构建以全面社会责任为基础的发展生态。当今中国已经进入"共同富裕"的新的发展阶段，越来越多的企业成为世界级公司，将企业社会责任建设全面融入企业战略和经营正在成为越来越多企业的共同战略选择。

第一节　国内外企业社会责任发展的 新趋势与新要求

随着企业经营发展环境的动态演变，国内外企业开展社会责任工作在立足点、内容全面性、区域范围、问题特征等方面不断发生转变，要求企业开展社会责任工作更加注重开展战略性社会责任工作、更加全方位地履行社会责任、结合国际化标准在全球范围开展社会责任工作，以及更加注重社会、环境和民生问题的解决。

一、由单纯做好事转向注重做好事的同时提升竞争力，要求开展战略性社会责任工作

从单纯做好事视角理解社会责任是多数企业开展社会责任工作的惯常思路，不利于可持续开展社会责任工作。分析中国企业社会责任报告，可发现大多数企业的社会责任活动缺乏系统性，与企业战略严重脱钩，绝大多数企业对社会责任还存在一定的理解不够全面、认识不够深刻等问题，主要表现在绝大多数企业认为履行社会责任就是单纯地做好事、做慈善、捐款、捐物、救济灾民，如新冠肺炎疫情期间，一些医疗企业纷纷捐献口罩、医疗器材等，2021年夏季河南遭遇特大洪涝灾害，一些企业纷纷捐款、捐助救灾物资，保家安民等。绝大多数企业认为这些"善举"就是企业社会责任的全部。在这种社会责任建设模式下，企业社会责任建设就变成企业单纯做好事、做"善事"的一个权宜之计，而不是一项能够持之以恒、系统规划、一张蓝图绘到底的长期工作。社会责任履行与经营管理存在"两张皮"、大量社会责任建设开支给企业带来较大经济负担等问题，长期来看难以持续，尤其是在企业经济效益下行的情况下，不可持续的情况会表现得更加明显。

兼顾做好事和提升竞争力是新发展阶段企业开展社会责任工作的新趋势，有利于可持续开展社会责任工作。当前，我国经济社会发展已进入新发展阶段，贯彻新发展理念、构建新发展格局向纵深推进，企业尤其是头部企业的社会化程度越来越高，将企业社会责任建设融入企业能力建设，提高企业综合竞争力对企业可持续发展和长期生存至关重要。从目前的实践看，国家电网、华为、腾讯等，均已将社会责任建设深度融入企业战略和经营之中，通过将企业社会责任工作的开展与企业经营相融合，提升了企业发展质量，扩大了企业品牌影响力，提高了客户对品牌的认可度，提升了企业综合竞争力，最终使企业经营利润持续增长，反过来为企业更好、更高质量地持续开展企业社会责任工作奠定了坚实的经济基础，形成了正向良性循环。

战略性社会责任成为企业开展社会责任工作的新思路。企业社会责任活动已经逐渐从单纯做"好事"上升到企业发展战略的高度，将企业社会责任融入商业运营模式，在做"好事"的基础上提升企业竞争力，这种新的可持续企业社会责任发展趋势就是战略性企业社会责任，即将企业利益和社会利益有机统一，产生具有竞争优势的企业社会责任行为，寻求企业与社会相互依存的交叉点，强调战略性社会责任与企业核心价值理念、生产经营活动息息相关，一方面，是基于"由内及外"的价值链活动；另一方面，是基于企业"由外及内"的竞争环境。

二、由关注单一方面社会责任转向综合性社会责任，要求全方位开展社会责任工作

从单一维度开展社会责任实践是大多数企业投身社会责任工作的基本"起始点"，难以满足多方需求和期待。从国内外社会责任实践发展现状来看，大多数企业开始履行社会责任仅关注某一方面或者若干方面的社会责任议题，如关注环保、劳工、廉政等议题。随着企业发展环境的快速变化，面对新的政策环境以及客户、员工、合作伙伴、政府、社区、NGO 组织的需求和期待等，这些有限议题难以达到或者兼顾沟通客户、团结合作伙伴、奉献社区、遵循政府政策等多维度的发展预期。

社会氛围、政策环境驱动企业开展综合性社会责任工作成为新趋势。从社会氛围来看，中国改革开放 40 多年来，对企业社会责任的认识和企业社会责任实践也发生着重大变化，企业社会责任也从单一经济帮扶向综合性社会责任转变，如注重污染防治、气候变化等热点议题。特别是领袖型企业、电煤水气生产及供应业、建筑业、交通运输仓储业等在多方面责任的表现上更为突出。从政策环境来看，我国相关部门出台政策也鼓励企业开展综合性社会责任工作，例如，2008年发布的《深圳证券交易所上市公司社会责任指引》和《关于中央企业履行社会责任的指导意见》均要求企业在追求经济效益、保护股东利益的同时，积极保护债权人和职工的合法权益，诚信对待供应商、客户和消费者，积极从事环境保护、社区建设等公益事业，从而促进公司本身与全社会的协调、和谐发展。

全方位开展社会责任工作成为社会责任新趋势的新要求。所谓全方位开展企业社会责任工作，是要确保企业发展充分考虑社会和环境因素及可持续发展要求，自觉追求综合价值最大化的全新企业社会责任管理模式。作为一种新的管理模式，全方位开展社会责任工作以持续探索、导入、检验、完善科学的企业社会责任观为前提；以推进可持续发展，追求经济、社会和环境的综合价值最大化为目标，以实现社会责任工作的"全员参与、全过程覆盖、全方位融合"，最终推动企业全面提升综合价值创造能力、运营透明度和品牌美誉度。

三、由关注当地议题转向关注在全球范围开展社会责任工作，要求企业结合国际化标准、在全球范围内开展社会责任工作

关注当地社会责任议题是企业开展社会责任工作的基本布局。多数市场主体运营均聚焦于当地，而不是开展跨境经营。因此，这些聚焦于本地业务的市场主体的生产运营主要受到当地利益相关方的影响，并且，自身的商业活动的影响范围也局限于当地。因此，从满足外部的需求和期待的视角以及从对自身的行为负责的视角来说，这些企业开展社会责任工作主要聚焦于当地的议题，而不是全球范围内的议题。

在全球范围开展社会责任工作随着国际化运营的深化应运而生。自 20 世纪60 年代，随着经济全球化突飞猛进，越来越多的企业开始跨国从事生产经营活动，企业所处的社会经济环境发生了巨大变化，突出的表现就是不得不面对来自全球各个领域的"特殊利益团体"对企业在多个特定社会议题上的"发难"。不

仅如此，社会对开展跨国运营的企业参与解决全球社会问题的期望甚至要求不减反增，各类国际组织和各国政府通过规划议程、制定标准甚至立法的方式对企业参与解决社会问题提出明确的要求，企业对此不得不做出应有的回应。如此一来，对于包括我国企业在内的各类开展跨境运营的企业而言，参与的社会责任议题越来越广泛，正从当地社会责任议题向全球范围内的社会责任议题发展，特别是国家"一带一路"倡议实施以来，这个趋势更加明显。

我国跨国公司逐步开始投身全球范围社会责任工作之中。我国的跨国企业作为国家经济发展的重要支柱，是我国实施"走出去"战略，构建人类命运共同体，积极参与"一带一路"建设的先锋力量，在全球范围内开展企业社会责任工作做了大量探索。以中央企业为例，根据《中央企业海外社会责任蓝皮书（2020）》调查，99%的中央企业在"一带一路"沿线运营过程中均未发生员工重大健康或安全生产事故，96%的中央企业海外机构已建立平等的中外雇员雇佣制度，75%的中央企业还建立了薪酬与福利设置中的平等雇佣制度，85%的中央企业已建立或正在计划建立海外捐赠管理制度，97%的中央企业在"一带一路"沿线运营过程中不曾因环境问题被当地媒体报道过。可以说，包括中央企业在内的我国跨国企业已经在服务"一带一路"建设，推进政治互信、经济融合、文化包容的利益共同体、命运共同体和责任共同体，以及增进不同文明交流互鉴等方面发挥了独特而重要的作用。

四、由关注自身直接影响的社会责任议题转向可能发挥自身价值的间接影响的社会责任议题，要求企业更加关注社会、环境、民生问题的解决

关注自身直接影响的社会责任议题是企业开展社会责任工作的起点。企业社会责任具有层次性，从是否直接影响自身运营和是否受到自身运营直接影响的视角来看，一方面，企业自身的边界不允许企业开展更多的社会责任工作，企业必须对众多的社会责任工作做出取舍；另一方面，企业自身的资源有限，对于企业尤其是中小微企业而言，没有明显的经济实力开展所有的社会责任工作。因此，多数企业开展社会责任工作从关注自身直接影响的社会责任议题入手，从而将"距离"自身影响最近的社会责任议题作为开展社会责任工作的起点和基本内容。显而易见，当前企业履行社会责任短期化倾向比较严重，短期利益看得多，长期利益和社会利益看得少。如果企业更多聚焦履行社会责任的短期利益，关注自身利益，那么，企业履行社会责任就很有可能会变成"鸡肋"或者负担，长期以来就很难持续下去。

企业社会责任工作开始转向关注更加广泛的可能发挥自身价值的间接影响社会议题。随着企业规模的增加和自身社会责任意识的提高，一部分企业开始意识

到从整体战略角度看待履行企业社会责任的重要性，相比仅关注履行社会责任带来的自身短期利益和直接影响，更加关注广泛的可能发挥自身价值的间接影响的社会责任议题，包括社会问题、环保问题和民生问题。例如，在社会问题方面，关注儿童健康服务体系、健康素养水平、早期发展、近视和超重/肥胖防控、心理健康等成为企业更加广泛的能够发挥自身价值的重要领域；在民生问题方面，国内消费、乡村振兴、低碳转型、"一带一路"及人的全面发展等成为企业能够进一步发挥自身间接影响价值的重要领域。

我国部分领先企业开始投入社会、环境、民生等广泛社会问题的解决。社会责任议题由直接影响的社会责任议题向能够发挥自身价值的间接影响的社会责任议题的转变，推动部分领先企业开始投入社会问题的解决，我国一些大型企业开始投入到相关社会、环境、民生等问题的解决进程中。《华润集团 2020 年度社会责任报告》的数据显示，例如，华润集团用 12 年的时间，累计捐资超过 10 亿元，在全国陆续建成了 12 座华润希望小镇，十余年来，希望小镇直接受益农民达 3173 户、11884 人。据了解，华润希望小镇项目从立项、建设再到运营，不仅让当地村民找到了工作，也吸引了不少大学生回到家乡，使更多大学生圆了造福家乡的梦想。

第二节　国内外一流企业社会责任实践的做法与启示

因企业社会责任发展的新趋势和新要求的变化，国内外企业开展社会责任工作的侧重点也发生了相应的变化，不断涌现出一系列契合社会责任发展新趋势的具体履责实践。

一、IBM 公司推进社会责任融入发展战略，主动开展战略性社会责任工作

IBM 公司是全球最伟大的公司之一，创立于 1911 年的美国，是全球最大的信息技术和业务解决方案公司，拥有全球雇员 31 万多人，业务遍及 160 多个国家和地区。

积极推进社会责任融入发展战略是 IBM 公司开展社会责任工作的重要特点。IBM 公司开展社会责任工作，最初注重法律和合规性，之后又积极推进开展慈善活动。在此基础上，IBM 公司进一步寻求可带来收益的社会责任领域，包括开发新兴市场、服务合作伙伴以及加强产品、服务创新。显而易见，IBM 公司的社会

责任工作经历了从将社会责任视作成本到从收益的视角看待社会责任工作的转变。随着企业社会责任逐步整合到核心业务策略中，IBM 公司能够实现更大的投资回报。需要特别指出的是，在 IBM 公司推进社会责任工作的过程中，特别注重将企业所有的公益活动和策略都整合到一个统一的企业策略中，并且推动各级员工都完全参与其中，从而切实保障企业社会责任能够为企业带来最大优势。

IBM 公司开展战略性社会责任工作有效地实现了社会责任工作和自身竞争力的显著提升。IMB 公司开展社会责任工作有力地推进了社会责任工作对于公司战略的融入，将社会责任作为公司战略的重要组成部分，有效实现了社会责任工作和自身竞争力的双赢。一方面，为公司可持续开展社会责任工作提供了有力的经费支撑；另一方面，也为公司竞争力的提升打下了坚实的基础，从而通过社会责任工作推进了公司自身的可持续发展，是主动开展战略性社会责任工作，顺应社会责任由单纯做好事转向注重做好事的同时提升竞争力的典范。

二、中国五矿集团设立利益相关方关系部，全面推进综合性社会责任实践

中国五矿集团有限公司（以下简称"五矿集团"）由原五矿集团和中冶集团两个世界 500 强企业战略重组而成，是以金属矿产为核心主业、由中央直接管理的国有重要骨干企业、国有资本投资公司试点企业。

聚焦综合性社会责任内容开展履责实践是五矿集团社会责任工作的重要特点。一方面，五矿集团设立利益相关方关系部（后改为社区关系和社会发展部），从机制设计的视角对公司社会责任实践的内容进行了扩展，通过利益相关方关系部的设立，明确技术、管理、环境、劳工保护等都是公司社会责任工作的重要内容，公司开展社会责任工作的立足点就是通过利益相关方关系来平衡统筹各利益相关方的诉求。另一方面，五矿集团持续拓展公司社会责任工作的内容边界，包括改善生产生活条件、为社区提供高质量教育和健康项目支持、传播科普文化、重视生物多样性、助力当地商业发展等。

五矿集团开展社会责任工作充分体现了企业从单一维度看待社会责任到从系统性、综合性维度看待社会责任的转变。在公司规模较小、开展社会责任工作刚刚起步的时候，聚焦于特定社会责任议题开展社会责任工作是基本的逻辑思路。随着公司规模的拓展，开展社会责任工作不仅具有更多的可支配资源，而且经验也不断增加，使得公司既具有能力又具有资源，开展更加系统性、综合性的社会责任工作。聚焦到五矿集团具体的社会责任实践，随着自身规模的提升，公司在产品优势、技术优势、人才优势、社会资本优势等的显现更加突出，从而确保公司能够充分发挥自身在基础设施、批发零售、农业等领域的经验，积极投身到当地的经济和社会发展过程之中。

三、英国石油公司结合全球范围业务布局，深入进行本地化社会责任议题

英国石油公司是一家全球性的能源企业，业务范围覆盖全球能源体系，在欧洲、北美洲、南美洲、大洋洲、亚洲和非洲均设有经营机构。

英国石油公司聚焦中国中小学绿色教育，深入推进本地化社会责任议题。针对中国中小学绿色教育的议题，英国石油公司在中国 21 所主要师范大学建立可持续发展教育中心。一方面，这些中心不断摸索新的教育教学方法，探索如何在中小学进行可持续发展教育并积极推动中国可持续发展教育（Education for Sustainabk Development，ESD）的理论研究与实践。另一方面，这些中心定期出版《项目通讯》，积极及时地交流在项目中的收获与经验。除此之外，这些中心还积极参与开发和编写《中小学环境教育实施指南》。通过公司的积极努力，切实推进了各中心与培训的 3000 名教研员和教师逐步形成一个全国性网络，从而将环境教育和可持续发展教育融入中国中小学课程，进而成为中国基础教育改革的一项重要内容。

英国石油公司在中国开展本地化社会责任工作反映了公司社会责任工作在全球范围内的拓展。英国石油公司开展社会责任工作最初聚焦于注册地的社会责任工作，随着公司业务范围在全球的拓展，公司社会责任工作也拓展到全球范围内。对于我国致力于跨国运营的企业而言，随着国外业务活动的增加，开展社会责任工作的地域范围也将进一步由本国拓展到投资所在国，从而使得开展社会责任议题的地域范围拓展。

四、伊利集团立足直接影响履责议题，不断拓展到间接影响履责议题

内蒙古伊利实业集团股份有限公司（以下简称"伊利集团"）是中国规模最大、产品品类最全的乳制品企业，公司以党建工作引领居民致富，不仅持续通过发展种植业、养殖业等带动群众增加收入，而且还积极开展教育、就业扶持等。

伊利集团社会责任工作不断拓展，包括间接影响社会责任议题。伊利集团开展社会责任工作从直接影响社会责任议题起步，公司依托自身行业特点，投建产业基地带动种养殖、乳品加工等产业链上下游产业发展。根据伊利集团《2020可持续发展报告》的资料，2019 年，伊利集团在内蒙古土默特左旗投资建设"伊利现代智慧健康谷"项目，致力于打造集智能制造、科技创新、工业旅游、商业配套等为一体的全球一流乳业高质量发展综合体，项目建成后将创造 GDP 超过 1000 亿元，累计财政收入 900 亿元，直接和间接带动就业人口超过 50 万人，促进经济发展。在开展直接影响社会责任议题的基础上，伊利集团不断拓展

间接影响社会责任议题。例如，伊利集团围绕产业、技术、文化等议题积极开展帮扶和共建活动，为乡村发展添活力；从 2019 年开始，伊利集团党委组织 10 个党支部与土默特左旗 10 个村党支部签署党建共建协议，围绕产业兴农、技术兴农、文化兴农开展帮扶与共建，整合专业技术人员智力资源、乡村土地资源、农民劳动力资源，定期组织专家教授为村民进行种养殖等方面的先进实用技术培训。经过两年多的努力，10 个基层结对子党支部形成了比、学、赶、帮、超的产业兴农氛围，逐步释放乡村发展活力。2020 年，伊利集团与内蒙古自治区党委统战部、土默特左旗三方开展党建共建，形成政企村携手助力乡村振兴的新格局。

立足直接影响逐步拓展间接影响社会责任议题是伊利集团社会责任工作的重要经验。从最初的同自身行业特点相匹配的社会责任议题，到同自身行业特点没有直接关联的社会责任议题，伊利集团开展社会责任工作的履责议题不断拓展。

第三节　企业参与和助力共同富裕的优秀实践与经验借鉴

随着我国开启全面建设社会主义现代化国家新征程，促进全体人民共同富裕被摆在更加重要的位置。对于各类企业而言，通过社会责任的方式助力我国共同富裕目标将成为开展社会责任工作的重要内容。围绕我国共同富裕目标的推进，我国一些领先企业已经进行了一些探索。

一、国家电网系统通过服务乡村振兴，创新提出共同富裕电力指数等助力共同富裕

国家电网公司积极参与国家共同富裕战略，下属各级供电企业积极创新推进共同富裕的社会责任实践工作，形成了一系列优秀案例和经验做法。

一是创新开展"电力光明驿站"特色项目，助推共同富裕。国网浙江电力聚焦新时代农业发展新特点、农村发展新形势、农民生活新需求，截至 2021 年 12 月，在全省建成 92 个"电力光明驿站"，打造"电力光明驿站+党员服务队+台区经理+农村用电安全员"的"1+N"网格化服务体系，形成"线上办、就近办、上门办、帮你办"服务模式，解决农村用户服务"最后一公里"问题，从提升供电服务品质入手，着力解决群众急难愁盼问题，助力共同富裕目标的实现。

二是通过数字化助力打破城乡壁垒，推进村民富裕水平提升。国网浙江电力深化"互联网+"等应用，大力推进基本公共服务均等化。让1800多万农村百姓享受与城市居民同质的电力服务。《国网浙江电力2022年度社会责任报告》显示，公司2021年已经建成450个"三型一化"营业厅、152个"无人化"营业厅，用电业务线上可办率达到100%。公司积极落实相关涉农优惠电价政策，截至2021年12月底，累计为30.8万户农村困难群众办理优惠用电业务，减少用电成本2050余万元，有效地推进困难群众生活水平提升。

三是通过"党建+"助力乡村振兴，推动共同富裕。乡村振兴离不开电力，国家电网一直具有超高的自觉意识和超强的行动力，为乡村振兴按下"快捷键"，为共建共同富裕示范区赋能。例如，国网杭州供电公司着眼乡村供电，在全省率先探索数智型"六好"供电所建设，聚焦党建引领"一支部"、营配融合"一网格"、员工培养"一通道"、精益管理"一对标"、数智管控"一平台"、现场服务"一终端"、智慧仓储"一条龙""七个一"，共178项重点攻坚任务，以全要素发力和数字技术，系统性、全面性赋能供电所管理变革，打造"数智型'六好'供电所+电力驿站"新时代乡村振兴供电服务新模式；国网浙江安吉供电公司围绕"共同富裕·电力先行"，聚焦"凝聚人心、促进发展"，深入落实"旗帜领航·提质登高"行动计划，在持续深化打造"党委坚强、支部管用、党员合格"党建生态的同时，切实推动当地高质量发展与共同富裕，深度融入安吉美丽乡村建设，全面铺开创建"支部管用"示范带，不断推动乡村振兴、城乡区域协调一体化发展，切实助力高质量发展建设共同富裕示范区。

四是创新提出共同富裕电力指数。2021年，国网浙江电力下属嘉兴供电公司围绕新时代共同富裕内涵特征，运用行业及居民用电、清洁能源发电、设备运行信息等海量数据，构建了一套由总指数和高质量发展电力指数、高品质生活电力指数、高效能治理（服务）电力指数、高水平共享电力指数四个分指数构成的评价体系，充分反映地区经济发展、居民人均用电强度、医疗、文教配套等方面情况。通过共同富裕电力指数，能够充分观察在共同富裕推进工程中，一个地区经济强不强、城乡美不美、居民富不富，充分采用电力大数据的方式，反映共同富裕先行先试的实践进程与成效。

五是创新发布"乡村振兴电力指数"，助力乡村振兴。国网浙江电力积极运用海量行业和居民用电、清洁能源发电、设备运行信息等数据，从产业发展、富裕程度、宜居水平、供电保障、绿色用能五个维度开展大数据分析，形成"乡村振兴电力指数"评价体系，让乡村振兴发展一"数"了然。《国网浙江电力2022年度社会责任报告》的统计资料显示，2021年，浙江省用电量同比增长20%以上的行政村超过9000个，占行政村总数的31.1%，农村电网供电可靠率达

99.9567%，明显高于全国平均水平，充分反映了当地乡村振兴进程不断加快。

六是推广乡村优质普惠电力服务。国网浙江电力深入推进乡村地区的多元融合高弹性电网建设，大力开展新时代乡村电气化建设，积极构建以电为中心的乡村能源体系，持续改善农村电网基础，提升农村电力服务品质。国网浙江电力充分应用乡村电气化新技术和新产品，引领乡村生产生活绿色用能，助力农民拓销增收。与此同时，国网浙江电力推行标准化乡村供电服务，当前已经建成113家数智化供电所，有效发挥优质普惠电力对于乡村共同富裕建设的作用。

二、华为公司借助技术优势助力乡村振兴、农民增收

围绕提升乡村地区的共同富裕程度，华为公司借助技术优势，以服务光伏发展为重点，持续助推乡村振兴，切实推进共同富裕。

作为科技企业，华为充分利用其科技之长，服务民生之短，真正践行了科技企业的使命和担当。宁夏海拔高，日照时间长，辐射强度大。当地政府先后在海原县、原州区、西吉县等县区建成345个村级光伏电站。为了确保光伏电站稳定运行，以及村集体和村民的长期收益，华为提出智能光伏解决方案，以云计算等信息与通信技术及无线宽带系统、无人机巡检、智能光伏云等智能化运维手段，有效解决了电站容量小、分布广、后期运维难度大等难题，使发电量提升3%以上，运维效率提升50%以上，让当地切实享受到科技与绿色清洁能源带来的长期稳定收益。尽管光伏项目不一定是低价工程，而是精品工程，但其稳定性优势和长期收益越发显现。华为公司通过助力光伏成为农村地区的主力能源，解决了光储的核心问题，并通过技术降低了成本。

从华为助力共同富裕的实践来看，其经验做法主要有以下几点：一是高度重视研发创新与民生相结合，通过大规模投入研发，形成在通信技术、智能技术领域的一体化解决方案，解决民生问题和"卡脖子"问题；二是高度重视公司主业与乡村振兴的融合，通过自身经营积累的经营利润和形成的创新性技术，解决农村地区的民生短板，使落后的农村地区也能享受到与城市一样的高品质公共服务，缩短城乡差距，充分利用其科技之长，服务民生之短，用实际行动践行共同富裕的企业担当。

三、中国石化以农村教育帮扶为突破口助力共同富裕

长期以来，中国石化坚持把教育帮扶作为助力农村地区共同富裕工作的重中之重。2021年，在中国石化发布的"中国石化助力乡村振兴计划"中，明确将教育帮扶作为乡村振兴阶段的重点工作，并正式启动"乡村振兴教育帮扶"专项工作，持续推进教育帮扶，做好乡村振兴及教育帮扶工作。相较以往的教育帮

扶主要停留在学校硬件和学生资助层面，进入乡村振兴阶段，中国石化教育帮扶将在提升学校管理水平、增强师资力量、全方位关爱学生成长等方面精准发力。具体来看，中国石化专项教育帮扶主要围绕解决好群众最关心、最直接、最现实的问题，积极参与建设高质量教育帮扶体系，包括：强化顶层设计，明确整体思路，制定教育帮扶"十四五"规划；在全系统捐建且在营的学校中，优选出若干进行重点支持，组织直属单位"一对一"结对帮扶；从集团层面加大教育硬件投入，实施部分学校教学设备和配套设施改造；引入北京师范大学等优质高校资源，促进提升教育工作者管理能力和教师教学水平。

作为中央企业，中国石化通过教育扶智模式助力乡村振兴和共同富裕，探索出了一条企业参与共同富裕社会建设的宝贵路径，初步取得了成功经验，为社会其他企业或组织参与共同富裕建设作了示范。具体经验产出包括：通过列支专项教育开支，确保教育帮扶和教育助学资金能够得到保障，确保对西部以及偏远地区的教育帮扶各项工作能够有序开展；形成中国石化特色的教育帮扶和教育助学规划，对西部以及偏远地区的教育帮扶不是一时兴起或者简单的慈善捐赠，而是将教育帮扶纳入公司战略，成为公司的一项持之以恒的事业，短期与长期相结合，持之以恒、久久为功，为共同富裕贡献中国石化力量。

四、腾讯公司依托"互联网+慈善"推动全社会参与共同富裕建设

腾讯公司通过"互联网+慈善"深度融合，使"人人公益、随手公益、指尖公益"日渐成为潮流。"99公益日"从成立起，一直走在互联网公益前列。该项目是由腾讯公益联合数百家公益组织、知名企业、明星名人、爱心媒体，由中央网信办网络社会工作局担任指导单位，响应国家9月5日中华慈善日的号召，共同发起的一年一度的全民公益活动。作为以"公益"为中心的全民公益活动，"99公益日"原本是以人民喜闻乐见的形式存在，是企业履行责任、享受社会红利的同时反哺社会的企业团体性、公益性活动。"99公益日"率先响应国家的要求以及人民的期望，启动共同富裕专场，并新增答题、送小红花两种不花钱就能参与的捐助方式，引爆爱心网友的参与热情。腾讯"99公益日"呼吁千万爱心网民关注民生问题，为共同富裕以及第三次分配提供了巨大推动力量。

腾讯将国家政策方针变成实际行动，具有较强的行动力，并以慈善团体的形式带动大量企业加入到共同富裕的事业中来，用团体的力量更加快速地实现助力共同富裕的目的，这种行善团体形式不仅扩大了行善主体的数量，还扩大了行善影响的范围，带动行业和社会各界也积极创造性地助力共同富裕，为实现共同富裕贡献各自力量。

五、华润集团依托希望小镇品牌助力乡村振兴、村民增收

华润希望小镇项目从立项、建设再到运营，不仅让当地村民找到了工作，还吸引了不少大学生回到家乡。使在家门口就业成为可能，稳定的就业吸引回流的人才，使回流人才拥有了更广阔的天地。2018 年以来，华润集团派出项目组，统筹集团优势资源，把华润希望小镇打造成环境优美、欣欣向荣的示范村。例如，按照乡村振兴战略发展的总要求，延安希望小镇挖掘和探索乡村旅游产业发展模式，以希望农庄和米兰花酒店为龙头，以南泥湾 1 号和精酿坊为依托，实现希望小镇一、二、三产业的深度融合发展。与此配套，围绕环境改造、产业帮扶、组织重构、精神重塑，逐步建设延安华润希望小镇。在人居环境和经济发展赶上的同时，华润集团切实推进精神文明建设，在延安希望小镇，村民制定了《居民社区公约三字经》，以大家喜闻乐见的方式宣传精神文明。同时，小镇自规划初期，还不忘保护和发展农村优秀传统文化。传统建筑得到保护性修缮，并以此为基地，大力倡导以乡贤文化为代表的优秀农耕文化，充分发挥乡约、家训等凝聚人心、教化群众的重要作用。

共同富裕是共建共治共享的共同富裕，共同富裕依靠共同奋斗。企业作为市场主体，通过强化社会责任理念，创新社会责任行动，勇于担当，主动作为，为实现共同富裕做出更多、更大的贡献。

第二篇

战　略　篇

第四章　共同富裕示范区电网企业社会责任内容体系构建

为了全面把握共同富裕示范区建设过程中电网企业社会责任内容体系，本书首先对新发展阶段电网企业在经济社会发展中的角色功能定位进行了全方位的阐释。在此基础上，结合党中央、国务院以及浙江省关于浙江高质量发展建设共同富裕示范区的相关文件，进一步提出共同富裕示范区电网企业社会责任内容的界定思路和模型，并对共同富裕示范区电网企业社会责任的主要内容进行了详细的阐释。

第一节　新发展阶段电网企业在经济社会发展中的角色功能定位

新发展阶段是我国全面建成小康社会、实现第一个百年奋斗目标之后，乘势而上开启全面建设社会主义现代化国家新征程、向第二个百年奋斗目标进军的阶段，既是社会主义初级阶段中的一个阶段，也是我国完成建设社会主义现代化国家历史宏愿的新阶段。新发展阶段明确了我国经济社会发展的历史方位，是包括电网企业在内的各类组织制定战略决策、明确阶段性任务、界定经济社会发展中的角色功能定位的根本依据。在新发展阶段，高质量发展、清洁低碳、共同富裕、国内国际双循环、国家治理体系和治理能力现代化等要求处于经济社会发展更加突出的位置；这就要求电网企业在新发展阶段积极做高质量发展的力行者、清洁低碳发展的引领者、共同富裕的贡献者、国内国际双循环的参与者以及国家治理体系和治理能力现代化的服务者。

一、电网企业是新发展阶段高质量发展的力行者

在新发展阶段，我国高度重视经济社会高质量发展，出台了一系列有针对性的具体政策。作为国民经济的基础性产业，电网行业高质量发展不仅是我国经济社会发展的重要内容，而且是经济社会高质量发展的有力保障。对于电网企业而言，在我国经济社会的新发展阶段，要积极做高质量发展的力行者。

一是要不断深化制度建设，为自身高质量发展提供制度保障。重点是按照国企改革三年行动方案要求，深入推进体制机制改革，围绕打造电力市场交易体系建设、深化混合所有制改革、深化和完善中国特色现代企业制度建设等积极探索，不断加强党的领导融入公司治理，完善董事会机制，提升管理水平，不断提升公司发展活力和运转效率，从而为自身高质量发展提供制度保障。

二是要加强关键核心技术创新力度，为自身高质量发展提供动力。重点是要立足电网行业，瞄准国家重大战略需求，凝聚科技创新强大引擎，攻克关键核心技术，建设重大创新工程，完善科技创新体系，探索具有中国特色的电网创新发展之路。尤其是要围绕打好关键核心技术攻坚战，深入推进世界上电压等级最高、输送容量最大、输送距离最远的±1100千伏特高压直流输电工程及世界首个柔性直流电网试验示范工程等一系列世界级创新工程，从而通过电网技术突破，为实现内涵式增长、高质量发展积蓄力量。

三是围绕经济社会高质量发展，切实做好电力支撑。电网企业要围绕国家区域发展战略需要，抓好跨省跨区电网工程建设，不断优化完善电网结构，统筹推进各级电网协调发展，全面启动保供电应急机制，加大电网跨区跨省资源调配力度，为国家区域发展战略的高质量建设提供电力支撑。

二、电网企业是新发展阶段清洁低碳发展的引领者

在新发展阶段，清洁低碳发展处于经济社会发展更加突出的位置，我国已经构建碳达峰、碳中和的"1+N"政策体系。电网行业前端连接发电侧电力生产，后端连接用户侧电力使用，是新型基础设施建设的重要内容，不仅事关能源生产结构，而且事关能源使用效率，是顺利实现碳达峰、碳中和目标的关键。对于电网企业而言，在我国经济社会的新发展阶段，要积极做清洁低碳发展的引领者。

一是要积极引领能源供需的绿色转型。积极推进电网体制改革，明确以消纳可再生能源为主的增量配电网、微电网和分布式电源的市场主体地位。加快特高压电网建设，提升发电侧清洁能源外送能力。加快建设以储能和调峰能力为基础支撑的新增电力装机发展机制。深化清洁能源云平台应用，全力服务清洁能源发展。深化需求侧响应，完善市场机制，完善电力等能源品种价格市场化形成机

制，提高新能源消纳水平，持续鼓励电能替代。从有利于节能的角度深化电价改革，理顺输配电价结构，全面放开竞争性环节电价。

二是提高能源利用效率。大力开展综合能源服务，全面推动全国统一电力市场建设，助力电力市场化改革，充分发挥市场调节作用。助力加快培育发展配售电环节独立市场主体，完善中长期市场、现货市场和辅助服务市场衔接机制，扩大市场化交易规模。积极引入差别化电价、节能激励政策，引导用户提高能效水平。积极推广节能理念和节能知识。助力园区能源梯级利用等节能低碳技术。

三是加快先进适用技术研发和推广。积极服务火电机组灵活性改造，主动加强抽水蓄能电站建设和利用。深入研究支撑风电、太阳能发电大规模友好并网的智能电网技术。积极参与电化学、压缩空气等新型储能技术攻关、示范和产业化应用。围绕低碳交通运输工具发展，加快构建便利高效、适度超前的充换电网络体系。

三、电网企业是新发展阶段共同富裕的贡献者

在新发展阶段，共同富裕开始成为我国社会主义现代化建设愿景目标的一部分，国家层面也积极鼓励地方探索共同富裕的实现路径和模式。电是现代社会文明的标志，在现代社会，人们的生产生活均离不开电力；在共同富裕成为我国经济社会中长期目标重要组成部分的新发展阶段，电对于人们生产生活的作用和价值更是至关重要。对于电网企业而言，在我国经济社会的新发展阶段，要积极做共同富裕的贡献者。

一是要积极贡献供电服务均等化水平的提升。电网企业要统筹城乡电网建设需求，加强农村电网建设。电网企业要加强东西部合作帮扶，借助东部地区优势资源带动引领西部地区供电服务能力和水平的提升。供电企业要围绕乡村振兴发展战略的实施，加大乡村电网投资建设力度，为乡村振兴发展提供高质量的电力能源保障。

二是要积极贡献供电服务便捷化水平的提升。电网企业要积极优化供电服务组织体系，建立专门针对共同富裕的供电服务组织体系，切实提升供电服务效率，尤其是弱势群体、落后地区的供电服务效率。要立足云计算、大数据、物联网、人工智能、移动互联网、数字经济等发展，积极加强和推广线上服务，着力打造在线平台，全方位为客户尤其是偏远客户提供线上线下服务。与此同时，电网企业要立足自身掌握供电侧和用户侧大数据资源的优势，依法合规开展电力客户大数据挖掘利用，提供主动服务、智慧服务，助力客户提升经济效益、服务广大人民群众提高生活品质。

三是要积极贡献供电服务透明化水平的提升。电网企业要主动加强信息尤其

是涉及客户利益的信息公开，保障用户尤其是偏远地区、山区用户的知情权、选择权。电网企业要加强内部监督，规范自身服务行为，为城乡居民提供同质化的供电服务。电网企业要加强监测分析，常态化提升所有客户尤其是农村地区、偏远地区的服务透明化水平。

四、电网企业是新发展阶段国内国际双循环的参与者

在新发展阶段，构建以国内大循环为主体、国内国际双循环相互促进的新发展格局成为我国经济社会发展的重要特征，我国不断提出构建新发展格局绘制蓝图、路径。电网行业是国民经济的基础性行业，是各行各业生产运营的基础性投入要素。无论是构建国内大循环，还是国内国际双循环，电网企业都是新发展阶段构建新发展格局的重要参与者。

一是不断深化建设中国特色现代企业制度，持续深化提质增效，为参与新发展格局打下坚实的基础。电网企业要积极推进党的领导融入公司治理，推动董事会规范运作，确保公司规范高效运营，切实推动管理提升工作，不断提高各层级的发展活力和运转效率。与此同时，聚焦提质增效，提高投资效益和运营效率，积极创新科技和商业模式，主动培育能源互联网生态。

二是积极参与社会需求的提振。一方面，电网企业要以新型基础设施建设为重点，进一步扩大电网投资，充分发挥电网企业的投资拉动效应。另一方面，电网企业要充分发挥增强服务拉动效应，多措并举刺激电力客户的投资和消费需求。

三是主动降低用电用能基础成本。电网企业要聚焦降低用能成本，推动和实施精准、市场化降电价举措，主动助力对社会红利的有效释放。电网企业要积极推广节能、智慧用能服务，促进电力客户积极参与节约能源成本。在此基础上，电网企业要借助自身所掌握的用电大数据资源，围绕降低社会信用成本，探索扩大大数据征信服务的方式、方法和途径，为企业用户提供信用保障，助力企业用户降低融资成本。

四是营造良好的获得电力营商环境。获得电力是营商环境的重要内容，电网企业要立足自身行业特点，秉承公平、公正、公开原则参与电力市场，积极提升电力用户获得电力水平和服务质量，充分发挥价格信号的作用，积极疏导电价矛盾。

五是积极参与带动行业转型升级。一方面，电网企业要积极通过投身行业重大技术创新，引领所在行业转型发展。另一方面，电网企业要加强同上下游企业的合作，带动发电企业和电力用户的转型升级。与此同时，电网企业要积极推进混合所有制改革。

五、电网企业是新发展阶段国家治理体系和治理能力现代化的贡献者

自从 2013 年党的十八届三中全会提出"国家治理体系和治理能力现代化"的重大命题，国家治理体系和治理能力现代化成为四个现代化之后的"第五化"，成为我国经济社会发展的重要制度保障。随着我国经济社会的发展，如何在党的领导下完善经济、政治、文化、社会、生态文明和党的建设等各领域体制机制、法律法规安排，形成一整套紧密相连、相互协调的国家制度，成为新发展阶段我国实现共同富裕过程中所应当探索实现的重要目标。电网企业作为我国重要的公用事业型企业，是为我国经济社会发展提供能源供应等公用事业服务的重要主体，在探索如何服务于国家治理体系和治理能力现代化方面既具有天然的优势，也具有不可推卸的责任。因此，在新发展阶段推进国家治理体系和治理能力现代化的过程中，电网企业是推进国家治理体系和治理能力现代化的重要贡献者。

一是主动服务地方重大项目建设。积极推动电网建设规划融入地方发展规划，加强同政府部门沟通，确保地方政府需求和期望得到快速响应，推动建立同地方政府的常态化沟通协调机制。

二是积极服务地方政府科学决策。依托电力大数据，主动服务政府科学决策。积极打造电力大数据产品，支撑政府经济社会决策。以能源大数据中心建设为依托，服务地方智慧城市、数字政府建设。

三是主动服务地方基层治理。全方位推动电力服务下沉基层、社区，全方位探索和推广新时代"枫桥经验"的电力实践，加强同基层政府党组织的联建联创，凝聚化解矛盾的共识。

第二节　共同富裕示范区电网企业社会责任内容界定思路

根据《关于支持浙江高质量发展建设共同富裕示范区的意见》（以下简称《意见》），明确提出支持浙江高质量发展建设共同富裕示范区，到 2025 年，推动高质量发展建设共同富裕示范区取得明显实质性进展；到 2035 年，高质量发展取得更大成就，基本实现共同富裕。为了贯彻落实党中央、国务院部署，2021 年 7 月，浙江省发布《浙江高质量发展建设共同富裕示范区实施方案（2021—2025 年）》（以下简称《实施方案》），牢牢把握"五大工作原则"，紧紧围绕

"四大战略定位"，全面细化落实高质量发展建设共同富裕示范区的发展目标，并提出七个层面具体的先行示范工作。做好高质量发展建设共同富裕示范区必须凝聚全社会共同奋斗、共同富裕的强大力量，浙江省《实施方案》明确提出，要充分激发全体人民促进共同富裕的积极性、主动性、创造性，让每一个人都成为共同富裕的直接参与者、积极贡献者、共同受益者，依靠全体人民的共同奋斗和团结互助，走共建共治共享的共同富裕之路。如前文所述，电网企业是新发展阶段共同富裕的贡献者，为了更好地对电网企业贡献共同富裕示范区提供指导，必须首先对共同富裕示范区建设过程中电网企业的社会责任内容界定的思路和内容模型进行详细的阐释。党中央、国务院发布的《意见》提出了浙江高质量发展建设共同富裕示范区的指导思想、工作原则、战略定位、发展目标以及六个层面的重点工作领域；浙江省《实施方案》在《意见》的基础上，进一步全面细化了发展目标，明确着力开展"七个先行示范"，并提出构建高质量发展建设共同富裕示范区的保障措施和推进机制，这些为电网企业贡献共同富裕示范区建设提供了基本遵循，是供电企业明确共同富裕示范区建设过程的社会责任内容的根本遵循。

一、结合浙江共同富裕示范区工作原则，明确共同富裕示范区电网企业社会责任工作原则

党中央、国务院发布的《意见》明确提出了浙江高质量发展建设共同富裕示范区的五项工作原则，分别是坚持党的全面领导、坚持以人民为中心、坚持共建共享、坚持改革创新、坚持系统观念。在共同富裕示范区建设过程中，电网企业社会责任工作也需要立足上述五项工作原则，提出共同富裕示范区电网企业社会责任工作原则。立足于坚持党的全面领导的共同富裕示范区工作原则，共同富裕示范区电网企业社会责任工作必须坚持党建引领的工作原则；立足于坚持以人民为中心的共同富裕示范区工作原则，共同富裕示范区电网企业社会责任工作必须坚持人民电业为人民的工作原则；立足于坚持共建共享的共同富裕示范区工作原则，共同富裕示范区电网企业社会责任必须坚持利益相关方参与和综合价值最大化的工作原则；立足于坚持改革创新的共同富裕示范区工作原则，共同富裕示范区电网企业社会责任工作必须坚持努力超越、追求卓越的工作原则；立足于坚持系统观念的共同富裕示范区工作原则，共同富裕示范区电网企业社会责任工作必须坚持合作生态圈的工作原则。

二、立足浙江共同富裕示范区战略定位，形成共同富裕示范区电网企业社会责任战略定位

党中央、国务院发布的《意见》明确提出了浙江高质量发展建设共同富裕示范区的四个方面战略定位，分别为高质量发展高品质生活先行区、城乡区域协调发展引领区、收入分配制度改革试验区、文明和谐美丽家园展示区。在共同富裕示范区建设过程中，电网企业社会责任工作也需要立足于上述四个方面的战略定位，提出共同富裕示范区电网企业社会责任工作的战略定位。立足于高质量发展高品质生活先行区的战略定位，共同富裕示范区电网企业社会责任要坚守美好生活服务者的战略定位；立足于城乡区域协调发展引领区的战略定位，共同富裕示范区电网企业社会责任要坚守国民经济保障者的战略定位；立足于收入分配制度改革试验区的战略定位，共同富裕示范区电网企业社会责任要坚守增加城乡居民收入提高的奉献者的战略定位；立足于文明和谐美丽家园展示区的战略定位，共同富裕示范区电网企业社会责任要坚守美丽中国赋能者的战略定位。

三、贯彻电网企业社会责任战略定位，提出共同富裕示范区电网企业社会责任具体目标

浙江省《实施方案》提出了到 2025 年推动高质量发展建设共同富裕示范区取得明显实质性进展的基本目标，为共同富裕示范区电网企业社会责任具体目标的设定提供了基本遵循。结合 2025 年浙江省共同富裕示范区建设基本目标，依托电网企业在共同富裕示范区建设进程中的社会责任战略定位，提出七个方面的共同富裕示范区建设过程中电网企业具体目标，分别为：努力成为共同富裕示范区建设过程创新开展社会责任工作的企业样板；努力成为同高质量发展相匹配的社会责任工作的企业样板；努力成为提供均质化供电服务的企业样板；努力成为共建共享电力品质生活的企业样板；努力成为服务浙江打造精神普遍富足工作的企业样板；努力成为助力浙江全域美丽大花园建设的企业样板；努力成为持续深化"枫桥经验"、服务地方和谐社会建设的企业样板。

四、根据浙江共同富裕示范区先行示范重点，制定共同富裕示范区电网企业社会责任工作重点

浙江省《实施方案》明确提出了开展共同富裕示范区先行示范的七项重点工作领域，分别为：打好服务构建新发展格局组合拳，推进经济高质量发展先行示范；实施居民收入和中等收入群体双倍增计划，推进收入分配制度改革先行示范；健全为民办实事长效机制，推进公共服务优质共享先行示范；拓宽先富带后

富、先富帮后富有效路径,推进城乡区域协调发展先行示范;打造新时代文化高地,推进社会主义先进文化发展先行示范;建设国家生态文明试验区,推进生态文明建设先行示范;坚持和发展新时代"枫桥经验",推进社会治理先行示范。

这七项先行示范重点是浙江省建设共同富裕示范区的重点工作内容,也为共同富裕示范区电网企业社会责任工作的任务重点提供了着力点和方向。根据打好服务构建新发展格局组合拳,推进经济高质量发展先行示范的工作重点,电网企业也要立足新发展格局,做好助力浙江经济高质量发展和引领数字化变革的企业示范;根据实施居民收入和中等收入群体双倍增计划,推进收入分配制度改革先行示范的工作重点,电网企业也要立足居民收入和中等收入群体双倍增计划要求,做好服务浙江收入分配改革促进农村农民共同富裕的企业示范;根据健全为民办实事长效机制,推进公共服务优质共享先行示范的重点工作,电网企业也要积极打造电网企业参与为民办实事长效机制,做好力行公共服务优质共享的企业示范;根据拓宽先富带后富、先富帮后富有效路径,推进城乡区域协调发展先行示范的重点工作,电网企业也要积极参与先富带后富、先富帮后富的政府倡议,做好参与城乡区域协调发展的企业示范;根据打造新时代文化高地,推进社会主义先进文化发展先行示范的重点工作,电网企业也要参与浙江新时代文化高地打造,做好贯彻社会主义先进文化落地和践行红船精神的企业示范;根据建设国家生态文明试验区,推进生态文明建设先行示范的重点工作,电网企业也要积极响应浙江的国家生态文明试验区建设,做好主动引领浙江生态文明建设和服务实现"双碳"目标的企业示范;根据坚持和发展新时代"枫桥经验",推进社会治理先行示范的重点工作,电网企业也要积极参与新时代"枫桥经验"的传承和落地,做好踊跃参与社会治理和上下游产业链的企业示范。

第三节 共同富裕示范区电网企业社会责任内容体系模型

党中央和国务院发布的《意见》和浙江省发布的《实施方案》均明确指出,浙江省推进高质量发展建设共同富裕示范区的基本目标是到 2025 年推动高质量发展建设共同富裕示范区取得明显实质性进展,这也为电网企业在共同富裕示范区建设过程的社会责任工作目标提供了指引。为此,电网企业可以将共同富裕示范区建设过程中的基本目标定位为:2025 年社会责任工作融入高质量发展建设共同富裕示范区取得明显实质性进展。共同富裕示范区电网企业社会责任内容体系模型见图4-1。

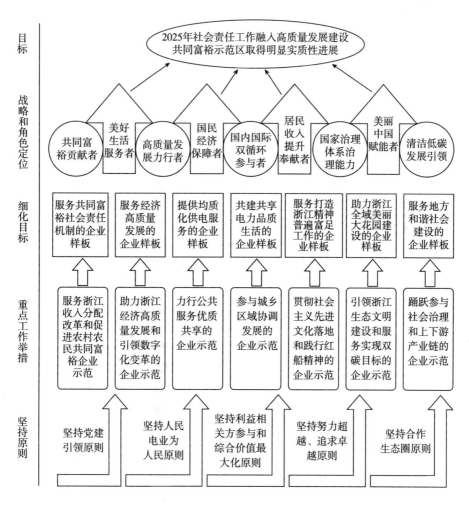

图4-1　共同富裕示范区电网企业社会责任内容体系模型

一、战略和角色定位模块

新发展阶段电网企业在经济社会发展中的角色功能定位也是国家电网在共同富裕示范区的角色功能定位，为进一步细化国家电网公司在共同富裕示范区的战略定位奠定的基础。如前文所述，可以将国家电网在共同富裕示范区中的角色功能定位界定为高质量发展的力行者、清洁低碳发展的引领者、共同富裕的贡献者、国内国际双循环的参与者以及国家治理体系和治理能力现代化的贡献者。

结合共同富裕示范区电网企业社会责任内容界定的思路，在共同富裕示范区建设过程中，电网企业社会责任工作所需要坚守的四项战略定位分别为：美好生活服务者、国民经济保障者、城乡居民收入提升奉献者、美丽中国赋能者。

二、细化目标模块

为了更好地明确电网企业社会责任工作的四项战略定位和电网企业角色功能定位，电网企业在共同富裕示范区建设过程中需要进一步提出细化的目标，分别为：率先基本建成以服务共同富裕为核心的社会责任体制机制和措施框架，努力成为共同富裕示范区建设过程创新开展社会责任工作的企业样板；率先基本建成以服务经济高质量发展为重点的社会责任工作模式，努力成为同高质量发展相匹配的社会责任工作的公司样本；率先缩小不同地区之间、城乡之间、不同收入群体之间的供电服务差距，努力成为提供均质化供电服务的企业样板；率先基本实现人的全生命周期供电服务优质共享，努力成为共建共享电力品质生活的企业样板；积极投身新时代文化浙江建设工作，努力成为服务浙江打造精神普遍富足工作的企业样板；积极履行环境责任，以提供清洁绿色电力为重点，努力成为助力浙江全域美丽大花园建设的企业样板；积极参与基层社会治理，努力成为持续深化"枫桥经验"、服务地方和谐社会建设的企业样板。

三、重点工作举措模块

为了更好地完成电网企业在共同富裕示范区建设过程中的七项细化的目标，需要电网企业开展具体的实施举措，做好七个领域的具体实践工作。这要求电网企业在共同富裕示范区建设过程中，坚持积极参与、主动配合、协调工作等原则，实施如下领域的具体行动，分别为：立足新发展格局，做好助力浙江经济高质量发展和引领数字化变革的企业示范；立足居民收入和中等收入群体双倍增计划要求，做好服务浙江收入分配改革促进农村农民共同富裕的企业示范；积极打造电网企业参与为民办实事长效机制，做好力行公共服务优质共享的企业示范；积极参与"先富带后富、先富帮后富"的政府倡议，做好参与城乡区域协调发展的企业示范；参与浙江新时代文化高地的打造，做好贯彻社会主义先进文化落地和践行红船精神的企业示范；积极响应浙江的国家生态文明试验区建设，做好主动引领浙江生态文明建设和服务实现双碳目标的企业示范；积极参与新时代"枫桥经验"的传承和落地，做好踊跃参与社会治理和上下游产业链的企业示范。

四、坚持原则模块

作为电网企业建设共同富裕示范区过程中开展社会责任工作的重要内容，电网企业还需要坚持五项工作原则，分别为：坚持党建引领原则，坚持人民电业为人民原则，坚持利益相关方参与和综合价值最大化原则，坚持努力超越、追求卓越原则，以及坚持合作生态圈原则。

<h2 style="text-align:center">第四节　共同富裕示范区电网企业
社会责任的主要内容</h2>

共同富裕示范区建设过程中电网企业社会责任工作的主要内容包括七个领域，也就是七项示范。这七个内容领域是基于浙江推进高质量发展建设共同富裕示范区的七项示范提出，浙江推进高质量发展建设共同富裕示范区的七项示范的基本内容也为电网企业开展具体的工作提供了依据。在本节将分为七个方面，逐个同浙江推进高质量发展建设共同富裕示范区进行对标，从而分别提出共同富裕示范区建设过程中电网企业社会责任的主要工作内容。

一、立足新发展格局，做好助力浙江经济高质量发展和引领数字化变革的企业示范

电网企业应立足新发展格局，结合浙江推进经济高质量发展先行示范重点工作内容，具体提出自身推进浙江经济高质量发展和引领数字化变革的企业示范重点工作内容（见表4-1）。

表4-1　助力浙江经济高质量发展和引领数字化变革重点工作

工作重点	浙江推进经济高质量 发展先行示范重点工作内容	助力浙江经济高质量发展和引领数字化 变革的企业示范重点工作内容
基本形成科技创新新型举国体制浙江路径	制定实施基础研究十年行动方案，推广"揭榜挂帅""赛马制"等攻关组织方式，推进"尖峰""尖兵""领雁""领航"计划，加快取得一批填补空白、引领未来的重大成果	深入实施"3060"新型电力系统重大科技攻关计划；大力推进"新跨越行动计划"；实施"揭榜挂帅制"；推进"量子+"新技术加快应用；重点领域孵化创新项目，建立首台、首套、首面、首域管理体系；建设运营双创示范中心
大力建设全球数字变革高地	实施跨境电商高质量发展"335"行动，全省域深化跨境电商综合试验区建设，持续推进"店开全球"万店培育专项行动，筹办全球数字贸易博览会，积极争取国际互联网数据专用通道，探索制定数字贸易规则和标准	强化数字治理；构建数智治理平台；跨领域构建"双碳大脑"；高质量建设电力北斗地基增强网基准站、融合数据中心站、5G切片虚拟专网、能源大数据中心等。加快产业数字化和数字产业化，完善数字基础设施。加快数字化改革重点建设任务落地

续表

工作重点	浙江推进经济高质量发展先行示范重点工作内容	助力浙江经济高质量发展和引领数字化变革的企业示范重点工作内容
加快建设具有国际竞争力的现代产业体系	探索"腾笼换鸟、凤凰涅槃"新路径，加快建全球先进制造业基地；深入实施制造业产业基础再造和产业链提升工程，迭代升级体系化实施方案，打造十大标志性产业链	构建新型电力系统，推进高弹性市场机制综合示范，建设源网荷储一体化综合示范，打造地市级新型电力系统示范，推动低频输电技术攻关和首创落地应用；加大电网投资，扩大能源供给，在全国建成安全稳定、灵活柔性、绿色高效的能源互联网；建设多元融合高弹性电网；大力建设高品质电网，推进特高压交流环网、入浙第四直流等重大工程纳入国家"十四五"电力规划等
打造全球高端要素引力场	实施融资畅通工程升级版，深入推进普惠金融改革，开展首贷户拓展行动，开展区域性股权市场创新试点，深化政府性融资担保机构体系改革，争取农村信用社改革试点，构建金融服务共同富裕政策制度	充分发挥电网企业在供应链中的作用，推出基于区块链技术的供应链金融服务；合作建立供应链金融平台，让处于供应链末端的中小微企业凭借在供应链上的应收凭证获得优惠利率的融资，有效解决中小微企业融资难、融资贵、融资慢及流动性不足等问题
扩大居民消费和有效投资	提升城市生活成本竞争力，稳定价格成本，提升服务质量	推行电力大数据服务，推出"企业复工电力指数"，编制浙江电力大数据复工分析报告；发布"电力消费指数"
加快建设"一带一路"重要枢纽	加快建设宁波舟山港世界一流强港，打造亿人次级国际化空港门户，纵深推进义甬舟开放大通道建设，提升"义新欧"中欧班列市场竞争力	服务长三角区域一体化发展，支持浙江高水平建设"大湾区、大花园、大通道、大都市区"；支持"一带一路"建设
培育更加活跃、更有创造力的市场主体	制订实施优化营商环境五年行动计划，打造营商环境最优省	推出"阳光业扩"，优化业扩项目投资策略，保障办电信息公开透明，强化营配调专业协同，推出业扩配套电网写点"放管服"，强化业扩配套工程全过程管理，推动受电工程市场规范有序，大力推广应用"大云物移智链"新技术等；实行"无证明办电"
打造创业创新创造升级版	提升小微企业创业创新园（基地）、双创示范基地等各类载体综合功能及带动作用，完善"众创空间—孵化器—加速器—产业园"全链条孵化体系，促进初创型成长型企业发展	建设"互联网＋智慧能源"双创示范基地；创新性推出"转供电费码"，破解小微企业了解电费减免情况的"信息壁垒"，确保政策红利及时传导到转供电终端客户

二、立足居民收入和中等收入群体双倍增计划要求，做好服务浙江收入分配改革和促进农村农民共同富裕的企业示范

浙江共同富裕示范区建设明确提出要推进收入分配制度改革先行示范，并提

出实施中等收入群体规模倍增计划等具体工作重点。针对于此，电网企业也应当立足居民收入和中等收入群体双倍增计划要求，做好服务浙江收入分配改革和促进农村农民共同富裕的企业示范（见表4-2）。

表4-2　服务浙江收入分配制度改革和促进农村农民共同富裕重点工作

工作重点	浙江推进收入分配制度改革先行示范重点工作内容	服务浙江收入分配改革和促进农村农民共同富裕的企业示范重点工作内容
实施中等收入群体规模倍增计划	完善党政机关、企事业单位和社会各方面人才顺畅流动的制度体系，规范招考选拔聘用制度，保障不同群体发展机会公平，畅通社会流动渠道	扶持员工成长：全面强化考核评价力度，优化人才职业发展，拓宽人才发展空间，建立人才数据档案，推进员职级序列管理，建立网格化职业发展路径；建立人才成长动力机制，打造科学合理的人才梯队
推动实现更加充分更高质量就业	深化构建和谐劳动关系综合配套改革试点，推进构建和谐劳动关系综合试验区建设，创造公平就业环境，率先消除户籍、地域、身份、性别等影响就业的制度障碍，规范劳务派遣用工行为，持续推进"浙江无欠薪"建设，完善和落实工时、休息休假制度	开展和谐企业创建活动，着力构建和谐劳动关系；强化民主管理；积极举办民主生活会，积极征求职工意见；建立行政和工会定期联席会议机制
实施居民收入十年倍增计划	实施农民致富增收行动，完善企业与农民利益联结机制，培育10万名农创客，激活闲置农房10万幢以上，推进万户农家旅游致富计划，深入实施乡村百万屋顶光伏工程	深入推广农业产业领域电能替代，加快发展乡村电气化；积极打造电力引导、村民参与、市场化运作的光伏清洁电力可持续发展模式；推出"乡村振兴电力指数"，从产业发展、富裕程度、宜居水平、供电保障、绿色用能开展大数据分析
完善创新要素参与分配机制	加快探索知识、技术、管理、数据等要素价值的实现形式	—
创新完善财政政策制度	坚持尽力而为、量力而行，优化财政支出结构，加大民生投入力度，解决好民生"关键小事"，强化可持续保障机制	—
全面打造"善行浙江"	完善有利于慈善组织持续健康发展的体制机制，大力发展枢纽型、资助型、行业型公益慈善组织，提升公益慈善基地服务能力	强化公益活动管理，规范对外捐赠管理流程。创新开展新公益活动，积极打造一批公益品牌，"点亮玉树""幸福蜗居""小草""千户万灯""阿斌师傅""爱心妈妈"等

三、积极打造电网企业参与为民办实事长效机制，做好力行公共服务优质共享的企业示范

推进公共服务优质共享先行示范是浙江推进共同富裕示范区建设的重要工作，对于供电企业而言，要积极打造电网企业参与为民办实事长效机制，做好力行公共服务优质共享的企业示范（见表4-3）。

表4-3　公共服务优质共享重点工作

工作重点	浙江推进公共服务优质共享先行示范重点工作内容	力行公共服务优质共享的企业示范重点工作内容
率先构建育儿友好型社会	鼓励有条件的用人单位提供婴幼儿照护服务，支持幼儿园发展托幼一体化服务	积极推行"妈咪暖心小屋"等示范点，切实打造女性职工的温馨驿站
争创新时代教育综合改革试验区	探索用新机制举办新型研究型大学和高水平应用型大学，全力支持西湖大学等新型大学建设，鼓励社会力量参与举办"小而精"的高水平特色高校	围绕在职教育、课题研究、高端人才培养、实习基地建设、人才培养、产学研合作等，加强同科研院校合作
健全面向全体劳动者的终身职业技能培训制度	完善技能人才培养、引进、评价、使用、激励机制，开展职业技能等级评价改革试点，提高技能人才政治、经济、社会待遇	深入构建和推进"五位一体"培训管理模式；积极打造"菜单式"模块化培训模式；深入实施专业融合培训，推动一专多能人才培养
深入实施健康浙江行动	调整优化全民健康体检项目、提高体检精准性，推进重点疾病早筛早诊早治，推进残疾预防工作，加强以老年人群为重点的高血压、糖尿病"两慢病"管理，实施青少年明眸皓齿工程，完善精神卫生和心理健康服务体系	制定"突发公共卫生事件应急预案"，做好值班值守、信息报送等工作；加强同地方卫生行政部门、卫生防疫部门和专业医疗机构沟通协调
推进社保制度精准化结构性改革	制定完善适应新型就业形态的参保缴费政策，促进灵活就业人员、新业态从业人员参加社会保险	—
构建幸福养老服务体系	大力发展银发经济，建设老年友好型社会，丰富老年人精神文化活动，倡导养老孝老敬老，促进老有所乐	深化"人民电业为人民"专项行动，常态化开展"芯系老人"关爱行动；针对农村留守老人用电问题，持续对用电设备进行精心检查
打造"浙里安居"品牌	全面开展城乡房屋安全隐患排查整治，动态消除危房安全隐患，完善常态化长效治理改造机制，探索建立农村低收入人口基本住房安全保障机制	打造智慧型供应商服务大厅；深化新一代配电自动化应用，全面补强不停电作业力量，推进设备本质坚强，高质量完成各项重大活动的保电任务；推进配网自动化、智能化管理；重大活动保供电；推出"用电健康码"；稳步推进电价改革
全面建立新时代社会救助体系	构建以多元社会力量参与为补充的新时代社会大救助体系，推进各类救助政策综合集成	设计"关爱独居老人"产品，辅助社区智慧养老服务，通过推广线上联办模式，保障独居老人实现免费用电申请"无感"办理

续表

工作重点	浙江推进公共服务优质共享 先行示范重点工作内容	力行公共服务优质共享的 企业示范重点工作内容
推进公共服务社会化改革	完善社会力量办社会事业政策制度，鼓励国有企事业单位、大型民营企业、社会组织等投资兴办普惠性非营利性的幼儿园、职业院校、高等院校、老年学校和医疗、养老、托育、文化、体育等服务机构	走进敬老院、学校等机构，开展免费检查线路等活动，积极宣传安全用电常识

四、积极参与"先富带后富、先富帮后富"的政府倡议，做好参与城乡区域协调发展的企业示范

在共同富裕示范区建设过程中，浙江积极推进城乡区域协调发展先行示范重点工作，并提出率先形成省域一体化发展格局等一系列工作重点。立足于此，电网企业也应积极参与"先富带后富、先富帮后富"的政府倡议，做好参与城乡区域协调发展的企业示范（见表4-4）。

表4-4　参与城乡区域协调发展重点工作

工作重点	浙江推进城乡区域协调发展 先行示范重点工作内容	参与城乡区域协调发展的 企业示范重点工作内容
率先形成省域一体化发展格局	深入推进基础设施一体化，推动城乡交通、供水、电网、通信、燃气等基础设施统一规划、统一建设、统一管护，逐步实现同规同网	深化"互联网+"等应用，大力推进基本公共服务均等化；深度参与推进浙江城乡一体化发展，让农村用电不比城里差；扎实推进农网改造升级，全力推动新农村电气化建设，有效消除农村低电压
开展新型城镇化"十百千"行动	深化小城市培育试点，深入推进龙港新型城镇化综合改革，探索由镇村到城、建设新型城市的新模式	开展小城镇环境整治电力改造；根据不同的人文、经济和乡情，开展"上改下"、杆线迁移、隐患治理和一般检修四种整治；优化网架结构，提升装备水平，全面改善和提升全省小城镇生产生活生态环境质量
大力建设共同富裕现代化基本单元	推动老旧社区"微更新"，推进无障碍环境建设，打造多功能、复合型、亲民化社区精致生活场景	打造"电力光明驿站+党员服务队+台区经理+农村用电安全员"的"1+N"网格化服务体系；开发"共同富裕电力指数"；实施乡村电气化行动，制定"乡村振兴·电力先行"示范区建设标准，精准惠农富民，构建乡村能源新体系；服务"千万工程"和美丽乡村建设；升级新农村电气化

续表

工作重点	浙江推进城乡区域协调发展先行示范重点工作内容	参与城乡区域协调发展的企业示范重点工作内容
大力推进农业转移人口市民化集成改革	完善财政转移支付和新增城镇建设用地规模与农业转移人口市民化挂钩政策,适时推进山区县乡镇撤并扩权工作	—
率先探索以土地为重点的乡村集成改革	构建新型农业经营主体+"三位一体"合作经济组织的现代农业经营体系,建立小农户与现代农业有效衔接机制	推广乡村优质普惠电力服务;实施新时代乡村电气化三年行动计划
大力实施强村惠民行动	统筹推进高效生态农业、现代乡村产业、村级集体经济等协同发展,梯次创建农业现代化示范区,健全农业价值拓展实现机制	创新发布"乡村振兴电力指数";推广农村前沿服务模式;推进农村能源消费高效化,拓展农村"供电+能效"服务;推行"光伏富裕"工程
创新实施先富带后富"三同步"行动	实施乡村振兴重点帮促村同步基本实现现代化行动,建立县村户一体帮促机制,派强用好第一书记、农村工作指导员和驻村工作组,省市县联动每年向全省乡镇派遣各类科技特派员1万人,开展千个单位扶千村、千个企业结千村、千个侨团(企)帮千村帮扶行动,健全社会资本、公益组织开放式共同帮促的激励机制	成立共产党员服务队,秉持"人民电业为人民"的宗旨开展公益活动,围绕抢修服务、营销服务、志愿服务、增值服务等具体开展公益项目
打造山海协作工程升级版	发展"绿色+智慧"特色产业和生态工业,培育"丽水山耕""三衢味"等山区名品,实施消费助农计划,补齐基础设施和公共服务短板,高标准创建"四沿"美丽富裕干线路,探索推行市场化推动山区发展新模式,持续增强内生发展动力	借助"北斗+电力"山区电网综合应用,推进山区电网发展;积极推进能源互联网形态下多元融合高弹性电网建设,引入合闸速断式就地型馈线自动化技术,积极应对偏远山区线路故障难题,推进偏远山区故障段隔离、非故障区域的恢复供电
打造对口工作升级版	推进工作项目化、项目体系化、体系品牌化,进一步完善工作机制,加强对省外欠发达地区帮扶,全面提升对口工作绩效	积极响应国家号召,开展结对帮扶工作,以西藏那曲地区电网工程为重点,持续开展相关帮扶工作;积极参与"三区三州"电网建设帮扶工作,构建"一市帮一县"帮扶模式

五、参与浙江新时代文化高地打造,做好贯彻社会主义先进文化落地和践行红船精神的企业示范

浙江共同富裕示范区明确要求浙江推进社会主义先进文化发展先行示范建设,并提出打造学习宣传实践习近平新时代中国特色社会主义思想的重要阵地、高水平推进全域文明创建、构建高品质公共文化服务体系、传承弘扬中华优秀传

统文化、加快文化产业高质量发展五个方面的工作重点。针对浙江推进社会主义先进文化发展先行示范的重点工作，电网企业要积极参与，做好贯彻社会主义先进文化落地和践行红船精神的企业示范（见表4-5）。

表4-5 贯彻社会主义先进文化落地和践行红船精神重点工作

工作重点	浙江推进社会主义先进文化发展先行示范重点工作内容	贯彻社会主义先进文化落地和践行红船精神的企业示范重点工作内容
打造学习宣传实践习近平新时代中国特色社会主义思想的重要阵地	持续巩固深化"不忘初心、牢记使命"主题教育成果，深入实施铸魂工程，健全党员干部理论学习教育制度体系，开展中心组巡听旁听制度、重大决策前专题学习制度	电网企业坚定不移传承"红船精神"，广大党员干部不忘初心、牢记使命，党建引领登高实现跃变；开展主题教育活动；构建"四型一化"党建格局
高水平推进全域文明创建	实施全域文明创建行动计划，大力推进文明城市、文明村镇、文明单位、文明校园、文明家庭等群众性精神文明创建，推进新时代文明实践中心建设全覆盖	坚持党建引领，着力服务提升，强化文化培育，积极开展和推进下属地市级、县级供电企业开展文明单位创建活动
构建高品质公共文化服务体系	推进公共文化数字化应用转型，打造"文E家""文化礼堂家"等应用场景	加强同文化大礼堂合作，积极宣传安全用电、绿色节能等电力知识
传承弘扬中华优秀传统文化	持续推进大运河国家文化公园、诗路文化带建设，推进文明之源大遗址群和世界文化遗产群建设，加强西湖、良渚、大运河（浙江段）保护利用，推进上山文化申遗，加快实施"千年古城"复兴，打造具有代表性的浙江文化符号和文化标识，完善历史文化名城名镇名村保护体系	针对自然、人文遗迹的保护，积极配合政府相关部门各项工作，重点在停送电、临时用电供给、用电安全保障、24小时电力故障抢修等方面提供细致、优质的服务；加强同红船干部学院等机构合作，打造资源共享、优势互补、产研融合的红船精神传承实践
加快文化产业高质量发展	实施百家文化名企创优工程，推进文化产业融合发展战略，创建富有文化底蕴的世界级旅游景区和度假区、文化特色鲜明的国家级旅游休闲城市和街区	针对历史文化街区的特点，积极推进以电代煤、以电代油的"全电街区"

六、积极响应浙江的国家生态文明试验区建设，做好主动引领浙江生态文明建设和服务实现"双碳"目标的企业示范

针对浙江建设共同富裕示范区时推进生态文明建设先行示范的重点工作，浙江全力打好生态环境巩固提升持久战、实施生态修复和生物多样性保护、高标准制定实施碳排放达峰行动方案、全面推行生态产品价值实现机制。电网企业要积极响应浙江的国家生态文明试验区建设，做好主动引领浙江生态文明建设和服务实现"双碳"目标的企业示范（见表4-6）。

表4-6　引领浙江生态文明建设和服务实现双碳目标重点工作

工作重点	浙江推进生态文明建设先行 示范重点工作内容	主动引领浙江生态文明建设和服务 实现双碳目标的企业示范重点工作内容
全力打好生态环境巩固提升持久战	实行最严格的生态环境保护制度，深入打好治水治气治土治废治塑攻坚战，构建数字化生态环保综合应用系统，健全环境污染问题发现、处置及举一反三闭环管控机制	构建普惠碳市场；建立减排量碳市场；打造配额碳市场；主动服务政府能源管控，建设省市县三级政府能源大数据中心，开展企业、行业、区域等多视角综合用能评估；成立国家绿色技术交易中心；保护国家公园生物多样性
实施生态修复和生物多样性保护	全面实施以"三线一单"为核心的生态环境分区管控体系，严格按照生态保护、基本农田、城镇开发边界实行用途管制	倡导"零挡墙、零护坡"，解决工程建设沿线环境保护和水土保持等问题，实现电网建设与生态环境和谐共生，助力生物多样性保护与发展
高标准制定实施碳排放达峰行动方案	围绕能源消费总量、碳排放总量、能耗强度和碳排放强度四个指标，科学编制实施碳达峰总体方案和能源、工业、建筑、交通、农业、居民生活及科技创新"6+1"重点领域行动方案，统筹推动经济社会全面绿色低碳转型	全省推广工业碳效码场景应用；启动全国首场绿色电力交易；开建杭州亚运低碳氢电耦合应用示范项目；构建零碳能源互联网综合示范工程；推进全国首个基于乡村场景的水—光—氢生物质综合利用示范工程；打造全国首个海岛"绿氢"综合能源系统示范工程；积极并网分布式光伏项目，积极建设重点领域推进电能替代
全面推行生态产品价值实现机制	推进丽水生态产品价值实现机制国家试点，深化安吉践行"绿水青山就是金山银山"理念综合改革试点，探索创新优质水资源价值实现路径	开展"绿色基建"实践；建设公交充电站；推行绿电积分；积极采取绿色规划、绿色设计、绿色采购、绿色施工等举措；推行数据中心节能；开展绿色责任采购，带动供应链上下游协同发展；大力实施"供电+能效服务"

七、积极参与新时代"枫桥经验"的传承和落地，做好踊跃参与社会治理和上下游产业链的企业示范

浙江围绕共同富裕示范区建设，积极推进社会治理先行示范，并聚焦健全党组织领导的"四治融合"城乡基层治理体系、加快建设法治中国示范区、高水平建设平安中国示范区积极开展工作。电网企业要积极参与新时代"枫桥经验"的传承和落地，做好踊跃参与社会治理和上下游产业链的企业示范（见表4-7）。

表4-7 踊跃参与社会治理和上下游产业链重点工作

工作重点	浙江推进社会治理先行 示范重点工作内容	踊跃参与社会治理和上下游产业链的 企业示范重点工作内容
健全党组织领导的"四治融合"城乡基层治理体系	加强党对基层治理的统筹领导，做实街道"大工委"、社区"大党委"制，强化对平台经济、平台企业的政治引领，加强新兴领域和新就业形态群体党的工作	全面推动基层组织生活规范化建设；推出党建价值创造"五色地图"，将党建与业务的深度融合延伸到基层管理机制、组织末端、工作任务和员工实践之中；积极开展同红船干部学院的党建合作，高质量推进党建共建
加快建设法治中国示范区	全面推进基层"一支队伍管执法"和跨部门跨领域综合执法，全面实施行政执法类公务员分类管理制度	加强同城市综合行政执法部门合作，推进电力行政执法工作；开展构建依法合规体系，强化依法合规意识，营造浓厚法治氛围，成立法治保障工作机制等工作
高水平建设平安中国示范区	加快构建"大安全、大应急、大减灾"体系，完善自然灾害防治体系，建立健全城乡防灾减灾体系，全面消除海塘病险，深化地质灾害风险管理与防控试点，加强应急处置能力建设，发展社会救助力量，推广巨灾保险	精准指导企业降本增效；创新探索负荷需求响应；统筹推进源网荷储协同互动，加强突发事件应急安全管理，动态修订完善大面积停电等应急预案并常态演练，加强供需形势分析、负荷预测和针对自然灾害的应急准备；加强同消防部门合作开展警企战略合作；搭建产融中心，将金融服务引入供应链

第五章　共同富裕示范区电网企业
社会责任战略模式的构建

在浙江省探索共同富裕示范区建设的战略环境下，未来社会的价值偏好会产生潜移默化的改变。政府作为市场经济发展的"第三只手"，将会更加侧重对经济社会公平、可持续发展进行干预，激励企业在创造经济价值的同时，更加注重社会价值、环境价值的创造与输出。电网企业作为浙江省重要的公用事业企业，其企业公民的角色属性将会加以强调，通过履行社会责任进行综合价值创造与输出、惠及所有利益相关方，是国网浙江电力作为国有企业、公用事业企业探索推进共同富裕的重要手段。因此，本章将基于浙江省建设共同富裕示范区的战略背景，从国网浙江电力处于政府鼓励企业进行综合价值创造与输出的外部环境演变的情况出发，分析其社会责任战略模式的更新与构建。

第一节　电网企业综合价值生态化共创模式

在共同富裕的区域经济社会目标下，政府激励、市场消费者偏好更强调企业经济责任、社会责任、环境责任的履行，国网浙江电力面临价值创造目标的结构性调整。相比社会主义发展的初级阶段，在创造经济价值的同时，更强调其作为国有企业、行业引领企业对于所有电力电网生态利益相关方的生态化引领责任，更加强调对社会价值、环境价值的创造与输出。因此，在共同富裕示范区的发展背景下，国网浙江电力的社会责任战略变革的核心环节，是将电网企业置于生态引领者的视角，依据政策市场环境演变对企业经营的价值目标进行结构性调整，向企业生态的所有利益相关方进行共赢共生的价值共创与价值输出。

一、共同富裕示范区电网企业价值目标的结构性调整

尽管过去在省际区域内探索共同富裕未有可借鉴的经验，但是浙江省政府在浙江探索建设共同富裕示范区以来，已经提出了"善行浙江""以人民为中心""共建共享"等工作框架，一方面，引导企业在"做大蛋糕"而非"切大蛋糕"上发力，强调企业与利益相关方之间的"正和博弈"及价值共创与共赢；另一方面，强调企业应当创造更多的综合价值，并且将综合价值向更广大的利益相关方进行输出与共享。因此，共同富裕示范区电网企业首先面临从公司战略层面对价值目标区间的结构性调整，在获取盈利与承担经济责任、创造社会价值与环境价值之间进行取舍均衡。

（一）做大蛋糕：加大对未捕获综合价值空间的开发

没有富裕就不可能有共同富裕，"富裕"不只是简单的物质的富足，还包括精神的富足、政治的富足、文化的富足、生态的富足。对于国网浙江电力而言，向所有利益相关方进行生态化价值共创必须实现一个帕累托的有效改进，即在没有损害任何群体既得利益的前提下，使一部分群体的利益得以提升，只有这种"利己、利他而不损人"式的发展，才是真正地"做大蛋糕"、真正地"聚焦增量"、真正地"维护弱势群体"，才是目前国家与政府最为鼓励的、最佳的可持续发展路径。"做大蛋糕"作为建设共同富裕示范区的首要关键点，在电网企业价值目标域的结构性调整过程中，要加大对未捕获综合价值空间的开发，如图5-1所示。在共同富裕目标导向下，电网企业的价值空间主要是非生产性经济价值以及纯粹的生产性经济价值，少量业务的商业模式可能会涉及环境经济性价值、社会经济性价值，对可持续价值的探索相对不足，因此，大量的未捕获价值将集中于以上三个价值空间中。在电网企业价值目标的结构性调整过程中，对以上三个空间的未捕获价值的搜寻力度将会加大，从而推动企业对其目标价值空间的拓展，实现社会价值、环保价值与经济价值的综合价值创造，最终形成可持续性的综合价值共创。

（二）做好蛋糕：加强对社会价值和环境价值的对外分享与输出

在浙江高质量发展建设共同富裕示范区的实践中，需要打通现发展阶段社会经济环境中的市场、治理、文化、生态环境等方面的堵点，形成风清气正、守正务实的良好社会生态，这就需要公正有效的"做蛋糕"机制，在"做大蛋糕"的基础上，还要努力"做好蛋糕"。在这个机制中，国网浙江电力要加强对社会价值和环境价值的对外分享与输出，坚持生态优先、绿色发展，引领行业生态进化，履行社会责任、经济责任和政治责任，为共同富裕示范区建设提供高质量的供电服务，实现产业上下游、中小微企业共同发展。另外，还要加强投资开放和

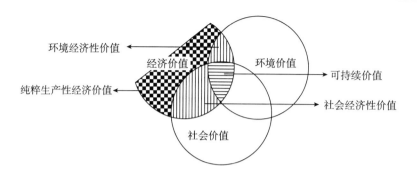

图 5-1　共同富裕下电网企业价值目标域的结构性调整

市场开放，发展混合所有制经济，推进投资主体多元化，完善电力市场体系，扩大用户选择权，形成有效竞争的市场格局。在共同富裕的总体目标下，电网企业可以积极参与社会治理，助力社会发展、产业升级，推进城乡协调发展。例如，杭州供电公司创新推出"全景碳地图"，实现市、县、镇三级区域碳排放情况"全景看、一网控"，让减排路径更清晰；嘉兴供电公司推出的"共同富裕电力指数"多维度展现了城乡融合发展面貌；湖州供电公司上线"共富新电图"，以电力大数据为湖州争创高质量发展建设共同富裕示范区的先行市提供数据依据和决策参考。

　　（三）分好蛋糕：在优势竞争行业加强共赢价值创造

　　所谓"分蛋糕"机制，即建立一个能够充分保证蛋糕分配的公正性，使得各个阶层、组织、团体、族群、个人等都能充分感受到公平公正的分配机制，最终实现各利益相关方物质、精神、政治、文化、生态富足的目标。实现共同富裕是一项复杂的系统工程，各地实际情况不同，既有已经有较好发展基础的沿海地区，也有大量拥有一定发展基础的地区，还有脱贫不久的地区等，这就需要从产业、区域、城乡等层面以及制度安排、政策制定、社会建设等方面全方位开展多方协作，通过协同合作、交互融合、优势互补，在优势竞争行业加强共赢价值创造。

　　国网公司自 2017 年提出建设平台型电网企业，国网浙江电力不断强化自己作为能源电力企业的平台作用，不断向平台型企业转型。通过各类平台的建设，国网浙江电力成为利益相关方价值共创和价值集聚的平台，也成为价值分配的平台，这为推进价值在利益相关方之间进行公平分配提供了基础。一是通过建设综合服务平台，实现内外部服务资源与服务需求高效对接，促进电网业务升级，加快建设新型电力系统，高质量推进输配电网、城乡电网协调发展。二是通过打造能源配置平台，建设大电网、培育大市场，促进能源电力资源大范围资源配置，加强县域电网建设的联动配合，服务城乡一体化发展。三是致力打造新业务、新业态、新模式发展平台，开辟新领域、新市场，打造能源互联网产业集群，打造多元融合高弹性电网，保障产业升级与消费升级共进需求，推动实现城乡电网与其他基础设施同规同网，促进电力设施建设与社会经济协调发展。

二、共同富裕示范区电网企业价值创造行为模式的负责任改造

（一）负责任的资源要素投入

企业的生产过程，是通过整合资源、联合资源供应方（供应商）进行产品或服务生产的过程。因此，共同富裕示范区电网企业的价值创造行为模式负责任改造应当从源头着手，确保从源头上所投入的资本、劳动力、技术等生产要素是负责任的，如负责任的投资、保护劳工权益等。

第一，电网企业应该致力于构建源网荷储更好互动、台区设备更加友好、用电服务更加便民的区域网架，进一步提升农村电网现代化水平，缩小城乡电力服务差距，为建设共同富裕示范区提供电力先行样板。

第二，电网企业在可持续性商业模式创新下，电力价值共创过程中的产品生产要素将发生收敛，要素组合法则将会发生重大改变，实现负责任要素投入和负责任的要素组合管理法则。一方面，可持续性商业模式创新下，电网企业参与价值共创的要素中，那些不负责任、造成负外部性的要素共创行为、要素组合与产品服务生产行为将会被摒弃或进行约束和管制，从而投入要素从原来的（K，L，D，T）组合，变为更窄的（RK，RL，RD，RT）取值范围。另一方面，电网企业参与要素供应的供应商群体的集合将会发生收敛，那些无法进行负责任要素供应的供应商，将会被终止合作或进行自我的负责任整改，以提供负责任的要素用于供电企业的价值共创。

（二）要素资源整合行为的改造

电网企业需要对共创要素及利益相关方的管理行为进行改造，通过规范要素共创主体的行为，精准构建需求响应柔性资源池，全面唤醒网荷互动潜力，充分发挥需求响应对于保障电力供需平衡、促进新能源消纳、提升电网运行效率等的作用，实现电网企业产品或服务的要素投入源头的可持续，助推浙江高质量碳达峰、碳中和。

一是通过分层分区精准匹配需求响应资源，充分应用营配贯通、主配贯通成果，自动形成分级响应方案，在局部"卡脖子"区域先行先试，快速迭代形成可复制、可推广经验，提升响应精准度，并通过建立层级鲜明、区域清晰的需求响应资源管理机制，打造电网资源和需求响应资源一张图。

二是实施时域分级持续构建多维时间尺度资源池，建设基于时标的全时域需

求响应资源池,提升网荷互动效率,接入毫秒级、秒级可中断负荷,加快建成包含秒级、小时级、天级等全时域需求响应的资源池,满足设备故障、削峰填谷、新能源消纳等多种需求。

三是分类挖掘重点行业资源,深挖工业生产、商业楼宇和居民生活等领域需求响应资源,探索数据中心、冷链冷库、5G基站、充电桩等新兴业务互动能力,试点通信运营商、综合能源服务商、小微园区等多种负荷聚合模式,扩大资源池效应。另外,还要不断健全需求响应政策标准体系,从有效夯实业务支撑基础、不断扩大需求响应示范应用范围、持续深化需求响应研究培训等方面入手,持续深化要素资源整合行为的负责任改造。

(三)负责任的要素组合管理规则

从企业价值创造的过程上考量,电网企业对人、资本、技术等生产要素的使用是符合社会责任标准的,需要对要素组合进行全过程的社会责任管理。负责任的要素组合管理规则,是要在遵守经济、社会、环境底线的基础上,把新的管理要素和要素组合引入企业管理体系,推动公司战略目标的实现,进行成本最小化的要素组合规则制定。国网企业建设"三型两网、世界一流"企业是一项具有挑战性、开创性的系统工程,需要全面落实创新驱动战略,系统组织管理创新实践和管理创新体系。

一是负责任的投资行为约束。引导电网企业的耐心资本进行可持续价值利基市场投资,改变垄断寡头市场结构和赢家通吃带来的市场创新低效率。二是负责任的劳工合作约束,电网企业应当主动承担责任,规范企业及衍生的众包市场与零工市场合作规则,解决对非雇佣劳工的价值压榨问题。三是开展电网企业共创数据资源的规范化使用和明晰化产权界定,建立针对让渡数据使用权的平台主体的补偿机制;对共创数据的使用方面,保障用户信息安全。四是规范技术创新行为,电网企业应建立异质化创新为导向的负责任技术创新机制,与外部合作研发对象开展负责任技术创新活动,走出寡头垄断市场下的创新红皇后博弈,改变创新投资侵吞平台共创价值的博弈均衡。

三、共同富裕示范区电网企业利益相关方管理模式转变

(一)电网企业利益相关方生态圈整体范围的拓展

共同富裕示范区的核心逻辑在于将价值上的"富裕"与群体上的"共同"两者之间进行贯通。在这个过程中,电网企业利益相关方的生态圈层范围和边界将会不断拓展,如图5-2所示,以共同富裕为目标的利益相关方识别范围将会有所拓展和增加,从而利益相关方的多样性和数量将会拓展,实现四个圈层的生态利益相关方管理圈层,圈层的利益相关方与平台企业的互动频率和深度依次向外

递减，直至社会利益相关方，与电网企业的经济价值相关度最低，甚至并不会发生经济价值交易。

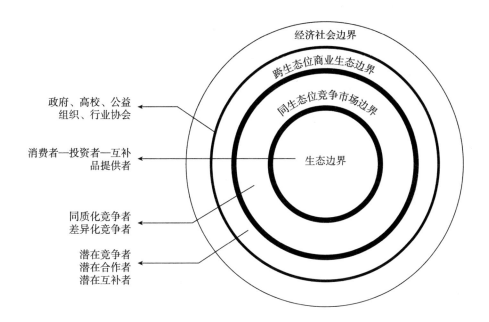

图5-2　电网企业共同富裕目标导向下的利益相关方圈层关系

在企业生态层面，根据各利益相关方之间的价值共创和资源共创关系，开展共生共赢机制创新，以保持长期的价值或资源共创能力；在竞争市场层面，同类企业竞争对手的竞争替代效应机制创新，主要通过竞争战略或策略创新确保市场地位；在跨生态位层面，面对潜在竞争者与合作者，开展动态管理机制创新，以便可持续寻获新的利基市场或避免潜在竞争损害；在社会层面，进行社会利益相关方管理机制创新，由于电网企业的社会利益相关方并不一定直接参与传统平台企业的经济价值创造过程，在平台企业的价值创造函数中，往往并不包含在系列参与主体 a_i 中。

（二）电网企业加强对价值共创利益相关方的赋能管理

共同富裕目标下，电网企业作为生态中心企业、强市场势力的企业，不仅需要进行价值目标区间结构性调整，还应重视电网企业与利益相关方的协作关系、管理模式的变革，对价值共创的利益相关方进行赋能，共同提升价值创造能力和市场竞争力。一是基于社会平台认知建立开放边界的平台生态外部利益相关方动态管理机制。由于电网企业业务的公用性，利益相关方之间的互动与关联相比一般企业更加频繁和复杂,不论是出于风险规避目的,还是对新价值需求的捕获,保持开放的利益相关方管理边界是一种必要手段。电网企业新利基市场的捕获,往往是在平台边缘或平台外部的平行市场中出现,保持开放的利益相关方管理边界,充分调动利益相关方的积极性参与共同管理,提升利益相关方管理的效率,有利于加强与平台外部市场主体的沟通与交流。二是注重价值分配活动中的赋能管理,以共生演化为目标建立生态利益相关方赋能机制。传统商业模式下,电网企业由于具备行业垄断市场优势,因此在与其他合作者讨价还价的过程中具有较强的市场势力。以利益最大化为目的进行价值创造与价值分配的情况下,电网企业的价值分配与留存过程中较少考虑价值分配对象的覆盖范围、分配规则的公平性,共同富裕推动了电网企业利用市场信息优势和市场管理职能优势建立电网企业对利益相关方的赋能机制,更加注重"做大蛋糕"而非对既定蛋糕进行掠夺分配,发挥电网企业的公用事业企业性质,对利益相关方进行赋能管理。

（三）电网企业通过柔性社会资源池建设创造共赢价值

针对共创要素及利益相关方的管理行为进行改造,电网企业可以重点建立完善柔性资源池。柔性资源池,是国网浙江电力近年来应对电荒而探索的一种创新资源管理模式,通过技术赋能手段,增加电网可柔性调节的资源池,社会闲置资源唤醒并接入电网,能够进一步提升清洁能源的利用效率和并网规模,提升能源互联互济程度。依托多元融合高弹性电网建设,电网与客户的界限被慢慢打破。国网浙江电力充分利用负荷侧可调节资源,推动源网荷储友好互动,通过引导全社会广泛参与电网调峰可以延缓电网高额投资,通过填谷可以实现清洁能源的安全消纳,有效确保电网供需平衡,实现安全效率双提升,以更柔性、更智慧的方式让电网更具"弹性"。在推进建立柔性资源池的过程中,一方面,对其负责任的要素进行整合改造,将原来投入的要素收敛再整合;另一方面,以柔性资源池为依托,对共创要素及利益相关方的管理行为进行改造,以达到可持续发展价值的最优组合,最终发挥企业可持续价值的创造性,可以达到碳达峰、碳中和的目标。电网企业在经济上可以保证经济高效,在环境上可以实现清洁低碳,对社会要做到安全可靠,为共同富裕做出应有的贡献。

第二节　社会责任战略模式构建

前文对电网企业在共同富裕目标下进行综合价值生态化共创的模式及三大核心逻辑进行了剖析,接下来将基于如何做大蛋糕、做好蛋糕和分好蛋糕进行社会责任战略框架的构建。

一、社会责任战略模式

作为共同富裕示范区的电网企业，随着社会责任战略的价值目标发生了相应的改变，社会责任管理、社会责任行为也将面临适应性转型。国网公司目前的社会责任战略框架是以"鼎心模型"为基础，一鼎双心，在双向驱动力下，共计4个模块、21个要素。课题组在设计国网浙江电力在探索共同富裕示范区的社会责任战略模型框架时，在已有国网公司"鼎心模型"的基础上，对共同富裕示范区的电网企业社会责任战略模型框架进行了调整性设计，如图5-3所示。

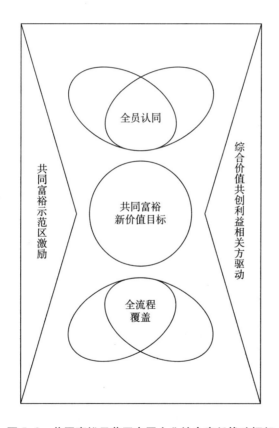

图5-3　共同富裕示范区电网企业社会责任战略框架

（一）一鼎：新的价值目标区间

在国网公司社会责任战略的"鼎心模型"中，鼎是国之重器，代表社稷和承诺，直观反映了国网公司的企业社会责任观。

国网浙江电力身处电网企业探索共同富裕新社会责任目标的前沿，"鼎心模型"背后所反映的企业哲学观并未发生变化，但是基于新的目标价值区间，国网浙江电力的社会责任承诺将更加侧重于对更广大利益相关方的价值共享与传输，是对国网公司"鼎心模型"内涵的进一步丰富。作为共同富裕示范区电网企业，国网浙江电力的社会责任承诺将更进一步，通过将广大的利益相关方纳入企业价值生态，基于经济、社会和环境综合价值最大化的目标开展价值创造，并基于公平配置的价值共享与传递原则，让社会全员共享价值。

因此，国网浙江电力的价值承诺为：心系社稷，自觉履行社会责任，协同利益相关方创造更多的综合价值，并基于公平配置的原则让社会全员共享共创价值；一言九鼎，坚持透明运营，明确承诺追求可持续发展，保证企业行为的透明；思行合一，保证公司履行社会责任的意愿、行为和绩效的统一。

（二）双心：新价值目标的全员认同与全流程覆盖

延续国网浙江电力对社会责任目标和愿景的相同的融入模式，在新的战略愿景和目标下，社会责任战略向社会责任实践的落地依旧要依靠两大引擎——全员认同、全流程覆盖。

在全员认同方面，从高层领导到中层管理人员再到基层员工，只有当全体员工对共同富裕目标下的社会责任新价值目标、战略愿景达成一致，才能够在工作中依据新愿景落实到行动上，打通企业的社会责任目标与企业的社会责任实践之间的鸿沟，做到思行合一。

全流程覆盖，是推进共同富裕目标下社会责任新战略落地的另一个引擎。企业履行社会责任是依靠各层级领导和员工的行为实现的，而将所有的领导和员工串联起来的是业务流程。因此，对于国网浙江电力，当社会责任战略目标和愿景发生调整时，员工基于新战略愿景和新制度标准在全工作流程中进行社会责任实践，是推动社会责任战略落地的抓手。

（三）双驱：示范区政府激励与价值生态圈双向驱动

国网浙江电力基于共同富裕目标下的社会责任战略，其外部驱动力与当前电网企业社会责任战略实施的一般驱动力有所不同。对于一般电网企业，按照国网公司关于"鼎心模型"的设计，通过发挥利益相关方的驱动作用、社会环境驱动作用，驱动一鼎双心体系的运转。

一是受到浙江省建设共同富裕示范省的激励与驱动。在浙江省建设共同富裕示范区的新环境下，相比一般电网企业，浙江省区域范围内的电网企业将会率先在浙江省政府探索共同富裕的公共环境演变下，受到省政府对企业探索共同富裕的激励机制的驱动，探索公用事业型央企开展社会责任战略规划与实践的具体路径。

二是受到国网浙江电力综合价值共创生态利益相关方的驱动。基于更广泛的社会责任利益相关方边界、更多样化的价值共创主体圈层，共同富裕目标下的社会责任战略将以新的相关方生态及价值共创机制为动力展开。在全员社会责任实践、全流程社会责任融入过程中，将考虑与更广泛范围的利益相关方进行价值共创、价值共享、公平分配。

二、社会责任战略愿景

（一）带动共赢

国网浙江电力作为自负盈亏的企业，要创造更多的价值，并且在价值创造环节中做大蛋糕，即赋能企业生态利益相关方创造共赢价值，而非利用行业龙头地位切走别人的蛋糕。在这一愿景下，重要的是发挥电网企业在能源行业的中心地位，带动所有的利益相关方去创造更多的经济价值、社会价值和环保价值。做大蛋糕既要靠产业高质量发展，也要让各种资源配置更合理，促进产业升级，扎实推进共同富裕。企业寄希望于从战略的角度，把企业社会责任理念与企业的运营管理、产品服务等不同层面相结合，运用社会责任的理念、方法和工具，将企业发展放在社会发展的格局中定位其功能、作用和价值，整合社会资源来实现企业与社会共同的目标，以达到多方共赢的目的。通过企业社会责任根植项目，让企业的每一项具体工作延伸到社会中，并且促进社会其他行业、主体各自社会责任的履行，使得社会价值得以放大和增量。实现各利益相关方的共赢发展的同时也实现社会价值创造的最大化。

社会责任内生于企业运营过程，企业以对社会负责任的方式开展业务运营，自觉在运营过程中考虑社会、环境因素和利益相关方的利益与期望，最大限度地减少自身决策和活动对利益相关方、社会和环境的不利影响，同时提升自身技术水平与管理能力，激发利益相关方共同参与，创造最大效益，追求经济、社会和环境的综合价值最大化，推动各方共赢。全面提升企业推进可持续发展的能力和水平与公司的社会影响力。理论指导实践，国网浙江电力致力于通过理论上的创新，最终构建创新的、科学的社会责任管理体系，并成为一个新型的管理工具。这就要求公司不再单单追求股东利益最大化，而是最大限度地创造经济、社会、环境的综合价值，实现综合价值最大化，最终成为央企实践企业社会责任的标杆和楷模。

（二）共享共益

做大蛋糕更要切好蛋糕，将蛋糕在利益相关方生态中进行共享、公平分配的制度安排至关重要。国网浙江电力和利益相关方为了实现共同的目标，愿意尽最大努力推进各领域务实合作，整合资源，优势互补，共担风险，共享利益，互利共赢。为此，国网浙江电力首先将大力提高供电服务水平，改变以往主要立足自身及自身拥有的资源来完成工作的惯性思维，在理清利益相关方核心诉求与深入挖掘、剖析关键问题和矛盾的基础上，将具体工作以及其中面对的社会性问题，置于社会的大背景下考虑，清晰划分自身应该承担的社会责任，不缺位也不越位，在履行自己社会责任的同时，让利益相关的各方都能够参与进来，积极整合资源，发挥主导作用，促成利益相关方各尽其能、各司其职，让各方的优势、能力和资源都最大限度地发挥，通力合作，和谐共赢，进而引领全部利益相关方共同参与供电产业链互惠互利、可持续发展的供用电生态治理。

此外，国网浙江电力还将继续坚持本职工作与社会责任相协同原则，全面贯彻落实习近平总书记讲话精神，立足本职电网建设、营运工作，落实国家电网公司党组和浙江省委、省政府的各项决策部署，配合政府部门履行社会责任。作为电力企业不但要以保障电力的供应为自己的职责，而且要倾力于产业发展，以及通过清洁能力的发展，为生态环境改善做出贡献。以高质量发展不断做强产业夯实"家底"，以产业兴旺助力共同富裕，通过一系列制度创新和机制更新，力图实现财富分配更有效、更公平，让全社会共享发展红利、实现共富。

（三）渐进融合

由于外部环境的变化是缓慢的，尤其是目前在效率优先、兼顾公平的发展思路下，向共同富裕、公平分配的发展思路转变的过程是循序渐进的，因此，社会责任战略目标的实现也不是一蹴而就的，需要一个将社会责任履行融入企业运营中的探索过程。这个过程是前无古人的探索，需要较长的时间不断试错改错。履行社会责任的要求与公司运营体系的有机融合是确保公司履行社会责任取得实效的关键。要把履行社会责任的要求融入公司现有的组织管理体系和日常管理体系，对管理制度、标准和程序进行系统、规范的丰富和完善，并将其落实到每项业务、每项工作、每项流程中，成为每位员工的岗位职责、价值追求和自觉行动，推动公司全面、全员、全过程、全方位履行社会责任。

将社会责任的落地与企业的业务运行全过程相融合，与企业的全体岗位、部门和公司全面融合，实现社会责任的可持续和最终落地，进而促进企业经营绩效的有效改善。国网浙江电力基于这样的认识，致力于将企业社会责任与规划、建设、运行、检修和营销"五大体系"相融合，将企业社会责任与岗位、班组、部门和公司各个组织层级相结合，实现企业社会责任与运营的全面融合。具体来看，国网浙江电力在未来一段时间将分阶段逐步推进管理融合、专业融合、班组融合和岗位融合，促进全面社会责任管理和企业运营的全过程和全方位渐进融合。

（四）示范引领

由于共同富裕目标下的企业社会责任战略转型探索，是前无古人的探索，是一个需要试错改错的艰难过程，因此，坚持示范引领，通过打造样板来探索实施路径是重要的原则。国网浙江电力将社会责任管理视为业务发展和价值创造的管理变革路径，创新引领全面社会责任管理新模式，力求实现自身与社会的可持续发展，作为浙江省最具社会责任感企业和浙江省企业社会责任标杆，自身社会责任管理模式将继续走在国家电网乃至中央企业系统的前列。围绕"双碳"目标，实现能源节约。在全国率先建设多元融合高弹性电网，通过全方位挖掘和调动电源、电网、负荷、储能四个能源环节的社会资源，推动全省能源资源清洁低碳优化配置，全面提升社会综合能效水平，打造能源互联网省域层面样板，引领支撑浙江省高质量提前碳达峰。积极构建能源清洁低碳、安全高效发展的全社会共建共享共担机制。

服务乡村振兴，助力共同富裕。强化政企联动，制定"乡村振兴·电力先行"示范区建设标准，深度融入"千万工程"和美丽乡村建设，试点高水平建设"乡村振兴·电力先行"示范区。国网浙江电力将进一步加大社会根治广度、深度，大力实施社会责任根植"百千万"行动，进而形成一大批社会责任示范项目。责任创造价值，担当赢得未来。站在"两个一百年"奋斗目标的历史交汇期，国网浙江电力将秉承"共创、共享"理念，积极运用"双向驱动、示范引领"管理模式，继续深化社会责任实践，会同内外部各利益相关方，以跨部门、跨地域、跨行业的合作方式推动全社会共同履行社会责任，力创经济、社会和环境综合价值最大化，为浙江经济社会高质量发展、阔步迈向全国首个"共同富裕示范区"提供更加清洁低碳、安全高效的能源电力服务。

三、社会责任目标定位

（一）联结更广泛的利益相关方

通过建设更开放的利益相关方动态管理机制，制定利益相关方参与的具体规则和实施方案，保证利益相关方的知情权、监督权和参与权，为促进利益相关方参与推进可持续发展而作出相关制度安排、资源保障和行动部署，发掘边缘利益相关方、特殊群体的价值诉求，旨在提高利益相关方满意度，实现公司的综合价值最大化，并通过社会责任根植项目、慈善等社会责任实践活动，将其纳入利益共享生态中。公司始终注重利益相关方的沟通与参与，基于公司日常运营管理、议题范畴、影响程度等因素，识别与遴选出对公司发展产生重要影响的内外部利益相关方。通过常态化的沟通与监督机制，加强与政府部门、合作伙伴、员工、社区、公众以及行业组的有效沟通，回应关键利益相关方的关注点，进而构建紧密关系，形成可持续发展共识。积极围绕创新、协调、绿色、开放、共享五大发展理念，通过开展形式多样的"社会责任周""社会责任月"和"公众开放日"活动，与各利益相关方代表深入互动交流，尽最大努力赢得利益相关方对国有企业改革发展的情感认同、价值认同，全面提升"国家电网"品牌的知名度、认知度、美誉度。

（二）向外分享更多的社会价值、环境价值

通过履行社会责任、全面社会责任管理，提升社会价值与环境价值的开发能力、实践能力、输出能力、表达能力。公司履行社会责任要以实现经济、社会和环境的综合价值的最大化为目标，既为出资人创造价值，也为其他利益相关方创造价值；既注重创造财务业绩，也注重创造社会业绩和环境业绩；既关注当代人的利益，也关注子孙后代的利益。国网浙江电力希望通过有效的制度安排和资源保障，努力推进全员社会责任培训、加强社会责任管理制度建设、开展重大社会责任活动、研发和应用社会责任管理工具、加强社会责任国内外交流以及建立社会责任知识管理体系等重大举措，逐步建立自我学习、持续改进的公司社会责任能力动态发展机制，在社会责任实践、管理、研究、公益、文化、知识等各个领域增强公司履行社会责任的能力。企业履行社会责任，还要坚持科学的企业社会责任观，注重发挥相关各方的力量和优势，合作解决重大社会问题，最大限度地创造经济、社会和环境综合价值。

（三）承担行业可持续、共荣发展的经济责任

企业承担社会责任并不需要以牺牲企业利益为代价，分享企业已经创造的价值，而是通过重新界定企业边界，构建新的价值链体系来做大整个经济和社会的价值蛋糕，创造出"共享价值"，既有益于社会，也有益于企业。因此，企业在可持续的发展理念下履行社会责任，更多的是强调对业务合作者和供应商的赋能、对竞争者的共赢与正和博弈，企业需要主动创造一些"多方共赢"的局面。基于这种观念，国网浙江电力将秉持着眼长远、真诚合作、互利共赢的原则，加强与发电企业、供应商、科研设计和施工建设单位、银行金融机构等业务伙伴的相互合作、优势互补和利益共享，共同推进可持续发展。国网浙江电力始终对用户、合作伙伴、社区、员工等各利益相关方充分负责。通过建设"绿色电网"，使业务开展过程更多地融入利益相关方参与环节，建立各利益相关方合作共治机制，创新优化内部流程和管理，促进各方合作程度显著提升，努力实现各方之间的互惠共赢。同时，不断提升供电服务水平，让用电更安全、更便捷、更智能，让用户更满意；共同创建可持续发展的产业链，与业务伙伴携手合作共赢；依托大电网带动贫困地区经济发展，全面促进乡村振兴，架起党和群众的"连心桥"；以人为本凝心聚力，促进员工成长发展，为企业发展提供人才支撑。

四、社会责任战略设计

根据战略管理理论，基于清晰的战略愿景和战略目标，将对社会责任实施的战略行动与制度机制保障进行设计。

（一）战略实施行动设计

2022~2025 年"十四五"期间为探索期，根据政府对共同富裕示范区建设思路的整体设计，适应性探索国网浙江电力的社会责任战略，包括战略愿景、目标等内容，形成明确的社会责任战略目标轮廓，在此基础上制定公司社会责任工作战略和总体目标；健全公司社会责任工作的组织领导和决策部署架构；初步探索公司社会责任管理体系建设和社会责任工作规划步骤；聘任公司社会责任专家委员会委员；尝试组织开展重大社会责任活动。

2026~2030 年为转型期，探索转型落地的具体行动方案，从业务运营管理、利益相关方管理、职能管理、沟通管理、企业文化等各个方面探索落地方案。把社会责任战略要求全面贯穿、深刻融入业务运营各方面、全过程，建立环保管理制度体系，引导、规范和约束各类建设、生产行为，努力提高社会责任战略在业务运营流程中的支配地位。建立公司利益相关方参与机制，制定利益相关方参与的具体规则和实施方案，做好制度安排，提供资源保障，制定行动规划。积极探索建立基于价值实现的社会责任沟通机制，建立完善的三层次、三维度社会责任沟通体系；全面加强和创新社会沟通管理，探索构建系统化和制度化的社会沟通体系，积极转变沟通方式，确保企业运营透明度；重视社会责任信息披露工作，形成以《社会责任报告》和《白皮书》为主要方式的对外信息披露机制，并积极利用纸媒、网络媒体、新兴移动网络等平台，公开发布社会责任管理的创新成果，使信息披露方式更加多元化；在传递公司文化理念的系列活动中，全面植入社会责任理念，推动企业文化软实力实现创新提升。

2031~2035 年为融合期，实现社会责任新旧战略的融合与转型。公司的全新社会责任战略设计完成，该阶段将立足于使其能够形成完备的运转机制，通过制度建设保障企业自身全方位、全过程地贯彻落实企业社会责任战略，力争做到企业社会责任战略与业务运营流程、利益相关方沟通等一系列重要活动的完美融合。

2036~2040 年为完善期，随着浙江省"共同富裕示范区"建设的持续推进和经济社会在实现共同富裕方面的成果不断积累，以及国网浙江电力及下属供电公司基于共同富裕目标进行社会责任战略更新的过程经验及实践模式总结，持续进行社会责任内容边界、社会责任实践重点领域的动态调整，逐渐完善形成以综合价值创造、带动共同富裕为目标的省级电网企业社会责任战略体系。

（二）制度保障与机制设计

一是对国网浙江电力基于共同富裕目标的社会责任组织管理体系进行更新。国家电网公司成立社会责任工作委员会，负责制定公司社会责任工作使命和方针，统一领导公司社会责任工作；委员会下设社会责任工作办公室，办公室的日常工作由国家电网公司办公厅组织开展。各单位相应成立社会责任工作领导小组，由单位主要负责同志担任领导小组组长，并明确一名班子成员担任领导小组副组长，分管本单位社会责任工作，领导小组下设办公室，领导小组办公室的日常工作由办公室（总经理工作部）组织开展。

二是推进公司社会责任业绩考核制度的同步更新。建设公司社会责任业绩考核制度，全面体现追求公司经济、社会和环境的综合价值最大化的要求。建设公司社会责任业绩考核组织体系与考核程序，发挥业绩考核体系对促进公司全方位履行社会责任的重要作用。坚持效果导向，循序渐进，持续改进，完善公司社会责任考核内容、标准与方法，提升公司社会责任管理能力。

三是建立基于综合价值生态圈层的利益相关方价值共创机制。使利益相关方参与融入公司战略，促进利益相关方参与日常运营，立足公司运营目标具体分析利益相关方对运营的影响，制定和实施利益相关方参与方案，明确参与规则，提供资源支持，制订行动计划。

第三节　社会责任重点领域

战略更新的过程是渐进式变革带动系统性质改变的过程，因此，基于共同富裕目标的社会责任战略转型在推进过程中，应当首先选择重点和关键领域开展攻坚克难，而后以点带面实现系统性战略转型。课题组设计拟通过以下几个重点领域开展社会责任战略转型探索：

一、责任边界调整

供电企业不是政府或公益组织，受到发展战略目标和有限资源的约束，只有在保持自身可持续发展能力的同时，才能更好地服务经济社会发展需要。因此，有必要开展社会责任边界管理，确定科学合理的社会责任边界，平衡企业追求自身经济效益与服务经济社会发展的责任履行，不断推动综合价值创造最大化目标的实现。

（一）带动行业共荣发展，拓展经济责任边界

国网浙江电力在做好企业自身经营和业绩管理的同时，还要带动行业共荣发展，赋能业务合作相关方，拓展经济责任边界，主动承担更多的社会责任。国网浙江电力可以从以下几个方面来更好地履行经济责任。

一是要主动承担行业关键技术的研发与知识产权的共享。国网浙江电力作为国企的领头羊，要顺应新形势的发展，聚焦重大战略领域，建立以企业为主体、以产业引领前沿技术和关键共性技术为导向，聚焦产业上下游的企业、高校、科研院所的能力，通过共商、共建、共享的办法来进行关键技术的研发，重点是要进行知识产权的共享，带动整个行业的发展。

二是向行业紧密合作的供应商进行赋能。国网浙江电力可以与全体供应商合作伙伴分享新目标市场、新业务领域、新拓展能力、新发展模式，推动"全球新能源绿地开发"向 2.0 模式升级，和产业链合作伙伴开展设备采购代理合作，拓展市场合作范围；开展技术创新研究合作，共同促进系统集成优化；开展产业换资源合作，实现产业链企业共同发展；开展海外市场开发合作，提供全球新能源绿地开发解决方案；开展产业资本运营合作，联合投资开发，分享投资收益。

三是积极推进电力体制市场化改革和国有企业混合所有制改革。随着我国市场化改革的持续深入，新一轮世界科技革命和产业变革孕育兴起，当前世界经济政治格局正在发生深刻变化，逆全球化思潮和贸易保护主义有所抬头。作为推动能源生产和消费革命的责任央企，公司面临重大机遇和多方面挑战，需要针对电网、科研、产业、金融等不同业务板块，实施不同的改革发展举措和激励政策，破除制约企业创新发展的体制机制问题，充分激发各方面积极性和创造性，赢得全球竞争主动权。

四是带动企业生态中的中小企业参与市场竞争。电网企业供应商链条上聚集了大量的中小企业合作者与参与者，通过直接或间接参与电网企业的生产与竞争过程，他们成为电网企业生态中的重要组成部分，与电网企业形成了共生、共赢的协作关系。在共同富裕新目标下践行社会责任，企业生态中的中小企业也将成为电网企业进行价值共创和价值共享的重要对象，赋能中小企业随行业提升竞争力、提升价值创造力的同时，将更多的价值共享给公司生态中的中小企业。

（二）关注社会弱势群体，延伸社会责任边界

一是拓展原有的慈善管理边界，向更多弱势群体输出价值。国网浙江电力可以在落后地区发展特色支柱产业，改善生产生活条件，增加集体经济收入，提高自我发展能力。以县为平台，统筹各类涉农资金和社会帮扶资源，集中投入，实施水、电、路、气、房和环境改善"六到农家"工程，完善基础设施，建设公益设施较为完善的农村社区。加快落后地区通乡、通村道路建设，积极发展农村

配送物流。加快落后地区可再生能源开发利用，因地制宜发展小水电、太阳能、风能、生物质能，推广应用沼气、节能灶、固体成型燃料、秸秆气化集中供气站等生态能源建设项目。同时，还要加大农村电网建设资金投入，高质量创建乡村电气化示范区，健全城乡融合电网发展体制机制，继续服务乡村振兴战略，持续优化保障农村高质量发展用电，为广大农村群众走向共同富裕做出应有的贡献。

二是加强对公共问题及公共领域的价值投资。通过加强公共设施建设、促进就业、建立社会保障机制、发布公共信息、保护生态环境等，为公众提供公共产品和服务，保障社区公共事务和公益事业。例如，城市老旧（弃管）小区的电力保障，不仅是民生"痛点"，也是体制机制的"痛点"。针对这一"痛点"问题，国网浙江电力要厘清各利益相关方责任边界，与各利益相关方签订"权、责、利"关系明确的《电网建设目标责任书》，加强政企联动管理，探索解决城市小区供电问题。强化沟通，促进各方达成共识。

（三）深入贯彻"双碳"目标，开拓环境责任边界

实现"双碳"目标的主要目的在于有效应对全球气候变化，是彰显大国责任担当和实现可持续发展的重要体现。在更深层次上，碳排放权、碳交易甚至碳税不仅是未来很长一个时期构建国际新秩序和大国之间竞争的重要方面，还是我国在一些产业上实现弯道超车的重要途径，更是我国产业结构从低端向高端迈进的一个必经之路。

一方面，国网浙江电力要深入贯彻"双碳"目标开拓环境责任边界，加大新能源并网与开发利用，继续深化探索电能替代，通过工业等重点领域的节能减排实现能耗降低与减碳减排，加大绿色投资。另一方面，坚决贯彻落实习近平生态文明思想，践行"绿水青山就是金山银山"的发展理念，围绕建设具有中国特色国际领先的能源互联网企业战略目标，创建严守法律、体系完善、运转高效、绿色引领的一流环境保护管理，建设资源节约、环境友好的绿色电网，为美好生活充电、为美丽中国赋能。

（四）推进理论研究与探索，扩展创新责任边界

一方面，国网浙江电力要推进共同富裕下社会责任的理论研究与探索，并且进行成果输出。坚持以推动高质量发展为主题，坚持以深化供给侧结构性改革为主线，以公司战略为统领，以改革创新为动力，以安全稳定为基础，更加聚焦主责主业，更加注重绿色发展，更加注重提质增效，更加注重产业协同，更加注重制度完善，更加注重风险防范，坚持"一业为主、四翼齐飞、全要素发力"，全面推动产业升级和高质量发展，坚定不移做强做优做大国家电网，持之以恒践行人民电业为人民的企业宗旨，确保到 2025 年基本建成具有中国特色国际领先的能源互联网企业，在全面建设社会主义现代化国家新征程中实现更大作为、展现

更大担当、做出更大贡献。

另一方面，对共同富裕目标下的社会责任战略研发推进制度创新研发和工具研发，并进行成果的共享。国网浙江电力改革科研机制激发创新活力，启动实施"新跨越行动计划"，召开全系统近十万人参加的科技创新大会，出台深化科研机制改革激发创新内生动力、深化人才体制机制改革推动人才高质量发展等若干举措。同时，推进产学研深度融合，与国内多家高校、科研院所、制造厂商合作，全力攻坚高压电缆绝缘材料关键技术，形成巨大创新合力，并进行创新成果的共享，形成良性循环。

二、利益相关方动态管理

（一）调动利益相关方参与价值创造

未来在共同富裕的经济社会价值目标下，应当以"共创"为原则调动利益相关方参与价值创造过程，推动电网企业和外部利益相关方的价值共创与供应。例如，国网浙江电力通过建设"柔性资源池"汇聚社会各界利益相关方参与电力资源池建设、共同提升电能服务应对峰谷问题，就是调动利益相关方参与价值共创的成功模式探索。

针对浙江电网发展的痛点，以"节约的能源是最清洁的能源、节省的投资是最高效的投资、唤醒的资源是最优质的资源"为理念先导，国网浙江电力提出建设能源互联网形态下多元融合高弹性电网，通过全方位挖掘和调动源网荷储四个实体系统及市场、机制、业态等社会系统资源，构建一张海量资源被唤醒、源网荷储全交互、安全效率双提升的高弹性电网，构建新型电力系统。通过建立多层级负荷聚合互动响应机制，将闲散用户侧资源通过优化聚合转变为"虚拟电厂"，参与大电网优化运行，提升电网整体弹性。引领支撑浙江高质量提前碳达峰，用电负荷柔性可调节，源网荷储高效互动，一个个高承载、高互动、高自愈、高效能的高弹性电网建设应用场景在浙江不断涌现，提升了局部电网弹性，以更经济高效的方式助力浙江电网平稳运行，实现了利益相关方共创价值的共享。

（二）更新利益相关方价值共享机制

在共同富裕新社会责任目标下，国网浙江电力的利益相关方价值共享机制建设，可通过两个能力的培育而逐渐形成。

一是着力更新价值共享机制，通过培育共享服务能力，以提升价值在利益相关方之间的公平分配。国网浙江电力也可以通过提升共享服务能力来更好地履行社会责任。共享服务能力的梳理提炼也是企业业务优化、机制完善、流程重组的过程。在这个过程中，将公共的、标准的、可重用的业务或者应用形成可配置、可插拔、灵活拓展的共享服务能力，对前端经营单元提供统一高效的支撑，从而更好地与利益相关方进行价值共享。

二是国网浙江电力要培育自己对利益相关方的价值需求进行精准感知与回应的能力和工作机制。对内，通过问卷调查、专题座谈，梳理各层级利益相关方常见诉求形式、感知渠道，并进行整合和优化；对外，通过走访、参观、网络自查等感知渠道，获取利益相关方诉求，经过综合分析，梳理出感知渠道、利益相关方诉求表现形式。同时，在领导层、职能部室、班组供电所和基层岗位设置四级联络员，负责感知后的筛选、定级和转化。在接收到经过转化的利益相关方诉求信息之后，决策机构对决策管理进行全面优化，实现利益相关方全面参与。

（三）加强间接利益相关方的动态识别与管理

第一，国网浙江电力要加强外圈层间接利益相关方的动态识别，完善利益相关方动态识别机制，从任务、过程和角色三个维度，全面梳理日常业务涉及的利益相关方。综合考虑各方在电网建设、营销服务等各专业，项目准备、启动、计划、实施和收尾等全过程，所承担的参与者、关注者或受益者等角色特性，梳理出各种大类和小类利益相关方。

第二，基于共同富裕的经济社会目标，在电网企业主营业务向前推进的情况下，建立动态的利益相关方边界管理机制。运用利益相关方识别机制，识别公司日常运营所涉利益相关方；运用诉求感知与筛选机制，梳理利益相关方诉求，并进行过滤和加工，通过"去粗取精、去伪存真、由此及彼、由表及里"的筛选，形成可供公司决策参考的信息；运用信息处理与决策机制，对不同种类、不同等级的信息进行分类处理，做出决策；运用决策执行与反馈机制，高效执行决策指令，并将结果及时反馈利益相关方。

三、社会责任推进的议题管理

国网浙江电力推进社会责任的重要方式之一是通过社会责任根植项目，由不同的组织单元结合自己的工作实际，选择恰当的社会责任议题，开展社会责任实践活动。基于共同富裕目标，国网浙江电力对于基层进行社会责任实践的议题（社会责任实践的议题分类见图5-4）选择方面，应当进行有侧重的规划与指导。

（一）强化利益相关方的价值共创与共享议题履责

由于共同富裕的理论内涵中很重要的一点在于财富的公平分配，对于企业而言，财富的分配主要是通过满足利益相关方的诉求而实现的，因此，在履责的议题选择方面，应当着重于对探讨利益相关方价值共创、综合价值在利益相关方之间的公平分配与共享等议题的履责实践。通常来说，企业与利益相关方的合作方式有四类：单边付出型合作、交易型合作、整合型合作和变革型合作，它们在多

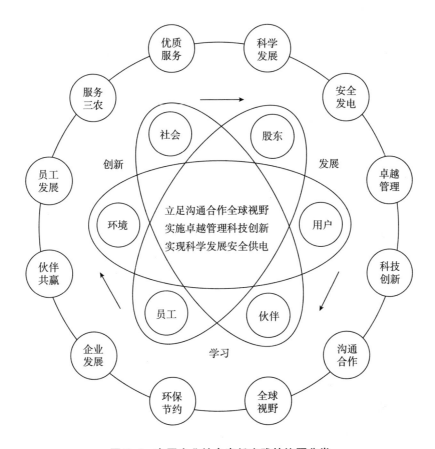

图 5-4 电网企业社会责任实践的议题分类

个维度上表现出相应的变化规律，如图 5-5 所示。从最大化产生协同效应和耦合效应的角度来看，企业在推动与开展利益相关方合作时，应当更多采用整合型合作模式和变革型合作模式，前者通常是长期的、开放性的，并且多是为了公共利益，后者主要是为了整合各方资源以创新性地解决社会议题。

在共同富裕目标下开展议题管理，应当更加关注对于利益相关方"合作剩余"提供能力较弱的弱势利益相关方，通过赋能的方式推动他们从单纯的"捐赠""慈善"等单边付出型合作，挖掘共同价值并成为交易型合作，互利共赢地开展价值共创。

（二）强化企业利益相关方生态圈建设议题履责

在共同富裕目标下，电网企业的利益相关方圈层、群体多样性被大大提升，基于生态圈建设的相关议题理应成为履责实践的重要目标。只有不断强化利益相

关系特征	第一模式	第二种模式	第三种模式	第四种模式
	单边付出型合作	交易型合作	整合型合作	变革型合作
参与程度	低 ←---→ 高			
对使命的重要性	边缘 ←---------------------------------------→ 核心			
投入资源量	少 ←---→ 多			
资源类型	货币 ←-------------------------------------→ 核心竞争力			
活动范围	狭隘 ←---------------------------------------→ 广泛			
互动水平	不经常 ←-------------------------------------→ 密集			
信任度	低 ←---→ 高			
战略价值	次要 ←---------------------------------------→ 主要			
共创价值	单一 ←---------------------------------------→ 联合			

图5-5 企业与利益相关方合作方式

资料来源：肖红军等（2014）。

关方生态的健康发展，才具备价值创造、价值分配的规则基础。

一是在议题识别与选择方面，可重点关注与企业有直接或间接联系、商业生态或社会生态存在严重问题的领域，是社会责任议题的潜在来源。国网浙江电力可引导各社会责任履责单元通过扫描自身所在部门或业务领域的商业生态圈或社会生态圈，考察是否存在突出的利益相关方矛盾，将那些可能会引发社会或环境风险的问题点作为社会责任履责的议题选择。

二是将促进生态圈优化的潜力作为社会责任议题评估和选择的重要考量因素。各履责部门或单元在对某项社会责任议题进行评估和选择时，"经济价值"指标上可以考虑该议题的实施能否带来企业所处商业生态圈的优化以及由此创造的价值增量，"社会价值"指标上可以考虑该议题的实施所带来的社会生态的优化，或者因商业生态圈的优化所产生的社会机制，"竞争力价值"指标上则考虑因商业生态圈优化和社会生态优化为企业带来的价值增量。

四、社会沟通与负责任品牌建设

国网浙江电力基于公平和共同富裕的理念，应从沟通、合作和人员三个方面对利益相关方沟通的效率和效果进行分析和评估，为掌握沟通绩效、改进电网企业与利益相关方沟通方式和方法提供参考和依据。对以公平和共同富裕为基础的沟通议题进行沟通，并采取有效的方式和方法保证沟通成效能够落实到电网企业的管理改进中去。国网浙江电力要加强负责任品牌建设，具体可以从以下三个方面着手：

一是基于共同富裕目标开展品牌战略创新，在当前全媒体大融合的趋势下，通过互联网传播社交化、互动化，建立起品牌价值与公众情感的化学反应。通过各种形式的官方新媒体，搭建包括传统媒体和新媒体的立体传播网络。适应新媒体的特点，明确不同传播的亮点，增强内容的吸引力和感染力，实现资源共享、统一策划，打造有影响力的品牌传播事件。

二是探索共同富裕目标下责任文化新内核，主动作为，铸就品牌发展的价值。将社会责任的要求充分融入企业运营，实现全员参与、全方位覆盖、全过程融合的全面社会责任管理。让企业责任成为每个员工自觉的行为准则，将可持续发展理念统一到岗位职责和实际行动上，不断深化和明确目标定位、工作思路，树立由内而外的企业责任品牌形象。开展评估对标，充分反映追求经济、社会和环境综合价值最大化的目标要求，推动责任品牌引领战略的实施，夯实品牌建设的基础。

三是创新社会责任品牌传播的方式与渠道，从品牌传播方式来看，在共同富裕目标下，更多的利益相关方被纳入社会责任生态圈中，因此，针对新纳入的利益相关方群体和受众，应当从他们的实际出发，选择更有效的品牌传播方式和渠道进行更高效的社会沟通与表达。

第四节　社会责任管理创新

社会责任管理是有序开展社会责任实践的重要保障，从国网浙江电力推进社会责任实践的过程来看，全体员工作为践行社会责任的微观基础，方法工具作为员工践行社会责任的具体指导，管理制度和推进模式作为对员工行为、工具资源的统筹分配模式，均需要开展相应的管理创新。

一、全员理念创新

第一，更新全员社会责任理念，与共同富裕的远景目标同步。随着共同富裕的经济社会目标导向不断深化，电网企业社会责任战略框架的渐进式变革，从国网浙江电力的领导层向基层员工开展共同富裕目标下电网企业社会责任管理理念进行适应性更新。一方面，公司高层领导应当自觉学习共同富裕经济社会目标下的电网企业社会责任管理等先进理念；主动有意识地推动公司社会责任管理体系的有效运作，不断提升公司履行社会责任的能力和水平，实现企业与利益相关方的共同发展。另一方面,管理人员带头带动全员对社会责任新愿景、新目标的认同。管理人员作为上传下达的关键群体,对于贯彻新战略愿景和传达新目标规划与行动规划具有关键作用,因此是带动全员理念创新的关键群体。

第二,通过组织创新,跨部门内外联动探索共同富裕。国网浙江电力要深入贯彻共同富裕理念,开展组织创新,跨部门内外联动探索共同富裕。一是内部的跨部门融合,过去传统的社会责任组织管理,是以党委宣传部为主进行组织与推进,其他部门进行配合。在共同富裕的社会责任目标下,绩效考核评价体系的变革是针对所有部门的,所有部门都将面临对共同富裕的落地探索,给跨部门合作推进社会责任提供了基础。二是内外联动的组织创新,充分利用各级供电公司及业务部门、供电所、班组成立的慈善工作小组、劳模工作室等,加强与外部利益相关方的连接,丰富感知神经。

二、管理制度创新

(一)适应性创新社会责任推进机制

一方面,要推进企业领导和员工观念的创新。通过管理层的自觉学习、全面部署和积极宣贯来进一步调整领导观念。第一,管理层要自觉学习共同富裕的深刻内涵,把企业的社会责任与共同富裕目标相结合,紧紧围绕公司发展战略,思考如何实现企业社会责任与企业战略的有机融合,如何追求战略发展与责任承担的有机统一。第二,领导应全面部署,电网企业要建立企业社会责任管理体系,这是一项涉及企业的远景与使命、企业文化和企业发展战略,事关企业长远发展的重大任务。要建立企业社会责任管理体系,确保企业履行相应社会责任,实现良性发展的相关制度安排与组织建设。第三,积极宣传,发挥领导的带头模范作用,明确共同富裕经济社会目标下社会责任工作的基本理念。要从自身做起、从现在做起,把自己摆进去,带头学习、征求意见、查摆问题、剖析原因,真正把本单位和自身存在的问题找准找实。要带头开展批评与自我批评,带头整改落实,自觉接受监督,推动教育实践活动扎实开展。另一方面,试点推进社会责任管理流程创新,基于共同富裕的电网企业社会责任新战略构想,国网浙江电力可以以小见大地推进社会责任管理流程的全面更新。以社会责任示范单位和示范点的创建为基础,选择县供电公司和典型供电所开展试点,率先推进基于共同富裕目标的社会责任管理流程创新,可以将互联网思维引入分包商评价管理。

(二)适应性调整社会责任内部管理制度

一方面,加强社会责任管理制度建设,推进社会责任全面管理制度建设,形成公司履行社会责任的长效机制。修订完善公司日常管理制度,明确各部门、各层级的社会责任工作职责,全方位落实履行社会责任的要求。另一方面,根据共同富裕的价值目标导向，对社会责任管理目标进行适应性调整，以利益相关方价值共创、综合价值公平分配为原则，开展社会责任全面融入企业内部各管理模块，健全完善社会责任培训、考核、信息披露和采购制度，利益相关方参与制度，安全健康环境管理制度。同时，要加强优质服务的组织管理体系和优质服务管理制度建设，加强服务资源整合，建设优质服务的业务体系。弘扬全员服务理念，强化优质服务技能培训，加强服务基础设施建设，创新服务手段，强化服务窗口建设，提升规范化服务水平。

（三）适应性调整社会责任沟通模式

国网浙江电力可以从以下三个方面调整社会责任沟通模式：第一，社会责任对外表达方式方面，注重基于公平和共同富裕的传播和表达，企业应该以企业社会责任报告的定期编制发布为重点，结合网络、新媒体等渠道，打造统一的沟通平台，形成公司与利益相关方的良性互动机制，注重基于公平和共同富裕的传播与表达，塑造公司良好的社会形象。无论具体采用什么表达方式，电网企业与利益相关方沟通议题都应以公平和共同富裕为核心。第二，社会责任信息披露方面，强化对社会责任和共同富裕的会计计量，近几年电网企业大多数报告为非会计基础型，已披露的会计信息中以货币计量的财务数据较少。因此，应该更新披露表达方式，解决有关社会责任会计信息的核算问题，特别是对共同富裕的目标导向应该能够用会计数据披露出来。第三，利益相关方沟通机制方面，强化共同富裕的终极目标社会责任沟通管理既是社会责任高效实施的重要保障，也是社会责任管理成效向社会公开并获得良好社会评价的前提条件。要全面加强和创新社会沟通管理，探索构建系统化和制度化的社会沟通体系，积极转变沟通方式，强化共同富裕的终极目标，确保企业运营透明度。

三、方法与工具创新

（一）加强社会责任生态管理工具的开发

国网浙江电力应加快研发社会责任生态管理工具，包括利益相关方管理工具、供应商赋能管理工具、责任投资工具等。利益相关方管理工具是指通过对每个利益相关方的利益、影响和重要性的评估，明确不同利益相关方的诉求和期望，并以此为依据制定有针对性的行动方案，以确保项目或计划的成功实行。供应商赋能管理工具是指通过与供应商进行价值共享和研发成果共享，带动供应商发展，为供应链赋能。另外，国网浙江电力可以通过有效的制度安排和资源保障、努力推进全员社会责任培训、加强社会责任管理制度建设、开展重大社会责任活动、研发和应用社会责任管理工具、加强社会责任国内外交流以及建立社会责任知识管理体系等重大举措，逐步建立自我学习、持续改进的公司社会责任能力动态发展机制，不断提升公司及其员工履行社会责任的知识、技能和意愿，在社会责任实践、管理、研究、公益等各个领域增强公司履行社会责任的能力，塑造"国家电网"社会责任卓越品牌。

（二）基于数字技术探索新型社会责任管理方法与工具

如今数字经济时代正在大步到来，数字经济在重构企业商业模式的同时也将重塑企业的管理范式，由此渗透到企业社会责任管理工作的方方面面。数字技术不仅使得企业的社会责任行动变得容易和高效，也使企业的履责行为变得更为透明和可追溯，基于数字化变革的社会责任管理创新将引领企业管理创新的新浪潮。国网浙江电力要基于数字技术探索新型社会责任管理方法与工具，充分利用大数据技术，将社会责任理论与具体的产业、行业、企业业务有机地结合起来，根据不同的情景，提供不同的解决方案，制造不同的应用工具。国网浙江电力可以从以下四个方面来应用数字技术，推动社会责任管理方法与工具的创新：

第一，推动管理流程数字化。大数据使管理科学真正进入了可量化的科学发展阶段，也将推动企业社会责任管理在"目标—措施—结果"全流程上趋向数字化。第二，推动管理主体平台化。在数字经济背景下，企业之间的竞争重心正从技术竞争、产品竞争、供应链竞争逐步演进为平台化的生态圈竞争，而数字平台的大量涌现也推动着企业社会责任管理视域从企业内部管理、价值链管理突破为平台化管理。第三，推动管理节点可控化。在数字经济背景下，信息的不对称现象被进一步打破，企业实施社会责任管理的过程黑箱逐渐被打开，企业履责、失责行为变得有迹可循，关键的管理节点也趋于可控化。第四，推动管理沟通高效化。责任沟通是企业社会责任管理的重要环节，企业借助责任沟通向利益相关者发布履责信息，以此接受其监督。在数字经济背景下，利益相关者接收信息的渠道更为多元，信息的实效性也推动企业社会责任管理沟通趋于高效化。

四、推进模式创新

国网浙江电力积极发挥央企社会责任表率作用，不断创新企业社会责任管理模式，其中，深化全面社会责任管理，推动社会责任根植基层，成为公司企业社会责任实践工作的核心。

（一）建立全面社会责任管理示范区

坚持探索实施责任引领战略，将社会责任作为公司发展战略的基因和内核，公司立足于实施全面社会责任管理，大力推进社会责任根植基层，力争找到全社会意愿和要求的"最大公约数"，画出与社会各方的"最大同心圆"，深耕细作，从表达到行动，率先走出一条企业社会责任实践的创新表率之路。国网浙江电力认为，全面社会责任管理是确保企业发展充分考虑社会和环境因素及可持续发展要求，自觉追求综合价值最大化的全新推进模式。作为一种全新推进模式，全面社会责任管理以持续探索、导入、检验、完善科学的企业社会责任观为前提；以推进可持续发展，追求经济、社会和环境的综合价值最大化为目标；以实现社会责任管理的"全员参与、全过程覆盖、全方位融合"为手段；以"通过透明和道德的企业行为有效管理企业决策和活动对利益相关方、社会和自然环境的影响"为中心；以"推动企业使命、战略、决策、运营、管理全方位融合社会责任管理理念，充分发挥各方合作创造综合价值功能"为内容；目的是推动企业全面提升综合价值创造能力、运营透明度和品牌美誉度，努力成为依法经营、诚实守信的表率，节约资源、保护环境的表率，以人为本、构建和谐企业的表率，以及推进企业与社会、环境和谐发展的卓越组织。

（二）推进重点领域社会责任根植项目

国网浙江电力深入推进社会责任根植基层，推动下属各子公司选择运营过程中社会关注程度较高的问题，采取项目制的管理运营方式，应用社会责任理念推动管理改进，促进工作或业务充分考虑融入社会责任理念，在运营中自觉追求综合价值最大化，持续推出一批具有示范效应、可借鉴、可推广、可传播的优秀成果。同时，还创造性地开发出社会责任根植项目的特有管理创新体系，改变工作的推进形态和合作形态，以项目为核心综合各方利益，推进项目落地。不仅重视根植项目的风险管控，而且高度重视项目推进过程中的社会和环境风险控制。以社会责任根植为手段，以实现共同利益为前提，全力保障项目可靠推进。在全生命周期内引入监督、评估、反馈机制，保证项目持续发展。

第六章　共同富裕示范区电网企业社会责任战略的实现方式

基于共同富裕的经济社会目标，电网企业作为公用事业企业，社会责任的内容和边界、战略设计也将发生相应变革，从而社会责任战略的实现方式也应作出相应的创新调整，以支撑共同富裕目标下的社会责任战略落地执行。本章则基于共同富裕示范区下电网企业社会责任的新战略框架，给出战略落地实施的具体保障体系建设的相关建议。

第一节　夯实社会责任基础工作

一、探索共同富裕目标下利益相关方生态化管理模式创新

从共同富裕的视角来看，适应于共同富裕导向的利益相关方管理模式是国网浙江电力需要着重探讨的内容，也是在共同富裕示范区的建设目标下开展社会责任战略变革的基础。在过去国网浙江电力的利益相关方管理模式中，利益相关方生态建设的思想理念虽然已经逐渐渗透于社会责任实践中，在各层级单位的社会责任根植项目中通过与直接利益相关方如用电企业、消费者、政府等业务直接关联部门实现了联动机制建设、价值供应工作机制创新，但是在以共同富裕为目标的经济社会新秩序下，利益相关方的生态化管理仍需进一步探索。

（一）建立动态利益相关方管理边界

1. 当前工作现状及问题

国网浙江电力传统利益相关边界内的成员群体，除了包括内部员工、企业客户、电力消费者（用电企业及居民），以及政府和媒体等主要利益相关方外，主要以个体消费者及民生社会为方向进行了其他利益相关方管理的扩充，包括社会

弱势利益相关方，如贫困人口、孤寡老人等特殊群体，部分中小企业用电企业客户，以及在社会责任根植项目中根据供电公司或下属部门实际工作中的实际问题而临时组建的、针对具体问题而存在的临时性利益相关网络。然而，除了供应链及商业生态的核心利益相关方以外，其他能够在国网浙江电力履行社会责任过程中得到价值共享的主体仍然相对有限，具体存在如下两个问题：

一是利益相关方边界内群体会随社会责任根植项目及周期结束而退出，即尽管国网浙江电力在过去的利益相关方管理中已经逐渐形成了以社会责任根植项目为触手的动态利益相关方管理机制，但是由于项目具有周期性，以国网浙江电力及下属部门和供电公司为主体的价值创造与共享缺乏切实的长效机制，利益相关方群体边界内的群体是有进有退的。二是以社会责任根植项目制为核心的利益相关方帮扶与社会责任服务辐射力有限，即以项目制为基础的社会责任工作的主要目标是通过解决具体社会问题的方式履行社会责任，因此，关注点在具体问题的解决，其影响力和辐射力往往限于问题的解决。

2. 未来工作重点及建议

针对以上问题，本书设计如下两个适用于共同富裕示范区政策导向的利益相关方动态管理的优化工作方案：

一是以社会责任根植项目制及利益相关方协作小生态为基础，纳入项目制主体单位的利益相关方管理范围。针对当前以根植项目制推进向利益相关方履责的实践模式下，充分利用项目制周期中建立的利益相关方协作小生态，将与政府、弱势社会群体、企业用电客户、其他竞争合作企业的临时协作关系固化为长期合作关系，纳入共同富裕下的利益相关方大生态，并且分而治之地探索差异化的管理机制。对于需要长期进行价值共享和帮扶的利益相关方群体，可探索如何通过赋能实现利益相关方面临问题的长效解决机制；对于可通过长期信息共享协作的利益相关方群体，如政府、上下游关联企业等，可通过利用数字化平台新模式建立起信息协同共享平台，将临时合作转化为长效网络连接。

二是探索建设利益相关方动态识别机制。在共同富裕背景下，国网浙江电力未来将会面对更广泛的利益相关方群体开展价值共享，需要动态识别原本不在利益相关方群体范围内的新增利益相关方群体，并将其纳入其中；同时，考虑价值共享的适度性，以及价值共享对国网浙江电力可能带来的管理成本增加等问题，需要建立利益相关方生态的动态退出标准与机制，使那些不再处于国网浙江电力价值网络中的利益相关方退出利益相关方管理边界。以上可通过探索利用数字化技术建立国网浙江电力利益相关方平台来实现。

一方面，通过探索建设以各级部门、各级供电公司为主体的利益相关方动态识别的管理机制，运用诉求感知与筛选机制，梳理利益相关方诉求，并进行过滤和加工，通过"去粗取精、去伪存真、由此及彼、由表及里"的筛选，形成可供公司决策参考的信息。另一方面，在省公司平台上进行利益相关方关系管理、项目管理的操作，可探索构建社会责任根植项目管理平台系统，对利益相关方关系网络进行动态刻画与监测，明确与利益相关方之间的价值交集的变化，从而纳入新利益相关方，去除利益相关方关联，形成长期可持续的动态利益相关方管理机制。

（二）针对弱势利益相关方探索赋能管理创新

过去电网企业社会责任管理这个指向可能集中于获取经济效益、解决就业、保护环境、维护消费者权益、珍视员工成长、关心公益事业等一个或几个方面，而关注度不够的弱势利益相关方可能就被忽视或削弱了。因此，在共同富裕的目标下，电网企业可以通过针对弱势利益相关方密切合作，探索赋能管理创新，达到弱势利益相关方和社会共赢的目的，其核心是凝聚各利益相关方之力共同推动电网发展，促进能源资源优化配置，达到企业、社会和环境和谐发展的最终目的。

1. 主动沟通发现弱势利益相关方利益诉求

为了解利益相关方的真实声音，公司专门开展了利益相关方调研，针对六类利益相关方（员工、客户、政府、社区与公众、合作伙伴和环境）编制有针对性的实地调研问卷，同时，选取人力资源部、党建工作部、工会等八个部门作为研究对象，明确利益相关方管理的现状及问题，并与国际先进企业对标，在综合分析的基础上制定弱势利益相关方社会责任管理规划。通过明确未来五年利益相关方管理的思路及重点工作，让弱势利益相关方管理有章可循。

2. 弱势利益相关方赋能管理模式创新

由于弱势利益相关方平常缺乏利益和声音的反应机制，因此针对弱势利益相关方，如基层员工或当地居民等，应主动地让他们真正参与到企业管理决策中，切实考虑其期望和诉求并融入到企业管理流程中。电网公司可以将弱势利益相关方社会责任管理作为工作新理念、新方式，融入原有工作目标、原则、流程，不断提升企业的管理水平，努力寻求企业发展与社会和谐、环境友好之间的平衡点。将针对弱势群体的社会责任管理要求有机地融合到各专业管理的目标、原则、流程、指标和绩效之中，将社会责任管理融入到管理体系建设之中。不仅使企业的战略决策更具前瞻性和灵活性，并且可以规避可能遇到的各类经营管理风险，切实为企业保驾护航。从抓机制入手，建设针对弱势群体利益的复合型员工队伍，以适合新的工作内容；从抓指标入手，重点强化涉及弱势利益相关方的多项指标开展工作，不断优化履责绩效。通过弱势利益相关方的管理沟通，电力公司可以围绕可靠供电、优质服务、低碳环保、社会和谐、员工发展、稳健运营等方面持续升华品牌形象，获得利益相关方的肯定与支持，并最终实现共同富裕。另外，电网公司要结合实际情况，基于共同富裕的目标，融入弱势群体的社会责任理念，制定利益相关方管理的网格化推进模式，通过此模式实现全员、全过程、全方位的社会责任管理，真正将弱势利益相关方社会责任落到基层、落到实处。

二、社会责任推进机制进行适应性创新

电网企业可以基于共同富裕目标下的社会责任内容边界来更新社会责任管理制度体系。从共同富裕的角度来看，社会责任推进机制和内部管理制度与沟通模式都需要进行适应性创新。

（一）领导理念的更新与调整

随着共同富裕的经济社会目标导向的不断深化和电网企业社会责任战略框架的渐进式变革，从国网浙江电力的领导层开始，需要对新形势下的电网企业社会责任管理理念进行适应性更新。

一是通过对共同富裕理论的学习，增进对共同富裕示范区电网企业社会责任战略目标和愿景的整体思考。由于共同富裕目标提出伊始，浙江省作为共同富裕示范区的探索也才刚刚起步，社会各界都还处在对共同富裕理论的探索初期，共同富裕理论在具体情境下的适应性探索也才刚刚起步，如何在电网企业中践行共同富裕的理念、推进共同富裕目标的实现，目前暂无现成的经验可学习，这需要国网浙江电力的领导者对共同富裕理论进行探索性学习，并针对国网浙江电力社会责任战略部署的现状，进行针对性的调整与规划。二是通过"干中学"，由领导层部署对共同富裕示范区的电网企业实践模式进行探索。浙江省作为全国唯一一共同富裕示范区，国网浙江电力也成为电网企业中率先探索实践模式的先驱者，应通过"干中学"的方式改进社会责任实践推进模式，实现社会责任战略与共同富裕目标之间的融合。

（二）试点推进社会责任管理流程创新

在基于共同富裕的电网企业社会责任新战略构想下，电网公司可以以小见大地推进社会责任管理流程的全面更新。具体来说，电网企业可以以社会责任示范基地挂牌单位为试点，结合即将开展的社会责任示范单位和示范点建设情况，率先推进基于共同富裕目标的社会责任管理流程创新。目前，嘉善公司、义乌公司分别在社会责任示范基地的建设中取得了良好的成果，具备进行试点的基础，因此，可以对新社会责任战略下的社会责任管理流程的全面创新进行试点和渐进式创新改进。设计"基于共同富裕的电网企业社会责任利益相关方管理的网格化推进模式"，可以分三个阶段逐步实现，分别为：第一阶段是社会责任管理的试点

培育期，在公司内部选取三个试点进行体系建设和管理探索；第二阶段是社会责任试点的复制落地期，在成功完成三个试点的基础上，将已经成功的管理模式复制到其他单位和部门；第三阶段是社会责任管理的全面深化期，将基于共同富裕的利益相关方的管理模式在公司全面推广。

另外需要说明的是，全面社会责任管理是一个长效实施的过程，并非短期工程，更非面子工程，在进行社会责任管理标准、制度设计的过程中，应当切实以"长效"落实企业社会责任为原则进行社会责任管理制度的设计，并且在不断实施的过程中通过"试错""改错"的方式进行完善，形成可供持续实施的动态长效管理机制。

（三）充分利用数字技术及平台模式改进社会责任推进机制

过去国网浙江电力在进行全面社会责任管理和社会责任根植项目实践过程中，虽然已经在很多具体场景中对数字技术加以利用并取得了较好的实践效果，但是零星场景的特定探索并未能发挥其对社会责任推进模式及效率的改进作用。共同富裕示范区的建设恰好根植于数字化技术变革的时代背景，而国网浙江电力近年来数字化转型突飞猛进，在探索如何利用数字技术进行综合价值共享方面已有诸多探索，可在未来的社会责任推进模式中加以应用。

具体可由省公司牵头设计形成社会责任数字化推进平台，通过开放式创新模式加快共同富裕目标下电网企业社会责任推进模式创新的多主体协同探索。将共同富裕目标下电网企业社会责任实践战略的基本目标愿景，推进社会责任实践的具体流程、可选议题、推进模式等转化为规范的数字平台规则，对地市级公司的根植项目立项与实施过程进行动态化展示，并且可随时进行实践模式、推进机制的经验分享、模式复制推广与改进，通过下属部门及地市公司的协同探索与经验分享，快速迭代形成更适用于共同富裕目标的新型社会责任推进模式。

三、社会责任实践管理能力优化

在对国网浙江电力过去的社会责任实践案例（如历年来社会责任根植项目）的总结研究中发现，社会责任实践的外部利益相关方多为政府、用电大客户，部分特殊弱势群体往往以电网企业单方面进行价值输出为模式进行利益相关方关系管理与平衡，不具有长期可持续性。因此，未来在共同富裕的经济社会价值目标下，应当以"共创"为原则进行社会责任实践项目设计，推动电网企业和外部利益相关方的价值共创与供应。根据对国网浙江电力及下属供电公司的少量利益相关方参与价值共创的社会责任根植项目进行分析，提出以下几个工作建议，可用于在共同富裕背景下探索如何进行社会责任实践管理方面的能力优化。

（一）培育社会责任管理部门利益相关方长效合作机制的设计能力

国网浙江电力各履责部门及主体在过去依托社会责任根植项目与全面社会责任管理为抓手履行社会责任的过程中，已经充分进行了针对具体问题进行社会责任实践中利益相关方识别、利益相关方共赢合作方案的设计能力的培育与锻炼。但是，基于共同富裕示范区建设的电网企业社会责任实践，随着社会责任战略目标的调整、战略模式的变革，未来将更加强调社会责任实践过程中对利益相关方的价值共享绩效，这要求社会责任实践的推进部门、实施部门能够在履责实践中准确地识别利益相关方、规划利益相关方协作目标、设计出多方共赢的实施方案。相关人员的利益相关方合作方案设计能力提升可通过如下措施进行培育：

一是研发基于多方共赢的商业模式的设计逻辑与工具。多方共赢的利益相关方协作模式设计过程，也是通过识别利益相关方需求、设计利益相关方合作利益分配方案来实现价值的创造与分配的过程，与一般商业模式设计流程并无两样，唯一的区别在于商业模式的设计追求经济利润的流动，而基于社会责任理念的利益相关方共赢则追求综合价值的最大化。因此，通过学习商业模式设计的逻辑方法与工具，并将其应用于社会责任实践中，可有效地提升国网浙江电力及下属供电公司社会责任管理部门的履责能力。

二是充分利用社会责任根植项目库的项目经验进行模式总结。共同富裕示范区的社会责任实践模式目前尚无可学习的现成模式与经验，那么，对以往经验进行总结并根据共同富裕背景下的新战略需求进行适应性改进，可直观地提升社会责任管理部门及推进部门工作人员的设计能力。

（二）提升社会责任管理部门对价值共创机会的觉察与挖掘能力

共同富裕背景下的社会责任实践，除了将做好的"蛋糕"分享给其他外部利益相关方以外，还可以通过调动利益相关方的价值共创热情参与价值共创，让利益相关方在价值创造中同步贡献出自己的力量，实现共创价值的共享。基于价值共创的社会责任实践方式具备长期可持续基础，因为在探索价值共创模式的过程中，可实现国网浙江电力对利益相关方的赋能，提升其价值创造能力，在整个价值网络中获得更多的共享价值。这就需要以社会责任管理部门为主体，充分挖掘与特定利益相关方具有合作进行价值共创基础的相关领域、相关活动，并设计出多方参与、价值共赢的可持续性价值共创模式。

一是通过建设与利益相关方之间的长效沟通机制，为价值共创机会的挖掘提供基础。尽管利益相关方群体及诉求是纷繁复杂的，但是数字化技术、网络平台的出现为企业与多元诉求的利益相关方沟通提供了高效解决方案，具体可由国网浙江电力及下属供电公司的社会责任管理部门为主体进行探索，依托利益相关方管理平台，同步参考社会责任根植项目在不同议题下与不同利益相关方的合作模式及成效，建立起与利益相关方的互动沟通机制，通过数字信息、经验判断、沟通反馈三方信息来源实现精准的价值共创机会的挖掘。

二是国网浙江电力及下属供电公司可通过主动沟通的方式获取利益相关方的反馈，从而挖掘更多的价值共创机遇。可通过信息公开、计划公开、活动召集等方式，面向特定群体利益相关方进行合作交流，更好地进行信息交流和知识共享，取长补短、激发灵感，共同商讨最佳的利益协调和价值最大化方案。

（三）做好透明沟通机制、风险分担机制等保障性措施建设

电网企业众多的利益相关方在进行价值共创活动时不可避免地会带来一定的风险，而做好预估与防范工作，是确保价值共创活动顺利实施并取得预期效果的有力保障。

社会责任实践过程面临的风险主要来自政府管理部门和非政府利益相关方两个方面：一方面，对于各级政府管理部门和电网项目管理者来说，引入多利益相关者的价值共创机制，会增加非政府利益相关方掌握电网项目建设与管理等重要信息的途径和与管理者进行谈判的砝码，以追求其自身利益的最大化，因而增加管理者处理与反馈信息的工作量和协调各方利益的难度，同时，也可能因管理部门（管理者）未对各利益相关方所提的建议进行充分评估就盲目采纳而导致电网项目利益受损；另一方面，对于非政府各利益方来说，他们利用自己的知识、经验和技能参与价值共创活动，他们的"金点子"可能会给电网企业带来丰厚的利润，而他们体力和智力上的付出能否得到回报和认可（包括相应的知识产权保护等问题），都是价值共创过程中非政府利益相关方可能要承担的风险。因此，需要对上述可能存在的风险进行充分的预评估并采取积极的防范措施，如引入新技术提高信息处理速度，引入专家评估体系对建议方案进行充分讨论，加强知识产权保护并制定奖励激励办法等，以确保电网企业各利益相关方参与价值共创活动的积极性和各方利益不受损害。

第二节　探索重点情境下的"共同富裕"实践模式

企业的战略转型并非一蹴而就，基于共同富裕示范区的新价值理念，在逐渐加强社会责任工作基础建设的同时，应当分步骤地推进社会责任战略转型。在短期维度上，国网浙江电力可打造示范工程项目，通过"试点先行、打造样板、提炼模式、复制推广"的方式，打造不同层次、不同模块、不同领域的示范项目，探索共同富裕示范区的社会责任战略转型实践。

一、打造重点情景下的社会责任示范工程与样板

（一）以数字化手段推动价值共创与共享

一是应用"互联网+"推动社区供电服务提升。2022年1月，浙江省民政厅发布的《高质量建设"和谐自治标杆区"2022社区治理创新行动计划》（以下简称《行动计划》）中提到，通过将共同富裕与基层社区治理现代化相结合的方式推动社区治理工作创新，以助力浙江省共同富裕示范区建设。国网浙江电力充分利用"互联网+"的工具与模式，推进社区治理情境下的公共服务提升，通过构建基于"基层治理+社区服务网格化+服务管家"的社区利益相关方沟通管理平台，将社区居民、社区商业服务提供者、社区公共服务提供者融合于"掌上云社区"或"社区通"等移动应用平台，实现了基于社区多方用户、针对矛盾问题的实时反映、反馈与处理。

二是利用数据赋能推动城乡公共服务均等化。由于农村配电网建设的基础相对薄弱，同时社会数字化进程的不断加快让农村用电户处于数字鸿沟的劣势地位，通过数字化提升用能服务质量的方式并没有让乡村居民享受与城市用电户相同的优质服务。因此，国网浙江电力及下属供电公司充分利用数据赋能，鼓励各县级供电公司及村镇供电所进行社会责任实践创新，协同多个利益相关方共同解决难题。通过"让数据多跑路、人民群众办电少跑路"的理念，在加强政企协同推进用电服务质量提升方面已有诸多探索，在全面推进城乡电力服务均等化方面进展喜人，切实推进了城乡居民对优质供电服务的价值共享。2021年3月发布"乡村振兴电力民生指数"，运用电力大数据对供电可靠性、电压合格率、产业及行业用电量等评价因子开展多维度分析，建立差异化指数分析模型，为地方政府制定乡村振兴决策提供评价依据。在国网浙江电力的推动下，绍兴、宁波、丽水等地电力大数据赋能乡村振兴的创新实践不断涌现，助力农村地区补短板、强产业、促发展。

（二）以生态化带动利益相关方共荣发展

一是主动承担行业关键技术的研发与知识产权的共享。国网浙江电力作为国企的领头羊，顺应新形势的发展，聚焦重大战略领域，探索建立以企业为主体，以产业引领前沿技术和关键共性技术为导向，聚焦产业上下游的企业、高校、科研院所的能力，通过共商、共建、共享的办法来进行关键技术的研发，有效带动了知识产权的共享和行业的整体发展。2021年国网浙江电力共申请专利2095项，获授权专利1697项，其中发明专利786项。全年实现成果转化55项，累计转化收益2345万元。国网浙江电力深入实施"3060"新型电力系统重大科技攻关计划，布局36个重点技术方向、100项科技项目及10项重大科技示范工程，攻克

了短路电流柔性抑制、电网关键断面自动提取和风险快速识别、区块链与高弹性电网融合应用等关键技术，在技术攻关、重大示范、首创成果、机制创新等领域取得新突破、新成效，为行业发展贡献了基础技术创新成果。

二是行业紧密合作的供应商进行赋能。国网浙江电力与全体供应商合作伙伴分享新目标市场、新业务领域、新拓展能力、新发展模式，推动"全球新能源绿地开发"向2.0模式升级，和产业链合作伙伴开展设备采购代理合作，拓展市场合作范围；开展技术创新研究合作，共同促进系统集成优化；开展产业换资源合作，实现产业链企业共同发展；开展海外市场开发合作，提供全球新能源绿地开发解决方案；开展产业资本运营合作，联合投资开发分享投资收益。

三是带动企业生态中的中小企业参与市场竞争。电网企业供应商链条上聚集了大量的中小企业合作者与参与者，通过直接或间接参与电网企业的生产与竞争过程，他们成为电网企业生态中的重要组成部分，与电网企业形成了共生、共赢的协作关系。在共同富裕新目标下践行社会责任，企业生态中的中小生态者也将成为电网企业进行价值共创和价值共享的重要对象，赋能中小企业随行业提升竞争力、价值创造力的同时，将更多的价值共享给公司生态中的中小企业者。

（三）整合社会利益相关方资源助力"双碳"实施

国网浙江电力落实国家电网有限公司碳达峰、碳中和行动方案，以建设多元融合高弹性电网建设为载体，通过资源集聚、数字赋能、机制突破等方式，整合社会利益相关方资源协同推进"双碳"实施。从能源供给、配置、消费、技术、机制等多方面发力，推进电源、电网、负荷、储能等协同互动，提升电网弹性，主动应对大规模新能源和高比例外来电接入的挑战，探索推进新型电力系统建设。构建以新能源为主体的新型电力系统，电源侧、电网侧、负荷侧都面临着系统性重塑，储能、氢能技术等将成为电网发展的有效支撑力量。国网浙江电力以高弹性电网为核心载体，系统推进"源网荷储"的协同互动，通过电网弹性提升主动应对大规模新能源和高比例外来电的不确定性，走出一条受端大电网多元融合发展的新型电力系统建设示范之路。在建设新型电力系统省级示范区的同时，国网浙江电力联合社会利益相关方，打造包含社会多方资源的柔性资源池，实现电网生产过程的价值共创与共享。换句话说，国网浙江电力不仅在生产技术领域打造省级示范区，还在共同富裕方面起到模范带头作用。

（四）探索社区治理情境下的电网企业社会责任实践模式

2022年1月，浙江省民政厅发布的《行动计划》提出，通过将共同富裕与基层社区治理现代化相结合的方式推动社区治理工作创新，以助力浙江省共同富裕示范区建设。供电公司的基层供电所作为扎根社区、直接接触社区用电客户的服务型组织，为国网浙江电力及下属供电公司通过履行社会责任参与共同富裕目标下的社区治理创新提供了机遇。根据《行动计划》针对性提出的五大目标和十大任务，国网浙江电力可针对性地开展相关社会责任实践模式的探索与部署。

一是构建社区利益相关方沟通管理平台。社区治理历来最大的难点在于根据多个社区主体的利益诉求开展及时有效的沟通。随着数字化进程的发展，社区治理平台的建设成为可能，基于"基层治理+社区服务网格化+服务管家"的智慧社区治理平台模式已经在很多公共服务领域展开。通过将社区居民、社区商业服务提供者、社区公共服务提供者融合于"掌上云社区"或"社区通"等移动应用平台，实现了基于社区多方用户、针对矛盾问题的实时反映、反馈与处理。国网浙江电力可通过如下方式以社会责任实现利益相关方沟通网络的建设。一是通过社会责任专项行动的方式，联合其他社区公共服务或商业服务的提供者共同建设社区用电服务平台，通过平台企业商业模式设计进行运营；二是加入其他已有的社区治理网络平台，利用已有的社区用户规模开展利益相关方沟通与有针对性的社会责任实践。

二是对社区治理的重点议题展开系统化社会责任行动方案。根据国网浙江电力及下属供电公司的社会责任实践议题来看，老旧小区的用电安全问题、社区特殊人群的用电办电问题等成为很多履责主体关注的话题，并且在很多地区的社会责任实践中通过社会责任根植项目实现了有效治理，积累了基于社区治理重点议题的履责行动经验与模式。未来在国网浙江电力对公共服务均等化的整体发展战略部署下，可对社区治理中与电网企业相关的重点议题进行系统化梳理，并制定针对不同议题的专项行动方案，以区县供电公司及下属供电所、营业网点为主体进行"网格化"推进，由点及面地开展社区用电服务质量的均等化行动。

（五）探索城乡共同富裕情境下的优质供电同质共享模式

近年来，国网浙江电力虽然在长期的社会责任根植项目实践中关注乡村振兴和乡村用能服务的提升，并且取得了小范围的成功模式探索。但由于农村配电网建设的基础相对薄弱，同时社会数字化进程的不断加快让农村用电户处于数字鸿沟的劣势地位，通过数字化提升用能服务质量的方式并没有让乡村居民享受与城市用电户相同的优质服务。因此，未来在城乡统筹思路下开展优质供电服务城乡共享方面，利用社会责任实践"破题"大有可为。

一是充分利用数据赋能，鼓励各县级供电公司及村镇供电所进行社会责任实践创新，协同多个利益相关方共同解决难题。国网浙江电力通过"让数据多跑路、人民群众办电少跑路"的理念，在加强政企协同推进用电服务质量提升方面已有诸多探索，且将全面推进城乡电力服务均等化作为重要的营销工作规划并制定了切实可行的实施方案。而在具体的方案逻辑方面，通过社会责任逻辑实践的多方协同开展，将有利于相关行动规划方案的落地。

二是利用电力改造项目与美丽乡村、乡村振兴的乡村发展战略相结合，以社会责任实践活动或主题履责项目为载体，与其他有乡村振兴共同目标愿景的企业或组织协作开展乡村用能的整体提升。在原有的"乡村振兴·电力先行"示范区试点的基础上，继续加大项目挖掘，通过小城镇环境整治与电力改造、农电改造、电气化等项目升级农电基础设施，打造绿色低碳的农电配网服务。

（六）公益慈善实践长效带动弱势群体共富

国网浙江电力不同地市公司通过多年开展公益慈善活动，逐渐形成了"千户万灯""幸福蜗居""店里背包客""益"起种太阳等公益品牌，根植于电力服务主业，汇聚社会资源向社会弱势群体如残障人士、孤寡老人、留守儿童等共享价值，带动共富。其中，"千户万灯"项目从 2015 年启动至今，累计完成 5200 余户困难残疾人线路免费改造，使 6 万人受益；"幸福蜗居"项目形成精准助残"社会治理共同体"新模式，累计募集资金 200 余万元，捐赠爱心物资价值 100 多万元，完成危旧房改造面积达 5259 平方米，受益群众达 2018 人次；"电力背包客"实践三年以来，共为村民提供上门服务累计 12 万余次，代办电力业务 13.35 万件，累计为 73 家企业完成电能替代工作，协助建设 11 家全电民宿。

二、提炼共同富裕目标下社会责任战略落地模式

基于共同富裕目标的社会责任战略落地模式包括以下几个层面：

（一）省公司层面

在省公司层面，可以从理论研究、管理创新、实践探索三个维度来确保共同富裕目标下社会责任战略的落地。一是理论研究，开展具有浙江地域特色的社会责任管理研究。为有针对性地开展社会责任管理试点工作，国网浙江电力结合浙江地域特色开展社会责任工作专题研究，提出了"精益社会责任管理""网格化社会责任管理模式"等理念，明确了以"责任推动发展"为主线、以电网发展为切入点、以利益相关方沟通与参与为核心，通过进行网格化社会责任管理模式试点，总结经验进而推广的工作路线图。二是管理创新，继国网公司层面开始全面推进社会责任根植项目制以来，国网浙江电力涌现出一批基于项目制管理推进社会责任实践的管理经验，综合价值创造成效明显；未来在以共同富裕为目标的社会责任落地过程中，可继续通过鼓励各地市县乃至基层供电所的社会责任项目制创新经验，推动实践经验的模式化，并在省级供电公司层面形成可参考的、有助于利益相关方共同富裕和综合价值创造的实践模式，显著提升各层级供电公司、各层级部门的社会价值创造能力。三是实践探索，在社会公益方面，公司逐渐规范化管理爱心公益活动，集约化管理爱心基金，系统化建设公益和志愿服务平台，推动企业在受众心目中逐渐树立起"责任企业"的形象，同时，公司还

组织了丰富多样的公益活动和公益宣传。总的来说，国网浙江电力在履行社会责任的同时，要进一步完善总体框架，将共同富裕目标融入到具体实践中。

（二）地市公司层面

通过编制某供电公司《共同富裕目标下的社会责任工作手册》等标准及实践指导文件，不断推动社会责任管理渗透到供电公司各个层面，并成为全面指导公司所属供电公司将社会责任融入战略与管理的重要工具，鼓励和带动其他供电公司探讨符合自身实际、展现属地特色的社会责任推进路径和方式方法。同时，要参与基于供电所的全面社会责任管理研究，以增加课题研究的实际性和科学性，增加课题成果的接受度和推广面。在管理创新方面，各市公司可以推行基于利益相关方管理的网格化推进模式，从自身特色和实际出发，创新提出"基于利益相关方管理的网格化推进模式"，另外，还可以探索从履责实践到管理创新的逆向推进路径，探索出注重四个融合、抓好三个环节、突出两大特色的社会责任管理落地模式。在实践方面，各单位要积极响应国网浙江电力开展社会责任项目制管理的要求，充分结合自身实际，找准社会责任与核心业务融合的切入点，如推进老旧小区配电设施改造，通过利益相关方沟通与合作，开展社会责任项目制管理。在项目实施的全过程中注重分析、回应利益相关方需求，剖析影响利益相关方满意度的关键绩效指标；在项目实施后，回访利益相关方，听取项目实施反馈意见，确保项目实施充分反映和满足各方期望。

（三）供电所层面

积极协助基于供电所的全面社会责任管理研究。供电所作为全面社会责任管理的研究与指导对象，其对于社会责任的推进至关重要。一方面，作为电力公司的基层，供电所可以填写内部调查问卷，为上级公司制作操作手册提供了优秀履责案例和大量的反馈与意见。另一方面，供电所可以深入到基层中，进行管理创新，优化催缴费方式。长期以来，催缴费都是困扰供电所营销工作的难点和问题所在，科技园供电所经过总结实践经验，提炼出一整套的催费方法——亲情催费法。针对不同类型用户制定个性化的服务方式，既保证电费收缴，又能与用户维持良好的关系。另外，在实践方面，要积极践行省公司以及市公司提出的各项社会责任履行方式，切实以共同富裕为目标，让人民群众切身体会到央企的责任与担当。

三、中长期规划布局社会责任实践模式复制与推广

（一）发挥不同层级组织间的联动效应

电网企业要发挥不同层级组织间的联动效应，一方面，各部室、单位要切实增强大局意识、执行意识和协作意识，各司其职，各负其责，认真完成与本部室、本单位相关的履行社会责任议题，主动开展与利益相关方的沟通与合作，积极参与公司各项社会责任重大活动,形成目标一致、各方协力的格局。工作办公室要充分发挥牵头组织作用,抓好整个工作的推进落实,督促各部室、单位按照公司统一要求,密切配合、全力支持和参与全面社会责任根植试点工作。另一方面,要坚持内外联动,建立协同机制,着重解决跨部门、多专业难点问题。例如,通过月度专题督办协调例会和半月报信息报送机制,审议具体月度工作计划,对公司重点项目进行评审,细化方案,开展过程性监控和评估,畅通工作机制,确保各专业纵向贯通,各部门横向协同,实现常态、高效开展工作。另外,在全面推进社会责任管理"两个融入"和全面社会责任示范基地建设工作的同时,公司将有所侧重,选择重点领域和方向实现重点突破。

(二)打造可持续的闭环"赋能"生态系统

探索、实践、检验和完善国网浙江电力的全面社会责任实践模式,寻找可复制、可推广的有效路子和成功经验,不管是财务角度抑或是战略层面,重点工程示范项目的可持续性和"自我造血"能力尤为关键,打造一个可持续的自我推动的闭环生态系统和动态过程格外重要。一方面,充分发挥政府、不同层级、广大用户的联动效应,打造出"自我造血"的社会责任闭环生态,积极探索社会责任示范基地建设沟通管理、利益相关方管理和公益管理,建立健全相关的管理机制,提升社会责任管理水平,最大限度地增进利益相关方的认同、理解、信任和支持,通过模式创新突破重点工程示范项目的"小而美",在更大范围内不断复制推广。另一方面,更多地关注长期可持续发展的项目,并倾向于多方联盟的模式,有计划、有步骤地对公司开展全面社会责任管理所取得的进展和成效进行总结,并在适当时间向外界推广,通过树立明确合作共赢理念,打造可持续的生态系统平台,多方各司其职,相辅相成,打造"赋能"生态系统,提升实施社会责任示范区实践模式的效果。

(三)充分调动各方资源达成协力格局

在共同富裕的新发展目标下,有效复制并推广社会责任实践模式必须具备清晰的战略支撑、资源分配与预算体系。对于重点工程示范项目,长期可持续性的社会责任模式的创新,需要企业进行一系列严谨的规划和实施,包含目标愿景、战略方向、指标设定和落实等。首先,国网浙江电力要立足战略高度对社会责任示范基地建设进行科学顶层设计和系统部署,明确哪些是重点发力领域以及能够创造多大社会价值,分别规划短期和中长期路线图,统筹协调当前和未来、局部和整体、内部和外部的工作安排,科学有序地推进不同层级、不同单位、不同领域和不同环节的试点。其次,建立健全内部组织,培养相应的能力并调拨相应的资源支持战略落地,持续地衡量成果、优化资源、协调进度,与此同时,通过内外部成果宣贯,激励员工和其他利益相关方,从而使得成果最大化。最后,强化组织领导，加强工作网络的组织和建设，工作办公室要充分发挥牵头组织作用，抓好整体工作的推进落实，各部门、单位要按照试点工作要求，密切配合、全力支持和主动推进全面社会责任根植示范基地建设试点工作，形成目标一致、各方协力的生动格局。

第三节　增强社会责任品牌影响

一、基于共同富裕目标开展品牌战略创新

（一）探索价值共创与公平分配的沟通机制

随着中国改革开放向纵深推进，促进社会公平、实现共同富裕日渐成为社会共识。价值共创与公平分配是共同富裕的基础，国网浙江电力作为央企，更应该响应国家号召，切实履行社会责任，探索价值共创与公平分配的沟通机制，为实现共同富裕目标而不懈努力，同时要重点开展社会责任沟通，加强同利益相关方的沟通协调，积极宣扬社会贡献和综合价值，寻求公众认可，改进履责管理中的不足。

第一，要固化价值共创的沟通管理机制，制定规范化的沟通方案。针对不同沟通对象，设置差异化的沟通程序、形式和内容，定期公布沟通进度和成果，接受利益相关方的监督，并及时做好效果评估。形成制订计划—执行落实—监督检查—评估改进的流程。同时，国网浙江电力要和其他利益相关方共同把蛋糕做大，健全沟通体制机制。第二，增强沟通功能，确保建立公平分配的沟通机制。由于部分信息涉及公司商业机密和用户的隐私，不能在沟通中全面展示。因此，梳理和排查信息披露涉及透明度的层次，根据信息公开的程度可分为三个等级，分别是必须透明、应该透明和愿景透明。根据不同的业务和岗位，确定不同的改进措施，在业务流程中界定透明范围、明晰透明要求、规范透明语言，并将具体的透明履责内容落实到各部门的业务流程中，进一步加强各部门同外界沟通的功能。而透明是公平分配的基础，只有进行充分的沟通交流，全面进行信息披露，才可能建立公平分配的沟通机制。第三，积极改进员工社会责任考核体系，完善员工社会责任管理，创新外部利益相关方沟通模式，提升外部契合度，为更大范围外部利益相关方群体创造服务价值，进一步拓展与核心利益相关方的互动沟通渠道，发挥电网企业优势，以社会责任根植项目和示范基地建设项目为基础，积极探索与利益相关方建设沟通长效机制。

（二）创新共同富裕导向的社会沟通方式

共同富裕是现阶段我们国家的重大目标，国网浙江电力作为全国领先的央企，不仅要保质保量地履行社会责任，还应该为共同富裕目标贡献力量。同时，要加强全面社会责任管理的内外沟通创新，持续创新社会沟通方式。一是按照区分受众、系统策划、持续推动、注重效果的原则，加强与社会各界的全方位沟通。系统表达电网工作，开展面向党委政府、媒体与意见领袖、电力行业伙伴、重要客户、社会公众的"走进国家电网"系列活动，定期发布年度社会责任报告和专项工作报告，召开新闻发布会，增进社会各界对于公司工作价值的理解和认同。

二是及时开展解疑释惑工作，针对社会公众关注的热点，开展专项宣传工作，消除误解和猜测。例如，针对公众对变电站影响身体健康的普遍担忧，在小区及变电站选址区域设置公示牌，公示选址流程、建设标准，设置科普宣传点，引入第三方鉴定机构进行实地检测，促进信息公开透明。不断提升利益相关方参与效果和水平，实现公司与利益相关方的合作共赢。

三是在当前全媒体大融合的趋势下，通过互联网传播社交化、互动化，建立起品牌价值与公众情感的化学反应。通过各种形式的官方新媒体，搭建包括传统媒体和新媒体的立体传播网络。适应新媒体的特点，明确不同传播的亮点，增强内容的吸引力和感染力，实现资源共享、统一策划，打造有影响力的品牌传播事件。

（三）积极推进利益相关方高度参与和融入

在社会责任管理和根植项目实施过程中，国网浙江电力保持与利益相关方的积极沟通，了解利益相关方对社会责任管理和根植项目实施的意见和诉求，协调和调动各方资源与优势。一方面，社会责任工作的基本目标就是要回应利益相关方的价值诉求，利益相关方参与是获知各方诉求和期待的最直接途径。利益相关方参与的过程，就是各方充分表达自身关切和价值诉求的过程。推动利益相关方参与到社会责任管理的全过程，可以有效回应其利益关切，满足其价值实现预期，从而消除分歧，减少社会责任体系推进过程中的管理噪声和阻力，形成工作合力。另一方面，通过社会责任管理改善外部舆论环境，需要利益相关者的充分参与。国有企业尤其是中央国有企业，如果信息披露有误或披露不及时，一些事件有可能演变成舆论危机，给企业形象造成负面影响，利益相关方的参与有助于其更加深入地了解企业社会责任理念，从而更易于从大局出发思考自身利益诉求的合理性，减少误读和负面评价，强化正面评价。同时，利益相关方在舆论宣传环节的参与有助于宣传企业的正面形象，其意见有时更能够得到社会的认可，为企业发展创造良好的外部舆论环境。从国网浙江电力的实践来看，社会责任体系构建、工作推进以及社会责任根植项目议题的选择，都离不开利益相关方的充分参与。同时，社会责任推进过程中，也会收到相关方的信息反馈，公司可据以调整社会责任管理的指标体系。因此，利益相关方的参与有利于推动社会责任管理的不断完善。

国网浙江电力要积极推进利益相关方高度参与和融入。一是要建立利益相关方全过程参与的社会责任管理体系，若要保证利益相关方高度参与和融入，就要提升价值管理，做好信息反馈与信息整合，同时，保持公司与利息相关方内在逻辑的一致的价值取向。二是对于不同的利益相关方，强调不同的参与方式。对于专家，强调其提供的征询意见和建设性观点。对于员工，则要把责任融入亲身实践。对于客户，重视其反馈需求，并要求其参与履责。对于地方政府和社区，可以通过价值期望管理和公益活动参与。对于供应商，公司要明确采购标准，履行供应链社会责任。

二、探索共同富裕目标下责任文化新内核

（一）坚持价值多方共创，实现综合价值最大化

构建责任品牌的文化内核是将社会责任与企业文化进行有机融合，以责任担当筑牢品牌形象基石。长期以来，国网浙江电力既要一以贯之地秉承坚持服务国计民生，也要面向社会做好宣传，努力消除企业巨大贡献、优秀品质、艰辛付出与公众感知的不对称。同时，要联合各利益相关方进行价值共创，实现综合价值最大化，这样才能更好地履行社会责任，增强社会责任品牌影响，进一步迈向共同富裕。

一方面，主动作为铸就品牌发展价值。将社会责任的要求充分融入企业运营，实现全员参与、全方位覆盖、全过程融合的全面社会责任管理。全面提升运营管理水平，建立健全高效运转的工作机制，深入探索，破除体制机制障碍，打造出一支高水平的工作队伍，为高质量发展提供坚强保障。开展全员社会责任意识培训，不断优化队伍结构，提高队伍整体素质。并且通过综合考虑企业自身业务的战略方向和利益相关方的关注点，发挥电网基础产业的先导和带动作用，构建能源生态圈，与利益相关方共同实现综合价值最大化。

另一方面，通过全链条人才培养机制、职业化发展路径打造专业化人才队伍，强化全员品牌意识，加大用电报装、电价、计量等与客户关系密切的政策在员工当中的普及力度。让企业责任成为每个员工自觉的行为准则，将可持续发展理念统一到岗位职责和实际行动上，不断深化和明确目标定位、工作思路，树立由内而外的企业责任品牌形象。开展评估对标，充分反映追求经济、社会和环境综合价值最大化的目标要求，推动责任品牌引领战略的实施，夯实品牌建设的

基础。

（二）协同价值公平分配，确保社会效益全覆盖

在共同富裕目标下，国网浙江电力作为央企，要主动让利于民，协同价值公平分配，积极主动地帮扶困难群众及中小微企业，提升央企的品牌形象，尽力提高社会效益。

一方面，央企要在关键时刻承担起责任。央企业作为维护政治稳定、巩固经济基础、促进社会和谐的核心力量，在实施国家战略、落实国家宏观调控政策、保持市场稳定等方面发挥着重大作用。在面对突发事件和重大经济风险时，央企是应对的可靠力量，在党和人民需要的时刻，在国家和社会遭遇重大危机的关头，必须靠得住、拉得出、打得赢。中央企业作为国家的支柱，除了对国家财政及经济方面起到推动作用，在灾害来临等关键时刻，更应发挥除经济贡献以外的特殊属性，以自身在行业的领导地位为国家及社会做出应有的付出，承担起应有责任的同时也能在关键时刻获得社会各界的信任，在提升形象及影响力方面的获益可谓起到四两拨千斤的作用。电网企业在灾情来临时，应举全企业之力进行抢险行动，不找任何借口，社会效益优先，经济效益其次，全力维护民生产业的稳定，这样才能使企业以及行业拥有持续性发展的可能，也是企业持续壮大的基础。

另一方面，通过制定公司公益活动战略规划，对公益资源进行集约整合，加强公益项目的策划，强化公益行动的社会影响。国电浙江电力可以学习借鉴国内外先进公益项目的运作方式，明确资源投入、人员参与、活动组织等重要事项的工作流程，提升项目运作效率。结合扶贫、助学等特色公益行动，激发相关各方的参与热情，全面提升公司公益管理工作的专业化、规范化水平，确保社会效益全覆盖。

三、创新社会责任品牌传播方式与渠道

从品牌传播方式来看，在共同富裕目标下，更多的利益相关方被纳入社会责任生态圈中，因此，针对新纳入的利益相关方群体和受众，应当从他们的实际出发，选择更有效的品牌传播方式和渠道进行更高效的社会沟通与表达。目前，国网浙江电力及下属供电公司经过多年的社会责任实践探索，已经初步形成了较为完备的利益相关方传播体系，未来可对当前传播体系进行持续改进。

（一）优化传统传播体系的对外沟通效果

过去，国网浙江电力及下属供电公司在社会责任品牌管理与传播方面已经逐渐形成了自己的传播体系，部署了传播效率较高的媒体宣传矩阵，通过常规的报告发布、多渠道的宣传报道、主题论坛和重要利益相关方会议沟通等方式，实现

了与外部直接利益相关方和间接利益相关方的信息沟通与传播，未来建议继续以新传播技术的发展为基础，持续进行传播体系的优化，以进一步提升与外部利益相关方的沟通效率。

一方面，针对特殊群体如老人或边远山区的居民，可以通过重大社会责任活动进行品牌宣传，提供免费上门宣传服务，解决宣传的"最后一公里"问题。在共同富裕目标下，不能放弃任何一个群体，而且，对这些特殊群体进行宣传，更能够体现企业履行了社会责任，同时也能够效益最大化。另一方面，针对社区、园区等分布广泛的消费者群体，以社区传播体系建设为基础持续增进沟通与互动，促进社区广大消费者、园区广大用电企业对电网建设运营和电网企业发展的了解和理解。

（二）注重内部履责氛围打造激励履责热情

信息传播与品牌建设在增进与外部利益相关方沟通的同时，另一个重要作用同样值得重视，即能够通过媒体传播激励内部履责部门及员工的履责热情。通过系列会议、论坛、品牌建设宣传报道，将履责部门及员工的履责故事传播开来，本身是对履责实践者的直接激励，因此，从加强履责主体激励的角度，下一步工作应当尤为注重内部履责氛围的打造，激发更多部门及员工的主动履责热情。

一是加强"共同富裕"相关社会责任品牌建设及品牌故事的传播，通过社会责任根植项目培育和挖掘社会责任品牌，并在社会责任根植项目实践中进行品牌故事挖掘，通过展示履责部门及主体的履责模式、履责行动、履责绩效，开展品牌故事主体的传播。例如，国网浙江电力在公益慈善领域已有多个品牌，包括宁波市钱海军志愿服务中心"千户万灯"计划、东阳市供电公司以"给残疾人一个明亮温暖的家"为主旨的"幸福蜗居"计划、泰顺县供电公司"电力背包客"、国网浙江营销服务中心的"益"起种太阳等公益品牌，专注于特殊群体的价值共享与帮扶，是通过社会责任推进"共同富裕"的品牌体系建设典范。

二是加强对履责部门及员工的履责实践、履责故事的精准传播，通过提高传播效率来增进对履责主体的激励效果。一方面，注重开发利用新媒体技术或工具进行社会责任沟通与表达，如算法技术进行精准的信息推送，提升与利益相关方的沟通效率，增进传播效果和传播力度，增强履责实践主体的认同感、成就感、美誉度，实现社会传播对履责实践的切实激励作用。另一方面，通过树立典型、长效传播激励，推进组织内履责氛围的建立与优化，通过在年度社会责任报告、社会责任示范基地的宣传窗口、行业媒体或杂志的特定栏目进行履责人物的宣传并树立典型，可有效激发其他部门及员工的标杆意识和学习意识，从而逐渐带动建立起良性的履责氛围，实现外部传播与内部履责的良性互动。

第四节 完善社会责任评价考核

一直以来，开展社会责任工作评价，并且按照评价指标开展社会责任实践的改进与创新，是国网浙江电力落实社会责任战略、推进社会责任实践的有效手段。然而，在共同富裕示范区的建设推进过程中，随着社会责任战略框架的更新、社会责任内容边界的调整，社会责任考核评价体系应当进行适应性调整，以保障新战略的实施落地效果。

一、改进现有社会责任考核评价体系

（一）转变评价目标，注重共同富裕的导向驱动

《国家电网公司履行社会责任指南》提出，企业社会责任目前已经初步实现了从大力弘扬社会责任理念，向全面完善企业运营机制的关键性转变。国网浙江电力必须将共同富裕的目标导向嵌入公司战略部署、营销管理以及企业文化中，从顶层设计转变评价目标。一方面，推进社会责任考核评价体系时要更加注重效率和价值收益，不单纯以经济指标来评价公司的经营成效，而是把公司的运营环境和社会影响摆在同经济指标相当的地位进行评判，用更加透明的方式获得利益相关方的认知、认同，发挥内外部利益相关方及其资源对企业综合目标实现的效用，合作创造企业综合价值。另一方面，国网浙江电力在改进社会责任评价考核时要注重向公平和供应方向转型，使公司与社会公众的价值取向保持一致，将共同富裕真正融入到企业社会责任战略发展中，具体落实到电力能源供应、供电服务、电网智能化等各项工作中，与企业的全体岗位、部门和公司全面融合，实现社会责任的可持续和最终落地，进而促进企业社会责任考评体系的有效改善。

（二）完善评价指标，推进利益相关方价值赋能

企业社会责任考核评价体系是政府引导企业转型发展的重要工具。一方面，新时期经济发展环境日趋复杂，碳中和目标的提出加大企业压力，新冠肺炎疫情等事件的出现给企业带来了许多不确定因素，而现行的评价指标权重采用固定的形式，未充分考虑不同行业的差异性以及时代的背景。另一方面，在共同富裕的目标导向下，国网浙江电力也面临着许多新的社会责任要求，在完善社会责任评价考核体系的过程中应该结合时代背景，基于社会责任的视角，认清企业面临的经济困境以及环保、改革等特殊要求，更加关注弱势群体、偏远地区等边缘利益相关方的诉求，根据共同富裕示范区的有关政策规定，建立一套科学有效、贴合

实际的企业社会责任评价指标体系，使绩效评价结果更加客观、更有针对性，全面推进价值赋能的社会成效。

（三）探索评价反馈，强化评价结果的引导作用

在过去的社会责任实践中，国网浙江电力及下属公司通过创新、多元的社会责任评价方法来强化结果导向对各级供电公司及供电所社会责任实践的监督和引导作用，并且初步形成了以综合价值创造为目标、依托电网企业主营业务、发现社会问题开展履责的基本思路。在共同富裕的新目标下，随着社会责任战略目标及内容边界、重点关注领域的调整与改进，"以终为始"的社会责任评价反馈机制仍然需要持续发挥其引导作用，依托共同富裕价值观下的社会责任新型评价指标体系及评价结果，对各级供电公司等社会责任履责主体的履责行为进行针对性修正与适应性改进。一是通过共同富裕目标下的社会责任实践评价结果，明确在共同富裕目标导向下履责实践的"劣势"维度和"优势"维度，发现原先的社会责任实践领域中有哪些实践可以继续在共同富裕示范区建设中发挥优势和引领作用，有哪些实践需要在新评价体系下进行改进和加强。例如，在原有的社会责任实践中，通过公益慈善的履责行为效果显著，但是在"共同富裕"示范区建设过程中，公益慈善履责将更注重对被帮扶对象的赋能效果的考察，履责主体就应当在公益慈善实践中注重带动性、赋能性措施的设计与创新。二是根据社会责任评价结果，有规划地开展履责能力培养与提升。社会责任评价结果的启示性作用之一是让被评价主体观测到自身能力的不足并加以改进，通过对比共同富裕示范区建设对履责要求的改变，反观反思自身的不足和不适应，并查漏补缺地进行能力培育，可有效地引导适应共同富裕目标下的新型社会责任战略。

二、加强社会责任考核评价过程管理

社会责任考核评价作为一个系统工程，需要在明确的社会责任考核评价体系的基础上，对绩效考核实施的全过程进行监控、沟通与反馈。基于共同富裕的价值标准进行社会责任评价考核机制的适应性创新过程，要求国网浙江电力从如下几个方面建立起共同富裕目标导向的社会责任考核评价过程管理机制：

（一）建设社会责任考评流程微创新机制

随着电力行业不断朝着市场化、清洁化、透明化的方向发展，电网企业进入转型的关键时期，在国家碳达峰、碳中和的重大战略部署被提出后，面临着更加严格的约束以及去产能、调结构等特殊社会责任要求。在共同富裕的价值目标下，虽然社会责任的内容边界、主要议题等都会发生相应的变化，但是国网浙江电力已经形成的社会责任考核评价体系和相应流程并不会发生重大变化，因此，要逐步建立基于共同富裕目标的电网企业社会责任绩效评价流程微创新机制，对

评价过程的关键节点和流程实行适应性创新机制，是实现共同富裕目标的一种必要手段。在现有的评价流程的基础上，加强重要流程环节和节点的管控，使社会责任考核评价实施有起点、有终点，有目标、有结果，有管控、有考核，实现社会责任工作的闭环推进。另外，按照社会责任考评方案策划的工作步骤、时间进度、工作要求、资源规划等，全面推进国网浙江电力的各项工作，确保价值共创和价值公平分配。

（二）建立社会责任绩效反馈与改进机制

为建立健全国网浙江电力社会责任指标体系，持续推动社会责任绩效改进，促进公司全面社会责任管理目标的有效实现，还要积极建立共同富裕目标下电网企业社会责任绩效评价的反馈与改进机制。第一，构建闭环的责任绩效管理模型，如图6-1所示，加强绩效沟通在社会责任考核评价过程管理中的重要作用，不断创新责任改进方式，对于突发和现实中的问题实时响应，在此基础上构建和完善各类改进机制，并通过培训等各种方式强化企业的责任管理系统能力，促进国网浙江电力社会责任绩效的系统改善和可持续发展。第二，在推动过程中注重定期考核和评价，确保企业社会责任反馈改进流程与企业整体战略目标相一致，以社会责任工作领导小组为核心主体，采用自评、上级评价和第三方评价等方法，通过定期评价，并对评价结果予以分析，企业可充分认识目前所处的行业地位，学习借鉴绩优企业的发展经验，找到适合自身的可持续发展道路，不断完善评价反馈机制，激励和保障实现公司发展的经济、社会和环境的综合价值最大化，探索构建社会责任反馈管理体系。

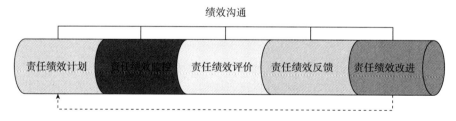

图6-1 社会责任评价考核绩效反馈与改进机制

（三）建立社会责任考评过程创新容错机制

在共同富裕目标下，不仅需要健全社会责任绩效反馈改进过程，还要重点建立国网浙江电力企业社会责任绩效评价过程创新的容错机制，鼓励公司各级员工进行绩效评价制度创新、关键节点管理制度创新，从制度设计上对社会责任考评创新形成支撑。首先，可以制定有针对性的绩效评价制度，营造良好的发展环境，予以整体方向上的指导和制度上的约束，设置专项奖励逐步建立起完善的奖惩机制，注意批评与引导相结合，为企业的战略调整提供指引。其次，将任务与责任聚焦于专门的社会责任考核评价项目团队，减少职能化模式中的部门间协调，提升执行效率与资源配置效率，通过创新与外部利益相关方的沟通方式，增进相互之间的合作，必要时在实施之前就将重要外部利益相关方纳入项目团队，组成联合工作组，提升重要外部利益相关方的参与感和获得感。另外，加强对社会责任考评过程创新的机制管理，包括针对综合价值实现程度的价值评价、针对利益相关方诉求合理满足与关系管理情况的评价、针对内外部资源利用与满足程度的评价以及针对实施进度与时间管理要求的过程评价。

（四）建立第三方组织责任考评监督机制

由于企业社会责任可以看作是企业、政府、社会与利益相关方互动的结果，这意味着企业履行社会责任的所有活动都与企业自身、社会（包括政府）和利益相关方密切相关。由此，国网浙江电力的社会责任评价监督体系建设同样涉及企业自身、社会（包括政府）和利益相关方三个方面的"三元协同"。除了继续延续在过去已经成熟的国网浙江电力为考评制度建设者和组织实施者的系统内自我监督考评之外，还应进一步完善社会、其他关键利益相关方参与的第三方考评监督机制。一是可通过引入非政府组织、社会机构的参与，在企业与社会之间建立灵活多样的沟通平台和磋商机制，从而实现对履责实践的监督与协调，以确保履责行为对社会绩效影响的有效性。二是可在各级公司及部门的履责实践中有意识地增强社会大众对企业承担社会责任的监督意识，通过在履责过程中主动开展社会大众满意度调查等行动来培育社会大众对电网企业履责的认识和评价能力，实现对企业履责监督的同时，也有利于电网企业通过引导社会大众进行责任消费进而引导投资者进行责任投资，进一步对自己的履责行为形成助力。三是重视社会舆论的导向作用，充分发挥新闻媒体、社会具有知名度的评价机构的影响力，加大对国网浙江电力及下属各级供电公司履责行为的评价监督。

三、建立社会责任考评持续改进机制

（一）形成新型战略框架下的闭环管理

国网浙江电力社会责任根植项目的组织活动每年都有明确的要求，例如，要求各地市公司、各直属单位外联品牌管理部门切实发挥项目实施的组织协调作用，牵头负责本单位社会责任根植项目的管理、培训、推广等工作；定期组织召开项目汇报会，并开展项目的中期评估和检查评比工作，重点对项目推进过程中的人员培训、过程管控、项目成效和成果推广等开展评价；等等。从组织流程来看，一般经历六个步骤，分别是：项目申报、项目筛选、项目培训、项目实施、验收评审、总结推广，形成一个社会责任项目管理的闭环。国网浙江电力坚持社会责任的"闭环管理"，以激励和保障实现公司发展的经济、社会和环境的综合价值最大化为目标，探索构建社会责任绩效管理体系，建立健全企业社会责任指标体系，持续推动社会责任绩效改进，促进公司全面社会责任管理目标的有效实现。

（二）建立社会责任绩效考评联动机制

根据浙江省共同富裕示范区建设的推进情况，实时响应现实进展和需求，对社会责任绩效管理问题补短板，加强社会责任绩效评价部门的能力培育，提升跨部门、跨专业、跨层级、企业内外利益相关方联动的社会责任绩效考评联动机制。首先，强有力的组织机构是推进社会责任工作的首要条件，国网浙江电力的社会责任管理应建立起有效的治理机构和实施体系，加大培育绩效评价部门的力度，促进各部门、各专业、各层级的合作。其次，国网浙江电力应形成领导有方、分层推进、流程清晰、多方参与的共同治理架构和权责明确、分工协调、推进有序的组织结构，如图6-2所示，以保障社会责任管理的有序开展。国网浙江电力可以成立社会责任工作领导小组和办公室，明确相关人员及其职责要求，并组建专家咨询委员会，聘请社会责任管理有关领导、公司的利益相关方代表和社会责任专家组成，为公司开展和履行社会责任工作提供咨询和帮助。同时，公司还可以设立专职社会责任职能部门——对外联络部，负责社会责任体系的构建、工作推进和组织协调。国网浙江电力通过建立健全制度规范，促进公司社会责任推进工作的制度化、规范化和常态化，通过企业内部跨部门、跨专业、跨层级的合作，建立起社会责任绩效考评联动机制。

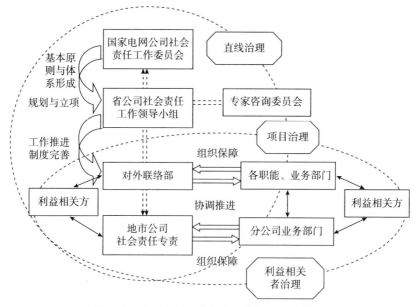

图6-2　社会责任绩效考核评价部门联动模型

第三篇

案 例 篇

第七章 电网企业社会责任
实践助力乡村振兴案例

案例一 国网安吉县供电公司助力农村产业
振兴案例：产业模式助力乡村振兴，
"电气化"推广携手共同富裕[*]

一、项目概况

本次国网安吉县供电公司（以下简称"安吉公司"）的社会责任项目将立足于"金山银山不如绿水青山"的核心点，结合实践，进一步贯彻"两山论"，在确保生态与环保的大前提下，寻找"安吉模式"的进一步优化方案，依托全国乡村电气化示范点建设，结合碳中和愿景，积极打造"智慧用能"乡村绿色能源生态圈，实现"低碳经济"，从安吉白茶及茶旅产业出发，探索以当地生态为核心的安吉特色发展路径。

安吉白茶：白茶茶叶作为安吉白茶的原材料，对茶叶产品的优化与茶园的保障必然是项目定位的核心与立足点。经过与几位茶农的深入访谈，我们发现现阶段仍存在炒茶季电力供应不稳定、传统炒茶方式污染较大、恶劣天气功能不稳定等问题，本项目将对茶农的相关问题进行有效解决。结项报告汇报的主要内容为电炒茶与无人机两大板块。

茶旅产业：安吉作为旅游业较为发达的城市，各个区域已经有了许多正在运营的精品民宿，发展迅速，这天然的优势也让"白茶+文旅"的独特结合方式成

＊ 国网安吉县供电公司金玮、王正东等。

为可能。但由于其地理位置的特殊性,作为人类亲近自然的第一线,旅客的部分行为导致了诸如厨房火灾、电力不稳定、野生动物触电死亡等问题,本项目也就电力安全供给、野生动物保护、电厨房改造等问题进行相应的处理与优化。

二、思路创新

(一) 开展多轮调研,立足茶农真正需求,设立集中炒茶区,形成电负荷聚焦点,确保茶农茶叶质量与生产环境

通过多轮调研,挖掘茶农的真正核心诉求,并立足于该基点,除了面向所有茶农个体以外,安吉公司按照"化零为整"的思路,推进、改进集中炒茶区项目建设,改变"家家炒茶,户户茶机"的生产格局,形成产业化生产模式,实现电力保障人员和技术支撑作用的最大化。引导茶农将茶机搬至集聚区内集中生产,变分散为集中,形成一个用电负荷集聚点,改善生产环境,提高茶叶质量。目前,安吉县建成递铺剑山蔓塘里和横山坞目莲坞两个集中炒茶区。疫情形势下,将对集中炒茶区进行改进,设置安全距离,统一管理。规划在七个乡镇建立临时集中炒茶区。

(二) 牵头优化电厨房设备方案,从需求端优化相关设施,协助制定电厨房行业标准,为地方民宿节约40%相关能源成本

安吉公司联合浙江省多家电厨房厨具设备厂商举办行业研讨会,结合现阶段安吉市内民宿行业所遇到关于电厨房使用阶段产生的需求,真正从需求端来解决商户遇到的问题,探讨电厨房现阶段尚未满足市场需求的核心问题点及相应解决方案。牵头相关工程与设备专家进行联合研讨,制定电厨房的解决方案,协助参与制定了电厨房设备的相关行业标准与安全用电手册。同时,组织部分传统民宿进行用电厨房改造,实现40%的成本节约,获得众多民宿店家的一致好评。得益于设备与方案的优化及使用手册的普及,实现安吉县内全电厨房两年内无维修的成果。

(三) 共建乡村电气化绿色用能需求生态圈,让人民用上"智慧电""生态电""省事电"

安吉公司多方合作、联合宣传,培养农村居民电气化意识。围绕推进农村居民、农村生产和乡村产业电能替代工作,安吉公司将积极与农业农村局、教育局等部门合作推动全县农业电气化技术推广和培训,促成学校参与友好互动,培育农民生活、农村生产、乡村产业电能替代意识;同时,构建创新综合能源服务,让农村居民用电更"省心"。以共建新时代乡村电气化为契机,安吉公司积极优化运营体制和管理机制,通过组建专业化管理团队,深度挖掘数据价值,设计增值服务产品,提供客户侧用能托管、能效诊断等线上线下互动的"智慧管家"

服务，让农村居民生活、生产和产业用电更"省心"。

（四）以"无人机+VR"巡检新模式，保障巡检人员安全性，高效排除隐患

安吉公司在余村开展的配电线路巡检工作，已经开始应用"无人机+VR"技术。随着5G时代的到来，为进一步深化数字化改革，公司更新科技手段、创新服务模式、加快巡检效率，首次引进"无人机+VR"技术，通过VR精准捕捉无人机在飞行过程中识别的缺陷点，提升巡检质量和效率。同时，用带屏遥控器替换操作不便的传统操作手柄，减少不稳定因素干扰，让线路巡检更直观、更快捷、更清晰，加速完成迎峰度夏电力巡检工作。

三、实施举措

（一）通过"双电源"供电，以用户为中心，保障茶农用电，持续推进电炒茶项目

茶叶炒制季节性高负荷的特点一直是困扰茶农与电网集团的重要问题之一。白茶炒制主要集中在3月底至4月中旬，根据其特点，安吉县在递铺街道、溪龙乡、天子湖镇等重点产茶区推行农户炒茶"双电源"用电模式，增加"白茶专用"配变布点，统筹开展低压改造，对茶农的居民生活和白茶炒制用电实施"物理隔离"，实现茶农"双电源"供电，有效提升茶农用电质量。针对部分茶企、茶叶合作社面临的采茶工短缺问题，有些村采取了"丢卒保帅"的错时采摘，集中人力、物力对一些精品茶园进行采摘，放弃边缘茶园，从而将损失降低。安吉公司也将随着茶农生产加工时间，调整电力保障服务的时长。

（二）从民宿建造阶段开始介入，引导、普及、推广全电厨房的安全性与优势，共建"绿色文旅"

走进安吉县溪龙乡黄杜村，万亩茶山层峦叠翠、连绵起伏，沿着乡村两岸休闲绿道漫步茶园，随处可见碧浪滚滚、绿意葱葱的春光美景。在"绿水青山就是金山银山"理念下，溪龙乡因地制宜，积极打造安吉白茶小镇，缓缓舒展"产业兴、生态美、百姓富"的美丽画卷。由于山中的民宿交通较为不便，故往往由民宿运营方提供餐饮服务。而因其地理位置的特殊性，天然气厨房相较而言危险性更强，安吉公司从2020年伊始便开始全面布局推进电厨房的相关工作。由于民宿产业与茶旅产业呈现强关联关系，安吉公司在安吉县内全面推行"电厨房"的模式与标准，普及"清洁能源"的低碳理念，在民宿建设阶段便开始介入，引导、推广全电厨房的安全价值与环保价值。在过程中将环保与生态的理念从电路铺设阶段即实施贯彻，助力实现乡村振兴，并赋能社会、经济、环境的融合发展，规避三省五县走不必要的弯路。

（三）结合物联网技术及农业科技，挖掘白茶行业数字化潜力，牵头布局推进"智慧农业"，高效推进乡村电气化建设

近年来，安吉县在推进乡村电气化建设中，充分利用泛在电力物联网技术、大数据应用及农业科技等技术手段发展"智慧农业"，通过对种植的蔬菜水果等农产品进行精准耕种、实时观测和远程控制，实现了对农产品的全程溯源、智能监控、标准化管理。安吉县已建成"智慧用能"现代农业示范园区上千亩。"智慧农业"既提高了种植产量和生产效率，也让越来越多的农民在当地龙头企业及专业合作社的带动下，增收致富。

（四）以"无人机+VR"巡检新模式，优化固有巡检方式，构建信息化、智能化、立体化的系统性电网巡检体系，从解决问题转变为防范问题

2021年以来，安吉公司加大新设备培训力度，对巡检人员进行集中培训，通过实践理论"两手抓"，使其更快掌握新技能，助力快速上岗，让此项技术尽快在安吉全县运用；在迎峰度夏前巡检工作中，尝试使用该设备对配电线路进行全方位巡视，结合5G和VR优点，巡检人员可实时更新高清画面，进一步提升设备巡视精益程度，杆塔、线路和绝缘体等一目了然，使电网巡检信息化、智能化、立体化；结合"无人机+VR"巡检情况，量身制定各项整改方案，并有效结合近期天气状况，做好事故应急预案，将各处隐患消弭于无形。

四、项目成效

（一）实现市内电炒茶全覆盖，电能代替电量6100万千瓦时，节约用能成本710万元，2021炒茶季零事故

"安吉白茶是安吉对外窗口的一大亮点，白茶现如今走向了世界，我们制茶的机械化水平也需要精进，确保在白茶加工上更加科学化、便捷化、智能化。"安吉公司T/NJ 1237—2020《条形白茶自动化加工成套设备》团体标准起草人员盛永兵说道。安吉县80%以上的茶农茶企已安装条形白茶自动化加工成套设备。

截至2021年底，增设炒茶专业变电器165台，实现电炒茶全覆盖，电能替代电量6100万千瓦时，新增用电量1500万千瓦时，节约用能成本710万元。

同时，为建设生态配电网示范区，安吉公司进一步优化黄杜村10千伏线路网架结构，在3条10千伏线路供电的基础上，再建1条10千伏线路供电黄杜村，提高炒茶期间的供电能力，使得供电可靠性、电能质量达到一流水平。据了解，2020年，黄杜村供电可靠性达到99.991%，村民年均停电时间进一步减少至0.79小时以内，户均配变容量不低于4千伏安。针对白茶苗栽培基地，该县将按照网格化划分供电配变，低压线路供电全覆盖白茶苗栽培地，确保排灌"有电用，电好用"。

（二）牵头推进农业生产乡村电气化，助力乡村产业绿色发展，节省劳动力70%以上，推动相关农户2020年增收共计1500万元

安吉公司在农业生产电气化方面，依托坚强配网，推动政府建成集中点排灌站112个、粮食烘干站3个。促成专项财政补助政策，推广农田电排灌、大棚电保温、电动喷淋等农业电气化设备，完成电气化大棚改造5.5千亩、水产养殖5万亩。促进鲁家蔬菜大棚、国梁水产养殖等传统农业电气化示范点生产效率提升40%，节省劳动力70%以上，推动相关农户年增收1500万元。

（三）牵头推进乡村生活与产业电气化，在安吉县范围内推广全电厨房1000多家，建设全电景区5个、全电民宿80个

乡村生活电气化方面，安吉公司促成政府实施"厨房革命"，推广全电厨房1000多家。推动空调进教室项目，完成45所学校1808台空调安装。全面接入光伏等新能源用户4445户，促进增收3500万元。推广电动汽车1800多辆，促成县域公交全电化。建成各类充电桩1100多台。乡村产业电气化方面，推动建设全电景区5个、全电民宿80个，构建"绿聚能"产业联盟。

（四）"智慧用能"布局50余家相关茶企与合作社，通过自动化监控系统确保茶园管理精细化，提升茶叶质量

递铺街道在安吉公司的指导下，运用泛在电力物联网技术，对宋茗茶博园、龙王山、骆师傅、大汉峰、叶家白、盈农园、茗静园、鹰巢坞、康钱合作社等50余家茶企、合作社的茶园基地安装了茶园自动化监控系统，通过自动传输、记录茶园的气象指数和实时监控系统，做到农产品质量追溯和智能化管理。同时，安吉县笔架山农业高新技术产业园区的古城茗静园农业综合体也在乡村电气化建设中受益匪浅，增加了销售规模，规范了行业标准，该项目也被评为湖州市农业大好高项目。

（五）"数智电网"助推安吉旅游振兴，为17家民宿提供能效监测分析，民宿入住率提升15%

安吉旅游走在全国旅游的前列，为持续做好旅游经济，打响安吉旅游品牌。安吉公司以勤排查、快治理、全覆盖的工作态度通过乡村电气化改造将现代"数智"科技融入到乡村民宿建设中，将"智慧用能"与"数字电网"相融合，将"智能化""节能化""数字化"的"三化"服务融入到旅游业中，对民宿进行"古""今"结合。加速了安吉乡村旅游从局部美到全局美、一时美到持久美、环境美到发展美的转型。

以安吉县灵峰街道横山坞村的"智电民宿"村落为例，安吉公司已为17家民宿提供能效监测分析。以言叶之庭为代表的"智电民宿"在民宿电能替代、公共绿色用能配套设施等方面进行全电化改造，使民宿入住率提升15%。为以蔓

塘里为首的夜间旅游注入光影等元素，带动了夜间经济的发展，为安吉旅游发展再注入新的力量。

（六）无人机参与日常巡检成为各供电所的标准化配置，在飞手中普及无人机作业专业培训和资质认证

无人机目前在安吉公司的工作中已经进入实际应用的阶段。在无人机线路通道巡视方面，针对山区一些树竹易生长的地带进行不定期巡视，发现线路通道范围内的异常树木或竹子后，能够及时进行巡视记录，形成清理清单，作为通道清理工作安排的依据。安吉公司共有飞手 18 人，其中 AOPA 作业证书 2 人、UTC 作业证书 16 人。此外，安吉公司有配网机器人 8 台、智能头盔 10 部、手持作业终端 50 余台。这些飞手已经接受了无人机安全飞行、电力巡检应用、日常保养、数据存储与软件管理等系统化培训。

案例二　国网宁波供电公司助力乡村人才培养案例：
"千户万灯·成长计划"
——多方联合培养乡村电工赋能乡村振兴[*]

一、项目概况

全面推进乡村振兴，人才振兴是关键。《中共中央　国务院关于全面推进乡村振兴加快农业农村现代化的意见》及国务院办公厅印发的《关于加快推进乡村人才振兴的意见》强调，持续推进脱贫地区乡村振兴，坚持把乡村人力资本开发放在首要位置，推动专业人才服务乡村。对此，国家电网公司发挥能源央企优势，加快新型电力系统建设，优化农村供电服务，推动"产业、人才、文化、生态、组织"五大乡村振兴。

随着浙江省共同富裕示范区建设、乡村振兴战略的推进，宁波作为先行示范区，应做好电力保障服务支撑。在美丽乡村建设中，农业、农村、农民对供电质量和服务产生更高要求，加之信息化时代寻找专业电工的渠道变化，需要推动乡村电工信息与便民服务大数据平台对接。国网宁波供电公司（以下简称"宁波公司"）充分发挥电力技术优势，深入对接和搭建乡村电工培养和成长平台，服务乡村人才振兴，提升乡村地区供电服务整体水平。

---

[*]　国网宁波供电公司、国网慈溪市供电公司邵伟明、童灵华等。

经过六年的实施,"千户万灯·照亮计划"虽然解决了 5000 多户残困户室内电力线路隐患,但随着项目结束、志愿者撤出,电力设施的后续运维缺乏专业人员支撑。四川省凉山彝族自治州(以下简称"凉山州")作为宁波对口帮扶地区,由于经济发展水平相对落后,乡村人才流失更为突出,迫切需要以技术赋能乡村振兴。在东西对口帮扶政策的指导下,宁波公司将"千户万灯·成长计划"拓展应用至凉山地区,助力增强凉山州自我发展能力。

宁波公司创新运用社会责任理念和方法,建立多方联合培养乡村电工新模式。以"千户万灯·成长计划"的实施,解决"千户万灯·照亮计划"后续问题,并为"千户万灯·圆梦计划"奠定人才基础,如图 7-1 所示。

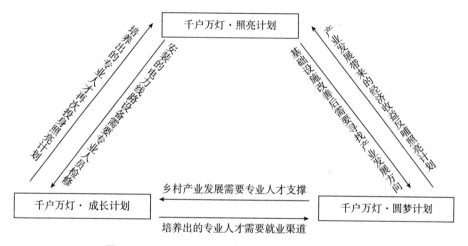

图 7-1 国网"千户万灯"履责品牌赋能乡村振兴

二、思路创新

(一) 引入外部视野,纳入利益相关方参与

在"千户万灯·成长计划"实施中,仅靠供电公司难以形成合力模式,因此,宁波公司全面放开思路,立足外部视角,从乡村电工培养的实际需求出发,识别可以纳入的利益相关方,整合可用的资源力量,分析各方的优势能力,为计划实施提供充足的养分。总体而言,乡村电工培养需要在资金投入、课程开发、人才输出三方面寻找外部资源支持,如图 7-2 所示。资金投入方面,宁波公司引入地方政府、公益组织为乡村电工培养提供资金支持;课程开发方面,联合专业院校、乡村振兴学院、志愿团体合作开发培训课程,保证专业性;人才输出方面,与村委会、志愿团体、"浙里办"APP 共商电工就业渠道。确保在"千户万灯·成长计划"实施的每个阶段,都有利益相关方的充分参与。

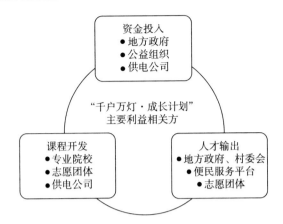

图 7-2 "千户万灯·成长计划"主要利益相关方

(二) 融入平台思维, 形成良好的协作机制

在纳入多方支撑力量后, 需以平台化思维为导向, 建立有效的制度机制, 为乡村电工培养提供足够的动力支撑。宁波公司牵头建立了"千户万灯·成长计划"合作平台, 纳入中国慈善联合会、浙江省慈善联合总会、宁波市民政局、宁波市能源局、凉山州当地村委、宁波市钱海军志愿服务中心、慈溪周巷职业高级中学、凉山州中诚职业技能培训学校、布拖县公益志愿组织等合作方, 明确各方的责任分工、支持形式与关键资源输入, 如图 7-3 所示。

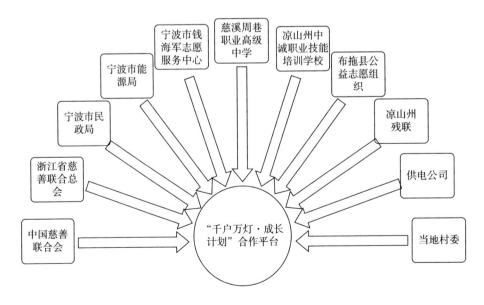

图 7-3 "千户万灯·成长计划"合作平台

（三）坚持合作共赢，创造综合价值最大化

在乡村电工培养平台中，宁波公司坚持合作共赢理念，充分发挥各利益相关方优势的同时，也为各方创造最大价值，如图7-4所示。对乡村整体来说，通过培养乡村电工，助力乡村人才振兴，增强乡村持续发展能力；对慈善机构、志愿团体来说，充分积累公益实践，建立公益活动新模式，增强其社会影响力；对乡村电工个体来说，通过技能培训，帮助个体获得自我发展能力，切实解决生活困难问题；对供电公司来说，为表后用电服务引入更可靠的专业人员，有助于提升乡村居民客户对供电服务的满意度。在各方通力合作下，实现项目综合价值最大化。

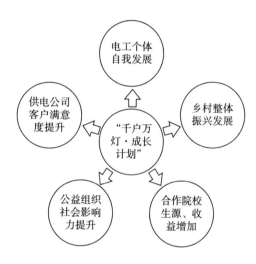

图7-4 "千户万灯·成长计划"实施带来的综合价值

（四）划定责任边界，建立有效的运作模式

在乡村电工培养的平台化运作中，涉及的利益相关方包括政府、公益组织、供电企业、技能院校、村委会以及电工个人，需要界定各方在计划参与中投入的限度、支持的力度、实施的程度，明确各方边界，减少、避免在计划实施中相互推诿、相互依赖等问题，以此为计划推广理出清晰的道路，如表7-1所示。

表7-1 乡村电工培养利益相关方及其责任边界

利益相关方	责任边界
两地政府相关部门	支持项目落地，帮助排摸和提供相关名单，提供部分公益创投资金等支持
钱海军志愿服务中心等公益组织	负责整体统筹协调宁波、凉山州两地项目推进，搭建平台，构建利益相关方合作机制，带动更多志愿团体加入

续表

利益相关方	责任边界
供电公司	负责提供部分公益捐赠资金支持，提供专业技术支持，发动职工业余时间参加志愿活动
技能院校	负责提供专业化课程开发建议和培训师资，保障培养电工质量
电工个人	负责按照协议要求获取电工资质，为特定区域开展电工服务
政府、村委会	负责帮助连接表后用电服务需求与乡村电工，提供就业机会

（五）强化风险管控，为项目推进提供保障

在项目推进过程中，需要重点关注实施前、中、后期的各类风险，做好风险识别，并根据识别出的风险制定防控措施，风险管控流程如图 7-5 所示。一是资金风险，"千户万灯·成长计划"需要筹集大量乡村电工培养资金，资金的用途和去向需要在合理范围内进行透明管理，减少外界质疑，规避财务风险。二是在电工培养过程中，需要注重安全教育，防范人身安全风险，并制定完备的风险管理措施，为计划推进提供可靠保障。

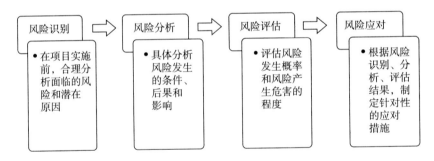

图 7-5　"千户万灯·成长计划"项目风险管控流程

（六）注重品牌导向，持续扩大项目影响力

"千户万灯·成长计划"是对"千户万灯"品牌内涵的深化，是为适应新发展阶段和新发展战略作出的与时俱进的延展。在项目建设中，宁波公司通过品牌体系建立、品牌故事打造、品牌传播等方式，持续诠释"千户万灯"品牌意义，同时更进一步融入时代特色，丰富品牌形象。品牌体系建立方面，"千户万灯·成长计划"继续沿用"千户万灯"的品牌名称和品牌标识，增强品牌感知度。品牌故事打造方面，注重发掘和积累故事素材，并进行专业化提炼加工和成果宣传推广，增强品牌影响力。品牌传播方面，联动主流权威媒体助力项目影响力破圈，在新华社、《人民日报》、《国家电网报》、《中国电力报》、《浙江日报》、浙电 e 家等重要媒体同步更新项目进展，讲述品牌故事。

三、实施举措

（一）完善顶层设计，山海协作"一盘棋"

如图7-6和图7-7所示，为保障"千户万灯·成长计划"在浙江省内和东西部协作结对帮扶凉山州的顺利推进，宁波公司制定了《多方联合培养乡村电工三年计划（2021~2023年）》，坚持"因地制宜、循序渐进"的原则，分阶段、分步骤、差异化地开展乡村电工培养。

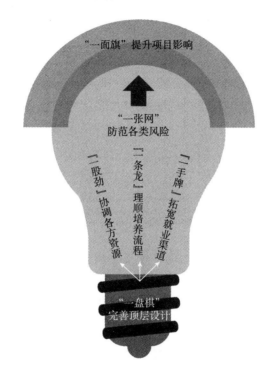

图7-6　项目整体思路：乡村电工培养"六个一"模式

图7-7　"千户万灯·成长计划"山海协作原则

"因地制宜"是指,"千户万灯·成长计划"根据宁波市、凉山州在自然地理条件、历史文化因素、经济发展水平、交通运输状况方面的不同,差异化制定符合地区实际的定制化乡村电工培养方案。2021年,宁波公司已分别开展了针对宁波市和凉山州的实地调研,确定了两地在培训目标、培训成果、培训形式、培训开展时间等方面的具体安排,如表7-2所示。

表7-2 宁波市和凉山州在培训目标、培训成果、培训形式、培训开展时间的具体安排

	宁波市	凉山州
培训目标	培养社会化职业电工,提升学员就业竞争力	培养乡村电工,留乡保障当地居民用电需求
培训成果	学员取得技能等级证、安全操作证,成为受国家认证的职业电工	不以资格证书作为唯一的培训成果衡量标准,以获取实操技术为成果
培训形式	线上课程; 线下集中培训/实操学习; 考前集训	由于凉山州交通不便,采取"送课上门"形式; 在"照亮计划"实施过程中,经过筛选的学员可跟随项目改造进行实操学习
培训开展时间	全年皆可	凉山州冬季气候寒冷、大雪封山,因此在4~9月开展培训

"循序渐进"是指,"千户万灯·成长计划"并非一次性全面铺开,而是先选择试点区域开展乡村电工培养,在实践中总结经验,持续改进问题,逐步扩大乡村电工培养的覆盖范围,提升培养实效。2021年,宁波公司在宁波地区设立慈溪市周巷职业高级中学培训点,首期招募30名学员开展培训。在凉山州以布拖县为试点执行县,拟在做出示范效果后,再逐步向周边10个县域拓展。

(二)协调各方资源,各尽所能"一股劲"

1. 充实项目"资金池"

如图7-8所示,"千户万灯·成长计划"的实施,需要有充足的资金保障,与利益相关方进行了充分沟通后,项目建立了"政府+企业+社会组织"共筹资金模式,确定由宁波市民政局、宁波公司、宁波永耀电力投资集团有限公司等共同为"千户万灯·成长计划"提供资金支持,筹集到的资金用于宁波市、凉山州两地的乡村电工培养。

2. 协调两地"资源库"

在项目开展前期,对外,宁波公司走访了浙江省慈善联合总会、宁波市民政局、宁波奉化滕头村乡村振兴学院等利益相关方,确定各方合作意愿。对接安全

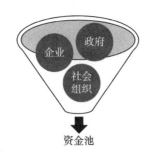

图7-8 "千户万灯·成长计划"资金筹集模式

监督局、城乡建设局及乡镇村等，了解各方需求及乡村实际情况。对内，宁波公司与试点乡村所在地的供电公司、电力小草志愿服务队等内部协同单位进行沟通了解，明确各单位在其中发挥的力量优势。同时，宁波公司在凉山州开展实地调研，走访了当地残联、凉山州职业技术学校、凉山州中诚职业技能培训学校、布拖县公益服务组织、困难残疾人家庭等，了解各方诉求和合作意愿，为后续项目推进奠定基础。

通过与利益相关方沟通，宁波公司确定了宁波、凉山两地项目开展的合作方，并将项目实际需求与各方资源优势精准匹配，明确利益相关方参与合作的形式，如表7-3所示。

表7-3 利益相关合作方案设计

存在问题	匹配相关方		资源优势
	宁波	凉山	
学员选择	宁波市钱海军志愿服务中心、慈溪周巷职业高级中学	凉山州贫困山区困难残疾人家庭及当地合作公益组织	人员优势
课程开发	宁波市钱海军志愿服务中心、慈溪周巷职业高级中学、宁波奉化滕头村乡村振兴学院	宁波市钱海军志愿服务中心、凉山州中诚职业技能培训学校	技术优势
师资匹配	宁波公司、慈溪周巷职业高级中学、宁波奉化滕头村乡村振兴学院	宁波"千户万灯·成长计划"优秀学员、凉山州中诚职业技能培训学校	教学优势
学员就业	地方政府、村委会、"浙里办"	村委会、凉山州乡村电器赋能站	管理优势

（三）理顺培养流程，入学授课"一条龙"

为充分保障入选的乡村电工收获合格的电力专业技能，宁波公司在前期调研的基础上，规划建立最优培养模式，形成"招募—培训—考核"的实施路径

（见图 7-9），并根据宁波、凉山两地实际情况，差异化确定培训推进方式，实现乡村青壮年力量在"成长计划"中走得进来、走得出去，更能走得长远。

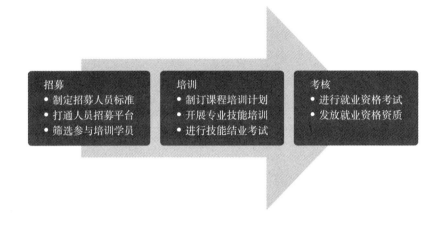

图 7-9　乡村电工培养流程

在招募环节，公开发布"千户万灯·成长计划"乡村电工培养项目招生通知，确保有意愿、有需求的人员能够获知相关信息。为保证培训效果，宁波公司一方面重点选择参与职业技能培训意愿强、愿意留乡工作的青年残障人士；另一方面针对凉山州开展培训存在的语言挑战和数字化挑战等问题，增加对报名人员语言能力、计算机能力的考察，确保授课能够顺利开展。

在培训环节，宁波公司联合慈溪周巷职业高级中学等合作方制订了详细的课程计划，教学课程覆盖低压电工操作证考试专业课程学习、志愿服务理念传递、案例分享、实操见习等，由周巷职业高级中学的职业教师和钱海军志愿服务中心志愿者共同授课。针对凉山州当地学员综合文化素质水平，宁波公司对培训课程进行了动态调整，培训不以让学员获取资格证书为唯一目标，而是更加注重对实操技术的培训，确保结业后学员能够快速上岗，服务当地居民。

（四）拓宽就业渠道，多元上岗"一手牌"

在"千户万灯·成长计划"的人才输出环节，宁波公司根据宁波、凉山两地的实际需求和培养学员的不同特点，充分链接地方政府、村委会、公益组织、志愿团体等利益相关方，有效整合各方资源优势，多元化铺设就业渠道，让每个学员都能在最适合自己的领域发光发热，推动乡村电工培养综合价值最大化。

如图 7-10 所示，一是推进学员在乡村就地就业。加强与村委会的信息互通，通过村委会及时了解乡村表后用电服务需求，为培养出的乡村电工寻找就业机会，让宁波、凉山两地培养出的乡村电工都能充分发挥技术优势，真正服务于乡村发展。二是推进学员入驻各类服务平台。加强与地方政府、相关企业的沟通合作，联合"浙里办""网上国网"APP等平台，推动宁波地区乡村电工个人联系方式在大数据平台公开发布，让有需求的乡村用电客户能够通过线上渠道查询到电工信息。三是推进优秀学员担任助教。宁波公司与宁波市钱海军志愿服务中心进一步深化合作，推动宁波当地培养出的优秀学员到凉山州参与"千户万灯"公益项目系列活动，并作为助教参与凉山州乡村电工的培养工作。四是推进学员加入"千户万灯·照亮计划"。短期内，宁波公司培养出的乡村电工可以在本地就业的同时，根据个人意愿承接"千户万灯·照亮计划"项目需求，为当地提供电力线路、设备的日常运维检修。特别是在凉山州，由于"千户万灯·照亮计划"的志愿者撤出，当地正面临着后续电力线路、设备运维缺乏专业人员的困境，"千户万灯·成长计划"能够很好地满足当地实际需求，保障"千户万灯·照亮计划"的成效的持久性。五是推进学员参与"千户万灯·圆梦计划"。从中长期发展规划来看，宁波公司培养出的乡村电工将在"千户万灯·圆梦计划"中贡献力量，与乡村电器赋能站、电商平台等建立合作关系，承担乡村家用电器的上门安装、日常维护等工作，真正助力电工个人价值的实现和乡村振兴的发展。

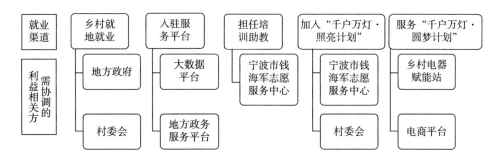

图7-10 推进乡村电工就业需协调的利益相关方

（五）防范各类风险，织就安全"一张网"

"千户万灯·成长计划"涉及利益相关方多，项目影响大，因此，做好全过程风险防控、避免负面舆情意义重大。在项目开展前期，宁波公司对乡村电工培养过程中可能存在的风险点进行了识别和分析，并制定了相应的风险防控方案，保障项目实施的资金安全、人员安全，如图7-11和表7-4所示。

图7-11 "千户万灯·成长计划"全过程风险点

表7-4 "千户万灯·成长计划"风险防控方案

项目阶段	存在风险	应对措施
前期调研	需求真实性风险：因调研不充分导致未能识别区域实际情况	认真研究当地电工需求的真实性与迫切性，实事求是设定区域培训目标，杜绝"为帮扶而帮扶"
培训实施	教学安全风险：电力相关教学具有一定的安全风险	通过严格详细的教学计划，以及富有经验的教员加以规避
	资金使用风险：项目筹集到的资金较多，存在资金滥用、贪污等风险	建立资金管理机制，确保资金使用多方监督，定期向出资方公布资金使用明细
后续跟进	学员质量风险：学员实操能力不足，无法胜任电工工作	通过组织执业考试、实操考试确保学生能力合格
	人才流失风险：培训后的学员不愿在乡村工作	在学员选择阶段注重对学员家庭背景、个人志向的考察；联合当地政府制定约束机制

项目实施过程中，宁波公司规范开展各项具体工作。在调研阶段，通过充分的调研走访，获取了项目实施地的真实情况；在培训阶段，通过与慈溪周巷职业高级中学签订乡村电工培养合作协议书，明确校方在教学安全、学员质量保障方面的责任，并整理培训班经费明细表，向出资方主动公示；在跟进阶段，由于目前学员获取电工执业资格的时间较短，暂未出现人才流失情况，后续宁波公司将与地方政府进一步探索防止乡村电工流失的约束机制。

（六）提升项目影响，树立品牌"一面旗"

项目实施过程中，宁波公司始终坚持品牌思维，通过建立品牌体系、打造品

牌故事、开展品牌传播，推动"千灯万户"品牌影响力持续提升，如图7-12
所示。

图7-12 "千户万灯·成长计划"品牌赋能乡村人才振兴提升路径

一是建立赋能乡村人才振兴品牌体系。建立"千户万灯"赋能乡村振兴成
长树品牌体系，在开展调研访谈、学员培训、电工服务、电工技术致富等各阶段
运用"千户万灯"品牌标识，不断加深品牌印记，如图7-13所示。

图7-13 国网"千户万灯"品牌体系

图 7-13 国网"千户万灯"品牌体系（续图）

二是讲述"小电工大成长"品牌故事。注重发掘宁波、凉山两地项目培养乡村电工成长的感人事迹，讲述"浙川"牵手逐梦"共富"品牌故事，通过品牌故事的温情表达引起利益相关方对"千户万灯·成长计划"的共鸣。

三是开展品牌传播。有效整合媒体资源，将"千户万灯·成长计划"的实践与成效通过各个媒体进行广泛传播，向社会公众传递品牌价值，塑造良好的企业责任品牌形象，持续提升项目品牌影响。

四、项目成效

（一）提升城乡共同富裕用电生活品质

"千户万灯·成长计划"的实施为乡村地区培养了社会电工，实现表后用电服务需求与社会高效优质服务资源的有效对接，满足了农村地区广大客户对表后用电设备维修、安装和日常维护的需要，有助于提升乡村地区客户满意度，大大提高了电力服务在乡村地区的响应速度和专业技能水平，减少供电公司无偿提供表后用电服务耗费的人力、物力、财力，并进一步提高全社会电力服务水平。2021 年，"乡村电工"在浙江慈溪市培养上岗乡村电工 30 名。在宁波本地参与完成表后志愿服务时，帮助用户完成室内照明线路改造。2021 年 11 月抽调优秀乡村电工带去凉山州布拖县开展"千户万灯·照亮计划"表后用电志愿服务，2021 年底前，将完成 112 户困难残疾人室内照明线路改造，安装节能灯盏。

　　未来，这批人才将通过社会大数据平台，精准对接街道、学校、社区、村委和各类电商平台，为企业、居民及独居老人、困难残疾人等特殊群体提供用电维修、家电安装、安全用电教育、情感陪护等各类上门服务，并通过客户评定来获取星级信用等级，建立配套的激励收入制度。

　　（二）创造乡村人才振兴综合价值

　　"千户万灯·成长计划"精准聚焦乡村振兴和人才培养问题，实施开创"宁波—凉山"因地制宜、循序渐进的项目模式，建立了"政府—组织—企业—院校—乡村"合作机制，尝试解决乡村电工培养无资金、无技术、无平台、无市场的困境，实现培养资金有来源、培养对象更实际、人才输出更稳定、就业前景更广阔，为今后此类问题的解决提供了模式经验。

　　从"解决一类人就业"到"带动一方人发展"，"千户万灯·成长计划"为宁波乡村地区就业困难人群、凉山州贫困山区残障人群提供了可靠的就业技能和就业平台"千户万灯·成长计划"主要就业渠道见图 7-14，为其提供了稳定的收入来源，让走出去的人走回来，为乡村建设输入青年力量，让走回来的人留下来，为青年发展提供社会支持，实现将"人才培养"与"乡村振兴"有机联合。

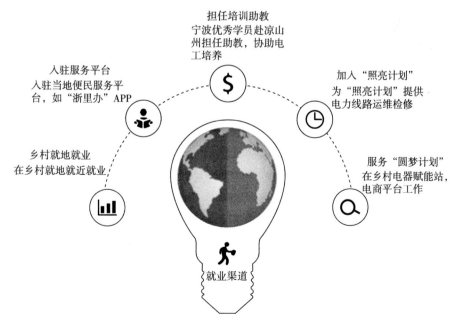

图 7-14　"千户万灯·成长计划"主要就业渠道

为政府部门、合作院校、慈善公益组织、乡村电工等各利益相关方带来好处，形成多方共同参与推进项目实施的良好氛围。

（三）展现国网履责品牌影响力

"千户万灯·成长计划"及其系列项目的实施，充分展现了宁波公司服务乡村振兴、助力共同富裕的央企责任担当，得到了政府部门、合作伙伴、受助群众及上级单位的认可和支持，提升了社会公众对国家电网品牌的美誉度，增进了利益相关方对国家电网品牌的价值和情感认同，进一步深化了国家电网公司负责任的品牌形象，国网"千户万灯"品牌赋能乡村振兴成长树见图7-15。

图7-15　国网"千户万灯"品牌赋能乡村振兴成长树

案例三　国网杭州供电公司数字赋能带动乡村共同富裕："电力驿站"数智惠农扮亮共同富裕示范区*

一、项目概况

下姜村位于浙江省杭州市淳安县西南部山区，是习近平总书记时任浙江省委书记时的基层联系点。习近平总书记曾多次到下姜村实地考察，写信鼓励下姜干

＊　国网杭州供电公司、国网淳安县供电公司王瑛、杨峰等。

部百姓，关注下姜发展、牵挂村民冷暖，并作出重要指示批示，推进下姜村跨越式发展，实实在在当起下姜村脱贫致富与乡村振兴的引路人。下姜村也成为相继六任浙江省委书记的基层联系点。

国网杭州供电公司牢记"宁可让电等发展，不要让发展等电"的要求，通过与政府部门的积极沟通，深入淳安供电公司属地供电所、一线班组，前往下姜村挨家挨户征求建议，走访企业等形式，梳理总结下姜村在乡村振兴以及电力服务中存在的三类问题（现代化水平比较低，产业振兴受限制；数字应用水平不高，乡村治理缺抓手；服务不够便捷精准，百姓诉求未满足），寻求以电力视角服务乡村振兴的切入口与可行路径。

为了更精准地发挥"乡村振兴，电力先行"的作用，国网杭州供电公司在下姜村创新打造基于"电力驿站"服务乡村振兴的全景数智化体系，以"电力驿站"为载体，以电力大数据赋能产业转型、乡村治理、低碳发展与为民服务，实现精准决策、全息感知、快速响应、贴心服务，全方位服务三农发展，打造新时代电力服务乡村振兴的新样板。

二、思路创新

（一）问题剖析

1. 现代化水平比较低，产业振兴受限制

产业兴旺是解决农村一切问题的前提，要推动乡村产业振兴，紧紧围绕发展现代农业，围绕农村一、二、三产业融合发展，构建乡村产业体系。

下姜村是一个地理位置较为偏僻的山区小村庄，同许多乡村一样，下姜村面临产业现代化水平不高，现代化的生产要素、人才、配套设施与服务的缺乏，在城乡差距仍较大的条件下难以吸引人才、资本、技术和先进产业下沉到乡村发展。以农业为例，下姜村农业仍然保持较为传统的生产方式，农业生产加工自动化、集群化水平偏低，生产效率不高，缺乏核心竞争力，制约了农业现代化发展。

2. 数字化应用水平不高，乡村治理缺抓手

近年来，大数据、人工智能、区块链等数字技术被广泛应用于智慧城市、公共事务管理等社会治理领域中，加速了城市社会治理的数字化转型进程。但数字技术在乡村领域的应用水平依然比较低。下姜村的基层治理方式仍较为传统，基层干部的决策多借助以往管理的经验，这样的决策缺乏科学的依据，长此以往难以满足乡村治理各项事务的要求。

不让农民在数字化时代掉队，不让乡村在数字化浪潮中落伍，不让乡村成为"信息孤岛"，抹平城乡之间的"数字鸿沟"，让乡村与城市一样享受数字化科技

带来的福音，是实现乡村振兴的必经之路。

3. 服务不够便捷精准，未满足百姓诉求

城乡供电服务差距大依然是乡村居民面临的一大难题。下姜村所在的淳安县地域面积大，在供电服务中遇到的最大问题就是距离远，老百姓办电不方便。下姜村60岁以上老人占比达71%，对于依托"互联网+"的新型智能供电业务，使用上存在困难和不便利。此外，农民用电安全知识缺乏，农村表后电力社会服务力量不足，制约着表后用电的安全，需要构建表后用电的新模式。

（二）实施思路

加快推动数字乡村建设与发展，既是乡村振兴的战略方向，也是建设数字中国的重要内容。数字经济的触角的延伸，跨越了崎岖小路，连通了深山沟壑，融入了乡村生活众多场景，推动了三农发展。国网杭州供电公司坚持问题导向，通过深入调研、触角延伸、资源联动、成效拓展，构建以"电力驿站"（即电力"E"站）为核心，以电力大数据为抓手，以用电更便捷、更低碳、更优质、更智能为主要内容，以"产业兴旺、生态宜居、乡风文明、治理有效、生活富裕"为目标的"电力+乡村振兴"新模式，助力下姜村经济、社会、环境全方位可持续发展。

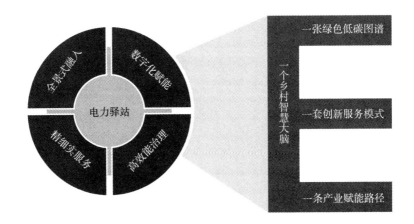

电力"E"站四个一模型（见图7-16）的口号为：电力"E"站，为乡村增"智"提"质"。

基于"电力驿站"服务乡村振兴的全景数智化体系，以"电力驿站"为核心、以乡村智慧大脑为载体，以电力大数据为抓手，赋能乡村绿色低碳发展、服务模式创新、产业转型升级，实现全景式融入、数字化赋能、高效能治理和精细实服务。

字母"E"代表"驿站"，也代表Electricity（电力）、Efficient（高效）、Enable（赋能）。

图7-16　电力"E"站四个一模型

1. 全景式融入

中国进入全面推进乡村振兴阶段。乡村振兴战略涉及农业、农村、农民发展的各个方面，包含产业、人才、文化、生态等多方面的振兴，是既要见物又要见人的全面振兴。依托"电力驿站"，国网杭州供电公司将"电力+"融入乡村建设的方方面面，包括产业转型发展、乡村基层治理、百姓生活服务、绿色低碳发展等，有力推动农业高质高效、乡村宜居宜业、农民富裕富足。

2. 数字化赋能

以数字赋能乡村振兴与绿色发展为目标，以"淳安乡村智慧能源服务平台"建设为抓手，在乡村治理、产业转型、节能减排、便民服务等方面探索城市大脑乡村应用新场景，打通城市大脑在村社层面真正落地"最后一公里"环节。通过"乡村振兴电力民生指数""乡村振兴供电能力指数""乡村振兴发展电力指数"等数字化服务，借助大数据助力农村地区补短板、强产业、促发展、惠民生。以电力大数据对三农的赋能助力乡村振兴与双碳目标的实现。

3. 高效能治理

通过强化数字赋能，持续推进乡村产业发展动力、乡村公共服务模式、乡村治理方式的数字化变革，为政府提供基层治理平台，进一步整合资源，统筹推进平台共建、资源共享、基层共治。一方面，构建清洁低碳与智慧高效的乡村用能体系，助力下姜村实现从"穷脏差"到"绿富美"的嬗变；另一方面，以电力+关爱老人、电力+留"这"指数、电力+返乡指数、电力+绿色出行等服务，为政府科学决策与基层治理提供有力抓手，实现从看电到看富和看碳的延伸。

4. 精细实服务

新时代乡村居民对供电服务有新的期待。习近平总书记在下姜村调研时，曾多次叮嘱，我们的小康是惠及每个人的小康。为了努力实现下姜村村民从"用上电"向"用好电"的提升，电力驿站通过"管家式"服务，实现精细化管理，解决村民用电"最后一公里"问题。

在"精"上发足力，服务更精准。通过深入调研与利益相关方诉求分析，了解下姜村村民用电痛点，提升服务靶向性，精准破解用电难题，满足客户需求。

在"细"上下功夫，服务更贴心。用电数据的积累和信息化工作的不断完善，为电力驿站开展"细节"服务提供了强有力的数据支撑，也为供电公司丰富责任内涵、拓展责任边界提供了驱动力。

在"实"上求创新，服务更扎实。电力驿站把大区域化为小网格，在驿站开展智能办电、便民服务、结对帮扶等服务，真正实现"电力驿站"到村口，为民服务到心头。

三、实施举措

国网杭州供电公司深入乡村供电服务末端，创新建立电力驿站乡村振兴载体，汇集数据、人员、技术等资源，深入沟通解读政府、乡村产业和居民等利益相关方的诉求与困境，打造"四个一"电力服务体系，用一项项切实举措助力乡村振兴发展。

（一）打造一个乡村智慧大脑，当好政府科学决策智囊团

全面推进乡村振兴，建设共同富裕示范区，数字化新技术正发挥越来越重要的作用。电力作为经济发展的"风向标"，与乡村振兴更是息息相关。尤其是农村生产生活电气化水平和用电情况，能够直观反映当地的经济水平和发展程度。

国网杭州供电公司顺应数字化改革浪潮，发挥电力大数据海量、精准、便捷的优势，挖掘数据价值深化赋能应用，依托下姜村电力驿站打造乡村智慧大脑——"淳安乡村智慧能源服务平台"。平台汇集县域全量电力数据，构建两个应用板块，从电力视角增加政府对乡村振兴水平和差距的直观认识，助力政府打出一套兼具整体智治和精准管控的"4+8"组合拳，为政府强化防止返贫监测、统筹城乡发展、美丽乡村建设和乡村产业融合发展提供决策支持。

1. 共享：数据互通助力精准决策

下姜村电力驿站乡村智慧能源服务平台的应用实现了数据的无缝对接和信息共享，为各级政府科学决策提供数据参考。

例如，推出"乡村振兴电力指数"，国网杭州供电公司在大下姜区域试点推出一村一指数，以下姜村为引领示范，助力政府精准施策，推动周边村落补短板、锻长板，实现大下姜区域共同富裕。2021年春节期间，针对下姜村在外务工人员多的特点，根据用电情况构建算法，推出"返乡指数"，用于观察春节期间返乡人员流动情况，为淳安县防控办开展防疫工作提供参考。"返乡指数"也得到了浙江省委书记袁家军的认可，他认为这是在农村最精准的实际监测数据之一。

后续又推出"电力数据"展示板块和"共同富裕"评价。电力数据展示板块通过系统各类电量数据，统计分析当地经济趋势、用能生态、产业发展、企业信誉、清洁能源、低碳民宿、农业现代化等数据板块（见图7-17），直观体现大下姜发展态势与成效。共同富裕评价，从低碳用能转型、供电保障服务、百姓用电消费三大维度，对大下姜25个行政村清洁能源发展、用电稳定可靠及用电差异化等多个方面进行评估与展现，体现了共同富裕的发展进程。平台的应用实现数据的无缝对接和信息共享，从电力视角增加政府对乡村振兴水平和差距的直观认识，为各级政府科学决策提供数据参考。

从电力数据看经济趋势
通过弹性消费指数、度电产值、月度电量增长等数据指标，协助政府分析、权衡电量增速与经济发展的匹配程度。

从电力数据看用能生态
描绘电动汽车充电量和清洁能源占两条曲线，观察全县绿色能源发展情况，助力政府有效实施生态管控举措。

从电力数据看产业发展
构建全县农业和企业电量的月度增长和年度对比模型，从电力视角增加政府对乡村产业发展情况的直观认识。

从电力数据看企业信誉
利用客户缴费情况、电量情况、滞纳情况等计算电力信用值，为金融机构提供企业信用参考，帮助信誉好的企业获得更好的金融服务。

图 7-17　电力数据展示板块

2. 共治：联建特殊群体关怀机制

下姜村留守老人较多，针对独居老人在家发生意外，无法及时被发现并得到救助的问题，电力驿站乡村智慧能源服务平台应用实时监测、云端计算和自动推送等技术，推出"电力关爱码"。

"电力关爱码"是根据老人用电波动情况自动生成的红、黄、绿三色码，建立"政企联动、村社参与、分级管理"的工作机制，当出现黄码或红码，信息将以短信形式快速直达乡镇管理员、村委负责人和村网格员的手机，工作人员及时赴现场核查处理，处理完毕后填写核查结果并恢复至绿码。同时，核查处理信息将发送至老人的监护人，最终形成"信息通知、乡镇监督、村委核查、网格员落实、家人感知"的关爱闭环体系。

2020 年，在大下姜试点推出了"电力关爱码"，在试点期间得到多位领导现场调研指导，并均给予高度肯定。2021 年 7 月，淳安县民政局联合淳安县供电公司共同发布《淳安县推进"电力关爱码"应用工作实施方案》，标志"电力关爱码"正式进入全县推广阶段。

自电力关爱码特色应用上线试运行以来，得到政府的多方支持，2021 年 7 月上线政府数字驾驶舱，8 月上线浙政钉移动应用端，现已实现淳安县 23 个乡镇 1215 户独居老人的全面覆盖。

3. 共赢：定制服务实现价值共创

电力驿站乡村智慧能源服务平台不断拓展电力数据收集范围，开展深入挖掘分析，提升社会综合能源利用效率和安全用能水平。通过推进智慧能源服务，为各级政府、企业单位、酒店民宿等利益相关方提供专业化、多样化和定制化的服务，创造多元价值，携手伙伴实现互利共赢。

（二）建立一套创新服务模式，当好百姓美好生活电管家

国网杭州供电公司深入开展实地调研，精准对接用户需求，梳理出乡村供电服务半径长、特殊群体办电困难等实际问题，全面开展电力服务优化提升行动，通过拓展责任边界、丰富责任内涵、多方联动协作，创新电力服务模式，实现优质服务在空间上的全域覆盖和时间上的快速响应。

1. 拓展责任边界，实现表前表后全覆盖

在电力驿站设置一名党员指导员，统筹指导表前服务工作。根据服务半径、用户密度等特点，将电力驿站的服务范围以网格的形式进行分区，在每个网格设置一名台区经理，负责电力供应、销售、日常维护与管理及客户服务工作。组建青年志愿者队伍，精准制定志愿服务清单，开展针对产业园区、孤寡老人等特色服务工作。

目前，党员责任区网格化服务模式已在整个淳安县范围内推广，已完成全县337 个行政村、3030 个台区的网格化分区，配置党员指导员 24 名，形成网格 75 个，青年志愿者共 51 名。

2. 撬动多方资源，聚合力破解服务难题

针对当前存在的乡村建房暗藏隐患、社会电工资质不足、供电公司运维压力大等表后服务难问题，推动政府出台《淳安县农村用电安全员管理办法（试行）》，通过"政府主导、部门联动、电力推动、社会参与、多方共赢"的形式建立一支有利于农电事业发展、精简高效的农村用电安全员队伍。

由政府主导社会电工招聘，以电力驿站为服务平台，建立属地供电所负责社会电工常态化业务技能培训机制，截至 2021 年底，已针对全县 430 余名农村用电安全员开展集中培训 3 次。进一步完善"台区经理+农村用电安全员"之间的信息共享、渠道互通等举措，明确设备产权分界点前后服务界面和运行维护责任，实现表前、表后服务无缝衔接，破解表后用电服务难题。

3. 转变履责视角，主动靠前服务更精准

针对居民办电不方便的问题，创新打造"便民服务四个办"举措，如图 7-18所示，由过去等着客户上门办电，转变为主动靠前服务，通过拓展多种办电方式，更精准地满足不同客户群体的办电需求。

线上办——在台区巡视、调研走访、志愿服务等工作中全面推广网上国网APP，方便年轻人群体通过线上的渠道办理业务。

上门办——结合当地政府和产业，建立"村电共建群"和"客户微信群"，快速对接用户需求，安排台区经理、农村用电安全员等相应工作人员上门解决。

就近办——搭建电力驿站网络，在有人值守的 A 类驿站基础上，依托村级便民服务中心或村广场建设无人值班的微型电力驿站，完成"一村一驿站"建设，

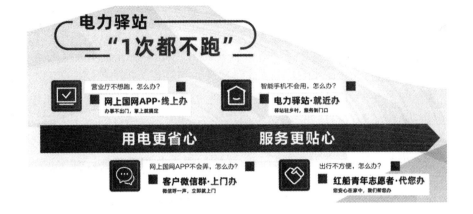

图7-18　便民服务四个办

方便村民应用一键直拨电话、便民服务屏、农村用电安全员"三件宝"就近办业务。

代您办——针对孤寡老人、残障人士等特殊群体，依托青年志愿者队伍，建立青年志愿者一对一的服务模式，协助解决用电需求。

（三）绘制一张绿色低碳图谱，当好践行双碳目标先行者

紧扣国家"3060"双碳目标，在能源供给侧，全面推进清洁能源建设和消纳；在能源消费侧，围绕乡村支撑旅游产业，从出行和入住两个耗能主体着手，大力推广低碳生活方式。

1. 政企合作，夯实绿色发展顶层设计

（1）绿色出行。促成政府签订新能源电动汽车充电设施系统建设与运营协议和电动公交车充电站合作协议，推动智慧车联网、智慧能源服务系统向乡村地区延伸，建成充电桩418个，形成环千岛湖150公里电动汽车生态圈。同时，通过数据平台观察充电桩的充电次数、充电量等情况，形成热力图，为下一步充电桩规划布点提供参考，有力夯实乡村旅游绿色出行的低碳基础。

（2）低碳民宿。一方面，推动淳安县文广旅体局开展民宿清洁用电宣传和引导工作，下发开展"低碳民宿"创建的通知，明确"低碳民宿评定标准"，推动民宿全电化改造，持续深化低碳民宿评选工作，下姜村低碳民宿已增加至15家。另一方面，做好"低碳民宿"能效分析及改造的全过程技术指导，跟进建设引起的配套电网改造及建设工作，开辟民宿供电增容项目"绿色通道"，缩短接电时长，确保民宿新增用电设备及时供电。

（3）光储充一体化项目。打造下姜村电动汽车充电站停车棚光储充一体化示范项目，实施"1+6+1"落地计划，实现能源供应清洁化、能源输送标准化、

能源消费低碳化、能源服务生态化，助力大下姜"零碳"示范区创建。2021 年 10 月底，该项目主体已建设完毕，等待评审完并网接入。该项目采用"自发自用、余电上网"的方式接入电网。白天有光照时，光伏系统发电优先供给充电桩，多余部分转给蓄电池，电池充满后再上网供给市电，光伏和储能不足时市电作为补充能源。晚上谷电期间由市电给蓄电池充电，并由市电给充电桩供电。光储系统同时作为下姜村村史馆、下姜人家文化礼堂、智慧路灯的备用电源。

（4）绿色夜景。全面实施智慧 5G 路灯项目，在保证村民日常照明需求的前提下，兼顾到节约能耗、"按需"调整，使灯杆成为美化乡村建设和实现节能降耗绿色发展与便民服务的终端。同时，凤林港景观亮灯工程由光储充一体化示范项目提供绿色电能，形成新的绿电应用示范。

2. 社会参与，培育公众低碳节能意识

低碳入住计划。依托"淳安乡村智慧能源服务平台"，为每家民宿实施动态监测和综合能耗分析，推出"活力指数"，协助政府和民宿做好经营管理，有效降低民宿能耗。在民宿设立实体宣传产品，引导住户扫码查收电子"碳单"，分析住户入住期间的房间用电量和能耗排名，通过碳单开展价值挖掘和商业合作，让"低碳入住"的客人享受电费红包、景点优惠、客房升级等服务，形成民宿营收增益和住户体验升级的双赢局面，切实推动低碳生活理念落地。

零碳共富模式。积极推动"企业+农户"光伏惠民富裕模式，联合县政府、镇、村等相关平台，对下姜村范围内具备条件的企业大力推进光伏产业建设，通过政府引进各类创新的商业模式，鼓励有实力、有意愿的企业参与到乡村屋顶光伏建设中来，以屋顶租金入股分红的方式，助力老百姓增收。

（四）梳理一条产业赋能路径，当好经济转型升级助推器

开展乡村产业的全流程需求梳理，挖掘出生产方式较为传统，多停留在人力劳动和手工制作，电力服务内容单一，农产品推广渠道缺乏等痛点难点，开展农业全流程贯穿式优化升级。

1. 资源整合实现农业全方位赋能

整合政府、企业、国网系统等多方优势资源，实现覆盖生产、加工、销售的农业全方位赋能模式，如图 7-19 所示。

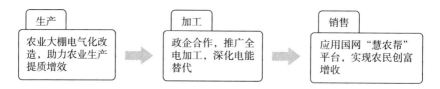

图 7-19　全方位赋能模式

（1）生产端：实施"产业助力"工程，与大棚业主签订综合能源协议，提供用能采集监测、智能运维及能效优化方案等服务，推动建成农业电气化大棚，利用电动通风、电动卷帘、自动灌溉、自动肥水等成熟电气化技术，对电气化大棚进行多要素采集和生产智能控制。电气化改造后水资源利用率提升35%~50%，肥料利用率提高25%~40%。

（2）加工端：积极开展全电加工的推广工作，在全县推动建成应用直热式加热技术、温度自动控制技术的100余座颗粒机烘房、3座农产品集中电烘干中心，进行粮食等农产品的烘干处理。与此同时，促成政府实施柴火烘房改"农户财政补助、集中点财政全额支付"政策，提高农户设备改造的积极性。在茶叶产区推进全电清洗、炒制、分级、轨道运输等"柴改电"电能替代技术，推动建成电炒茶厂房5座，2021年新增2座。

（3）销售端：在国网"慧农帮"APP设立下姜专区，加大"慧农帮"平台在商户群体中的宣传力度，将当地特色农产品上架平台，推广销售。着力拓展线上销售农产品种类，在"慧农帮"平台已有下姜品牌的基础上，联系入驻商家持续丰富特色农产品种类，满足线上购买群体的差异化需求，切实提升农产品线上销售额，2021年新增销售额15.7万余元。提升"慧农帮"APP知名度，充分利用电力营业厅、电力驿站等服务窗口设立"慧农帮"平台宣传专区，扩大平台知名度和辐射人群，助力农户"消薄增收"。

2. 因时制宜实现农业个性化服务

依托红船党员服务队，根据时令特征，制定"二十四节气服务彩虹表"，为农村产业提供个性化服务。

（1）服务内容更精准：前期通过走村入户，主动与村委、农户衔接沟通，收集二十四节气相关农业用电服务需求54条，按照服务时间节点提前制订详细服务清单和计划，与各乡村产业生产时令一一对应，细化修编服务清单，工作任务分解精确到日。目前，已因地制宜开展农业大棚用电巡查、农业灌溉设备漏电安全检查等43项服务项目。

（2）服务管控全闭环：加强服务流程管控，规范红船党员服务队记录，在驿站内二十四节气表后台实时更新二十四节气服务内容和服务进度，实现服务的跟踪、反馈、情况检查及考核全流程闭环管理，确保"二十四节气彩虹服务"中的重点工作任务高质量如期落实。

四、项目成效

自2019年开展电力驿站建设以来，国网杭州供电公司积极构建智慧、绿色、低碳、环保的农村能源生态，建设层次更高、范围更广的新型乡村电力消费市场，助力农业更强、农村更美、农民更富，实现经济效益、生态效益、社会效益"三赢"格局，在下姜村打造出一套电力服务乡村振兴战略的示范样板。

2021年2月，浙江省委书记袁家军在下姜村视察工作时，充分肯定了电力驿站智慧办电、惠农助农，并指出："国家电网干得不错！从国家电网干的这些实际工作看出，平凡的工作只要用心了，就可以把服务增值！"辛保安董事长也对下姜村电力驿站服务模式作出批示，指出"浙江公司创新建立电力驿站，主动做好电力便民利民惠民服务，以实际行动践行了'人民电业为人民'的企业宗旨"。

（一）供电更可靠，提升获得电力幸福感

1. 供电可靠性得到提升

国网杭州供电公司以持续"提高用户满意度"为目标，以电力驿站作为服务下姜村三农发展的前沿阵地，坚持以热情、优质、规范、高效的服务，打造最优用电环境，切实提升了下姜村获得电力幸福感与安全感。2020年下姜村供电可靠性99.9946%，2021年以来，下姜村供电可靠性99.9998%，相当于杭州城区的供电可靠性。利用电力数据开展"主动抢修"，以前是故障报修，现在应用监测数据主动出击，主动抢修覆盖率达到100%。下姜村虽然位于山区，但供电可靠性接近杭州市区水平，基本实现全年不停电，如图7-20所示。

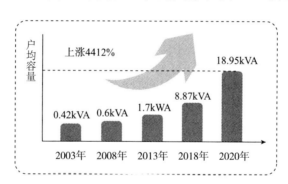

图7-20 下姜村户均容量和故障停电时间情况

2. 营商环境得到优化

通过"便民服务四个办"，大力推广网上电网 APP，开展电话预约报装服务，建立客户服务微信群等举措，用最短时限满足客户用电需求，实现"让数据多跑路""我跑你不跑"，大下姜区域线上办电率达到 96.8%，办电时长平均减少 51%，下姜村线上办电率 100%，推动营商环境再提升。电力营商环境的优化吸引了大量外出打工的青年人回乡创业，让下姜村产业"活"起来，人气"旺"起来。

（二）生态更宜居，打造绿色乡村新样貌

联动政府、能源生产企业、农村产业等利益相关方开展低碳行动，绿色生产、绿色生活、绿色供能等方式得到进一步推广，"美丽乡村"建设取得实质性成效。

1. 提升清洁能源占比

通过开展乡村高弹电网建设，实现清洁能源全消纳。全县范围内，清洁能源总装机容量 211.65 兆瓦，本地清洁能源占总用电量的 23.78%，电能在终端能源占比达 55%；大下姜区域内，本地清洁能源占总用电量的 72.3%。

2. 引领绿色出行新风尚

推动政府合作共建充电桩 418 个，满足多方充电需求，包括公共充电桩 182 个、公交充电桩 80 个、自有充电桩 156 个。2020 年充电量 366.87 万千瓦时，减少燃油消耗 74.62 吨，减少二氧化碳排放 4769 吨。充电桩的推广有效缓解了新能源汽车车主"充电难、充电慢"和"里程焦虑"等一系列问题，为绿色出行提供充足动能。

3. 打造绿色生活新风口

截至 2021 年，在大下姜区域已完成 15 家低碳民宿改造工作，推送电子"碳单" 4877 份，民宿年用电量 22.16 万千瓦时，电能在总能耗中的占比超过 90%。低碳入住计划的全面推广为全省 517 家酒店、民宿降低二氧化碳排放 11%。

4. 助推绿色农业新转型

以下姜村为核心开展农业电气化改造，并向全县进行辐射与推广。2020 年淳安县通过推广热泵、电锅炉实现电能替代 4851 万千瓦时，减少二氧化碳排放 38597 吨。推动建成全电炒茶 713 座，全电烘干 37 户，电气化大棚 65 座，电排灌 158 座。大下姜实现电能替代达到 23 万千瓦时，减少碳排放 183 吨。

（三）生活有保障，满足美好生活新期待

国网杭州供电公司发挥坚持优质服务理念，延伸服务边界、拓宽服务受众，发挥乡村智慧大脑数据资源优势，强化政府、上级部门等支撑力量，有效破解乡村治理关键性环节的难点，为百姓美好生活充电赋能。

1. 关怀乡村弱势群体，不让任何一个人掉队

一方面，实现"大下姜"区域 51 户独居老人关爱码应用，累计处理各类异常预警 19 次，现场核查排除异常 2 个，有效保障"大下姜"区域独居老人的日常生活安全。开展全县 1215 户独居老人"关爱码"应用全覆盖。另一方面，在下姜村设立"党员服务点"9 个、"爱心服务点"6 个，为乡村重要场所和残障人士、特困户等群体提供专项服务 74 人次。

电力"关爱码"试点期间得到各级领导现场调研指导，并均给予高度肯定。从应用概念构建到产品上架运营的过程中，"电力大数据+关爱老人"项目受到《光明日报》、《新华社》、《浙江日报》、杭州电视台等多家媒体平台报道。2021年 4 月 17 日，杭州新闻联播专门报道淳安电力"关爱码"上线，点赞电力"大数据"助力智慧养老，2021 年 8 月 4 日，光明日报对淳安"电力关爱码"相关经验做法进行专题报道，鼓励推广"电力关爱码"举措。

2. 解决乡村用电难题，提升用电安全

推动政府组建农村用电安全员队伍 423 人，全年开展表后延伸服务 34263起，实现乡村家庭漏电保护器覆盖率、可用率达 100%，家用电器故障、烧毁等事故减少 30%，触电伤亡事故减少 25%，因线路老化引发火灾减少 20%。

这项服务举措于 2019 年国家能源局关于开展漠视侵害群众利益问题专项检查督导时作为为民服务典型案例上报国务院。

3. 关心乡村产业经营，助力农民创富增收

在国网电商平台"慧农帮"APP 上设立下姜专区，推广大下姜区域特色农产品 16 种，2020 年实现营业额 107 万元。浙江省委书记袁家军在下姜电力驿站视察时，特地在手机 APP 上查看了下姜专区，评价说国网杭州供电公司把惠农助农的工作做活了。

（四）品牌有温度，下姜国网形象双提升

电力加持、数字赋能让下姜村插上数智化转型的翅膀。如今的下姜村早已不再是那个"茅草房、烧木炭，一年只有半年粮，有女莫嫁下姜郎"的旧样貌，而是摇身一变成为"绿富美"的新型乡村典范。随着"乡村振兴·电力先行"示范区落子下姜，19 个电力驿站星罗棋布于淳安广袤乡村，为地域面积广、村落零散地区的乡村百姓带去家门口的电力服务，有力推动农业兴、农村美、农民富的"下姜嬗变"，助力浙江省共同富裕示范区建设。

国网杭州供电公司在下姜村开展的基于"电力驿站"服务乡村振兴的全景数智化体系探索获得各级政府领导批示与肯定，并被十余家权威媒体报道，有效彰显了新时代国家电网的责任与担当。

案例四　国网东阳市供电公司助力美丽乡村建设案例：全电改造为构建生态全域美丽乡村赋能[*]

一、项目概况

东阳市城东街道单良村素有东阳市"菜篮子"之称，主要以农业经济为主，早在 1958 年就被评为"全国农业先进村"，由时任国务院总理周恩来亲手签发，是浙江省一流的蔬菜产业示范园。

国网东阳市供电公司（以下简称"东阳公司"）在日常工作中关注到，随着单良村近年来农业生产规模的扩大，蔬菜基地原有供电方式、供电设施的不足开始暴露。同时，单良村农业生产方式机械化、智能化水平较低，且村内清洁能源占比、新能源普及率等都不高。为加快推动单良村农业生产现代化发展，同步推进城乡一体化建设，东阳公司在单良村试点实施"乡村振兴·电力先行"工程，用全电改造为打造东阳优质"菜篮子"赋能。

在工作的实施中，东阳公司联合相关政府部门，结合试点村实际情况和需求，通过实施乡村电气化提升工程，为农业生产提供支撑，为农村产业创造活力，为农村生活改善条件。主要包括开展农村电网升级改造工作，提供高效优质电力服务，推动农业生产转型升级，提升农民生活品质以及构建生态全域美丽乡村。在聚焦"两个一百年"奋斗目标的关键时期，彰显了电网企业在推进基层社会治理体系和治理能力现代化中不可或缺的正能量作用。

二、思路创新

（一）巩固脱贫攻坚成果、助力城乡一体化建设的必然要求

乡村振兴战略提出要全面推进乡村振兴，加快农业农村现代化发展，要使脱贫地区经济实力显著增强，脱贫地区的农村低收入人口生活水平显著提高，城乡差距进一步缩小。脱贫攻坚解决的是温饱问题，而乡村振兴解决的是共同富裕问题，"三农"工作的重心转移是解决全国所有农民如何富有的问题，包括未来的农业如何高效高质、未来的乡村如何宜居宜业、未来的农民如何富裕富足。

---

[*]　国网东阳市供电公司吴志华、斯媛等。

作为供电部门，全面实施乡村电气化提升工程是深入贯彻"四个革命、一个合作"、能源安全等重大能源战略思想，认真落实乡村振兴战略的重要举措，是推动脱贫攻坚的重要组成部分，是发展农村经济、提高农民收入、构建和谐社会、建设新农村的重要途径。通过进一步提高经济薄弱地区电网供电能力、强化项目电力保障、服务共同富裕工作补齐短板，有助于彰显电力企业在提高城乡基本公共服务均等化水平、助力巩固脱贫攻坚成果、促进农村经济社会发展中的重要作用。

（二）坚持以人民为中心、实现农业现代化建设的客观需求

民为国基，谷为民命。习近平总书记在中央农村工作会议上指出，要牢牢把住粮食安全主动权，粮食生产年年要抓紧；要坚持农业科技自立自强，加快推进农业关键核心技术攻关。这些重要指示再次表明，我们要持续提高农业质量效益和竞争力。

如何让农民种地用上"金扁担"，搭上增收致富的"科技快车"，我们供电部门大有可为。电能具有效率高、操作简便、维修容易、监控和防护系统完善、工作可靠、自动化程度高等特点，农业电气化对提高劳动生产率、改善劳动条件、减轻劳动强度大有裨益。依靠电力技术是推动农业增长方式转变，实现农业可持续发展的快速路，推动乡村电气化建设，对助力农业现代化的发展将发挥巨大的作用。

（三）弘扬绿色发展观、探索国企新时代担当作为的有效实践

习近平总书提出，绿水青山就是金山银山；让良好生态成为乡村振兴的支撑点；坚持人与自然和谐共生，走乡村绿色发展之路。乡村不仅是农民生产和生活的家园，同时也是社会生态产品与服务的生产及供给基地。越来越多的实际案例表明，乡村不仅要生态经济化，也要经济生态化。

电网作为连接电力生产和消费的网络平台，是能源转型的中心环节，是碳减排的核心枢纽。在乡村全面实施电气化提升工程，对转变能源消费结构、建设生态美丽乡村具有重要意义。通过推进电能替代、适应电动汽车等新型用电设备规模化接入、助力乡村分布式新能源发展，发挥电网在能源资源配置和转换利用中的平台作用，结合地方资源禀赋，促进农村能源清洁低碳转型和生态环境改善，助力"碳达峰、碳中和"目标的实现。

三、实施举措

作为连接政府与人民的重要桥梁，东阳公司坚持"人民电业为人民"的企业宗旨、"为美好生活充电，为美丽中国赋能"的企业使命，强化党建引领，以"红船领航强服务，电力爱流暖人心"为初心追求，根据"一体四翼"发展布

局，即"一个立足点"和"四个着力点"的科学部署，通过"村企聚力、共话良田、电亮乡村、启智润心"四大举措，打出乡村振兴"组合拳"，写好蓝色、金色、绿色、红色"四色"文章，推动构建以电为中心的乡村能源体系。通过改造升级农网建设、促进特色乡村电气化项目建设、加快推进电能替代、坚持帮扶共建等措施，助推农村改革创出新路子、产业发展迈出新步伐、乡村治理取得新成效。努力实现"数字与数治相结合、输血与造血相结合、增绿与增收相结合、文化与文铸相结合"的目标，模式框架如图7-21所示。

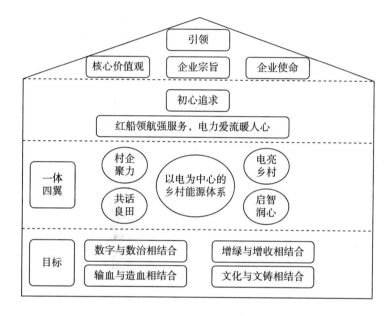

图7-21　供电企业打造生态全域美丽乡村模式框架

在聚焦"两个一百年"奋斗目标的关键时期，电网企业主动作为，在推进基层社会治理体系和治理能力现代化中体现了不可或缺的正能量作用，从党建、品牌和社会责任领域为深化践行国家电网新时代战略要求提供了有益探索，达到了聚力实现共同富裕和企业内质外形建设的双赢。

（一）村企聚力——强化顶层设计，绘制振兴蓝图

通过与单良村签订战略合作协议书、进行电力驿站建设、搭建供电服务微信"连心群"等"线上+线下"服务新模式，东阳公司以"数字化"建设在单良村进行"数治化"探索，以网格化服务打通供电服务"最后一公里"，在单良村写好"蓝色文章"，为单良村的振兴注入电力"活水"，促进示范区服务机制更健全、服务手段更多元、服务内容更贴心，实现"数字"与"数治"相结合。

1. 签订战略合作协议书，催生乡村振兴图

如何切实有效地为单良村的振兴注入电力"活水"，必须明确帮扶内容，凝聚共识。为此，东阳公司在前期多次走访调研单良村实际需求的基础上，编制了"乡村振兴·电力先行"战略合作协议书并与单良村进行签约，协议确定了帮扶形式、帮扶产业、共建期限等，推动多元主体协同共建，最大化落实针对性和实效性建议。

协议书通过"1+5"方式列举了东阳公司助力单良村电气化改造的主要途径，即一个协议框架和五个工作意见，包含：设置有关电力便民服务、电力矛调中心、政策宣传等内容或设施；针对单良村台区线路设备状况的维护检修、线路设备环境融合等升级改造工作；提供相应的便民助残工作；针对农业大棚产业设计电气化、智能化升级改造内容并付诸实施电气线路、表计表箱部分；推动种养业电气化改造、智慧大棚、全电民宿、全电厨房、全电景区等项目；倡导绿色出行，做好电动汽车充电桩布点设计、日常巡护等工作，全方位勾勒出乡村振兴美好画卷的雏形。

2. 推行网格服务，数字化赋能乡村治理

构筑"供电+网格服务"机制，建立台区经理责任"台区、线路、示范岗、服务户"四合一模式，形成供电服务网格化"一位格长、一支队伍、一个终端"的"三个一"治理新业态；通过供电服务微信"连心群"、供电服务"便民卡"等"线上+线下"的服务新举措，延展表后服务，及时为单良村民提供节能技术支持、用电疑问解答、故障信息告知、业务咨询响应、快速抢修等服务；使客户"电力获得感"日渐增强，进一步使服务机制更健全、服务手段更多元、服务内容更贴心，加快构建共建共治共享共赏的乡村治理格局，让农户实现从"用上电"向"用好电"转变。

3. 设置电力驿站，探索农村服务新模式

利用农村服务网格，将服务触角延伸至乡村一线，综合考虑农村地区普遍存在的供电线路远、服务路径远、客户分布稀疏等问题，融合单良村特色，在单良村360便民服务中心设置电力驿站并提供上墙资料（见图7-22）；为村民提供优惠政策告知、用电咨询、电费缴纳、故障报修、停电通知等一站式电力服务；融合数智惠农、多元帮扶、阳光办电、菜篮守护、绿色赋能等服务区块，形成"供电营业厅+政务服务窗口+便民服务点（电力驿站）+供电服务微信群"等多元服务渠道，通过电力驿站的建设及运营，进一步优化营商环境，打通供电服务"最后一公里"，实现村民"足不出村办理用电业务"，进一步深化"一次都不用跑"改革。

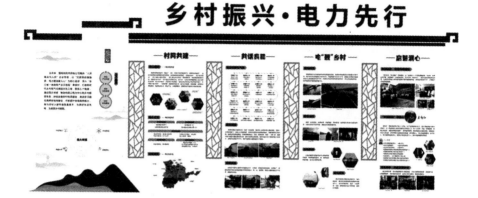

图 7-22 电力驿站上墙资料

（二）共话良田——汇聚电力元素，奏响发展乐章

通过编制电力二十四节气表等措施创新电力服务模式，同步开展农业生产电气化建设，造就坚固耐用、灵活友好、智能互动的新型农村电网；以电气化促进农业生产自动化、机械化、智能化发展，写好"金色文章"，有力实施藏粮于地、藏粮于技战略；在夯实科技农业电力根基的同时，为后续推动"数智农业"建设、为单良村农业科技注入"智慧因子"发展打下良好的基础，达到"输血"与"造血"相结合的效果。

1. 编制电力二十四节气表，用心用情精准服务

二十四节气，是历法中表示自然节律变化以及确立"十二月建"的特定节令。二十四节气准确地反映了自然节律变化，在人们日常生活中发挥了极为重要的作用。它不仅是指导农耕生产的时节体系，还是包含丰富民俗事象的民俗系统。

据此，东阳公司结合单良村地方特色编制了"乡村振兴电力二十四节气表"，如图 7-23 所示，包含二十四节气工作时间、对应节气所需要开展的工作内容和任务等，以二十四节气为时间点，结合农业生产规律与电力运营情况，提前对全年的重点工作进行梳理和分解。

这张表职责清晰、层次清楚地标注了供电部门在每个节气需要开展的特色服务工作，既及时准确地保证了各项电力工作的开展，又有针对性地为单良村的农业活动保驾护航，进一步汇聚电力资源要素的合力，将用电检查、线路巡视、科技推广、结对慰问等拧成一股绳，带动新农人形成"现代农业共同体"，为农业发展注入新活力。

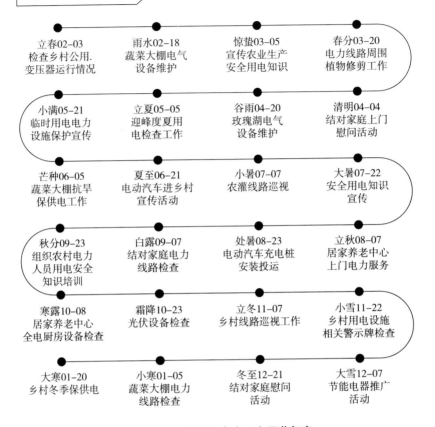

电力二十四节气表

立春02-03
检查乡村公用.
变压器运行情况

雨水02-18
蔬菜大棚电气
设备维护

惊蛰03-05
宣传农业生产
安全用电知识

春分03-20
电力线路周围
植物修剪工作

小满05-21
临时用电电力
设施保护宣传

立夏05-05
迎峰度夏用
电检查工作

谷雨04-20
玫瑰湖电气
设备维护

清明04-04
结对家庭上门
慰问活动

芒种06-05
蔬菜大棚抗旱
保供电工作

夏至06-21
电动汽车进乡村
宣传活动

小暑07-07
农灌线路巡视

大暑07-22
安全用电知识
宣传

秋分09-23
组织农村电力
人员用电安全
知识培训

白露09-07
结对家庭电力
线路检查

处暑08-23
电动汽车充电桩
安装投运

立秋08-07
居家养老中心
上门电力服务

寒露10-08
居家养老中心
全电厨房设备检查

霜降10-23
光伏设备检查

立冬11-07
乡村线路巡视工作

小雪11-22
乡村用电设施
相关警示牌检查

大寒01-20
乡村冬季保供电

小寒01-05
蔬菜大棚电力
线路检查

冬至12-21
结对家庭慰问
活动

大雪12-07
节能电器推广
活动

图 7-23　乡村振兴电力二十四节气表

2. 推进"一棚一表"改造，赋能菜园建设

近年来，随着单良村进一步扩大农业生产，蔬菜大棚在单良村的规模也越来越大。由于不同大棚由不同的农户种植，且大棚抽水、灌溉、保温等一系列环节都需要电能的支持，规模的扩大带来了用电量的上升。

大棚原先采用的是总表采集工作，每户农户对自己的用电量不了解，电表后的接线较长，存在损耗的同时村里还需要投入专人进行线路管理、电费收集等工作，人工成本在无形中也提高了。同时，城东服务站运维人员在前期巡线时还发现，农田里的电线私拉乱接现象很普遍，一遇到台风天，空气开关经常跳闸，给农户带来生产不便的同时，也威胁到人身安全。此外，有的大棚甚至还依靠柴油发电机发电，大大降低了农户们的生产效率，并且不利于绿色乡村的建设。

为此，东阳公司提出了"一棚一表"的理念，即一个大棚安装一个电表，这样既能让农民每天都了解自己的用电量情况，也将线路维护工作从表后变为表前，维护工作也就由供电公司来实施。同时，通过改造，农户可根据"网上国网"APP、微信公众号等多种渠道24小时查询、办理用电业务，东阳公司还能为客户提供节能诊断等电力咨询服务。改造后单良村所有大棚户主全年预计可节约电费共计357000元，同时供电公司还可以通过长期电力数据掌握大棚的日常用电状态，为单良村数智大棚的建设打下良好的基础。

通过东阳公司各部门协同合作，针对农田线路和大棚布局请款，制定蔬菜基地农灌表新装改造方案，项目共计新增72只表箱，新立15基电杆，极大地夯实了数智大棚建设的电力根基。

3. 焕新电力设备，打通电力"血脉"

乡村要振兴，电力需先行。为加快实施农村配网改造升级工作，为单良村的农业发展打通电力脉络，东阳公司精准对接单良村农业用电需求，进行农村电网补弱增强工程，推动单良村电网加速向多元模式转型升级。

单良村原先配电房里的墙面又黑又潮，门口杂草遍地，同时，村内有几根电线杆轻微倾斜，存在电力隐患，且电力线路排布杂乱，影响美观。东阳公司组织人员对接村民需求，按照建设规划和任务要求，科学论证确定修缮方案，并精准融入该村特色文化，实施配电房改造、"上改下"工程、线路"拆旧换新"、故障排查等项目。

项目共计改造配电房5座，双杆式台区1座，台区线路消缺7次，总投资约为18.6万元。成功为单良村农业项目建设构架了电力血脉支撑，使单良村的农业发展"电力十足"。

4. 盘活电力资源，点亮数智农业

现代农业正由"汗水农业"朝着"智慧农业"加速转变，事实证明，五谷丰登不仅来自风调雨顺的自然馈赠，更离不开以电力为支撑的现代农业科技提升。

随着智能化时代的到来，数智化春风也吹到了田间地头，无论是春播夏种，还是秋收冬藏，各环节都不乏"智慧因子"。为此，东阳公司在前期帮助单良村完善电力脉络和电力服务、完成"一棚一表"改造的基础上，积极协助该村推进智慧农业发展，配套安装智能电气化设备，做好智能一体化大棚建设；将传感、信息技术综合运用，共同推广，利用计算机或手机控制，全自动实现温室天窗调节、阳光遮蔽、温湿度设置、喷灌等操作，智能化满足作物从育苗到成熟不同阶段的光、热、水、肥需要，有效地利用"数智"为土地赋能，稳固"金色粮仓"，在单良土地上写下"金色文章"。

通过这些智能设备，不仅能实时监控农作物的各种数据，而且培育操作比人工更为快速精准,更有利于农作物的生长。同时,"智慧因子"的融入能够推动单良村现代农业的发展,让蔬菜种植产量、品质越来越高,品种也越来越丰富,有力占据市场份额,为单良村农户解放双手的同时,创造更高的收益。

由此更进一步地充分释放"1+X"的叠加效应,通过农业发展带动其他业务(如采摘、旅游、农家乐)发展,充分发挥裂变倍增效益。在实现"输血"功能的同时,让乡村具有"造血"功能。

(三)电亮乡村——追求绿富同兴,擦亮生态名片

推进乡村全面振兴,既要写好"金色"文章,又要写好"绿色"文章。充分发挥电网的"桥梁""枢纽"作用,进一步释放乡村的"绿色红利"。东阳公司在单良村的振兴工程中尝试进行有益的探索,通过全电厨房打造、阳光村落建设、充电设施建设、全电景区打造等工作,拓展"光伏+""电力+"等多种清洁能源联合发展的改造体系,带动绿色农家乐、生态旅游等相关产业与服务,在单良村厚植"绿色银行",不断深化共建共赏乡村绿色新格局,达到"增绿"与"增收"相结合的效果。

1. 打造全电厨房,新添环保"美味"

相比传统煤气灶具,电磁炉无明火、易控温、油烟少,加热效率要高出30%,同时能量损耗能够降低70%。在厨房进行电能替代,是有效压降碳排放、助力生态美丽乡村建设的一项重要举措。

单良村居家养老中心厨房原先使用煤气作为烹饪主要能源,存在管道老化、接口松动等隐患,容易导致火灾、煤气中毒、爆炸等安全问题,同时,煤气燃烧产生的二氧化碳不利于生态环境的建设。为此,东阳公司帮助养老中心厨房进行"瓶改电"建设,助力打造单良村"全电厨房",为单良村的烹饪注入"环保味道"。

在帮助单良村居家养老中心厨房排查建设室内电力线路的基础上,东阳公司为厨房捐赠了电炒锅等设备,这些集成化、自动化、智能化电磁加热灶具及电器,不仅能满足烹饪方式和生产需求,还能实现烹饪过程中无明火、无废气,打造健康环保、安全洁净的全电厨房,实现"电气化+美食",赋能单良村"舌尖上的绿色文明"。

2. 建设充电设施,实现绿色"加油"

随着城镇化进程加快、农业工业化水平提高和农民消费水平持续提升,新能源汽车节能环保、经济实用的优势不断显现,广泛应用于村村通公路的农业、运输、旅游、商业、教育等领域。

为促进单良村新能源汽车推广应用,引导村民绿色交通出行,助力美丽乡村建设和乡村振兴战略,东阳公司在单良村综合楼前停车场按照"科学规划、合理

布局、适度超前、有序建设"的原则进行充电桩建设。通过构建乡村智能充电服务网络，延伸"互联网+充电桩"服务，保障绿色交通出行无忧，大大消除了车主的"里程焦虑"。

3. 搭建光伏电站，共建阳光村落

光伏发电作为一种零污染的新型发电方式，还具有无噪声、易维护、容易搭建等优势，成为东阳公司在单良村贯彻中央"3060"政策的一大"利器"。

单良村田地众多、地势开阔、日照充足，有利于光伏电站的建设。东阳公司拟根据单良村特点与实际需要，推进乡村屋顶光伏惠民工程，按照"自发自用、余电上网"的模式，为其居家养老中心屋顶安装光伏设备。预计设备所发电量用于居家养老中心全电厨房饭菜烹饪，剩余电量并入地方电网后根据实际政策收获电费补贴，全额发放至居家养老中心专用账户，用于养老中心厨房粮食、设备采购等各项支出，从而进一步减轻养老中心"会员老人"们的会费负担。东阳公司在推广使用清洁能源、优化能源结构的同时，为单良村民带来实际的收益，推动多方良性发展，实现经济、生态保护和民生改善的"多赢"。

同时，东阳公司在单良村开展"阳光光伏"专项活动，为单良村光伏用户提供日常维护、清洗、保养、维修等后续系列工作，切实为单良村民光伏设备把脉问诊。

4. 聚力全电景区，展现零碳之美

单良村为浙江省 2A 级景区村庄，村内树木葱郁、环境优美，有良田美池桑竹之属。近年来，在国家政策支持和市场需求的双重推动下，单良村的旅游资源得到了更进一步的开发。然而，景区使用的散烧煤、煤气、燃油、农家柴灶等非清洁能源消费不断增加，给景区环境带来威胁，据此，东阳公司将因地制宜推动单良村景区全电化建设，让景区展现"零碳之美"。

东阳公司将景区内的观光车替换为电动车，同步在玫瑰湖引入电动游船，并建设相应的充电桩等设备，实现"电气化+旅游"的综合能源发展模式，全方位提升清洁能源利用水平，让游客切实享受到绿色出行、全电农家乐、全电民宿等便利。

（四）启智润心——浸润乡土文明，释放文化"+力量"

实施乡村振兴，既要塑形，更要铸魂。党的十九大后，以习近平同志为核心的党中央擘画了新时代乡村全面振兴的宏伟蓝图，其中文化振兴是乡村全面振兴的基础工程。

在推进单良村文化振兴的进程中，东阳公司守正创新，以文体促融合，通过"供电+润心""体育+团建""寻味+团建"等方式，与单良村联合开展各项活动，同步推进单良村"幸福蜗居"项目工程建设。将宝贵的文化财富和资源优势转化为单良的发展优势，在单良土地上书写好"红色文章"，做到"文化"与"文铸"相结合。

1. 寻味乡愁，根植文化沃土

中华民族有着数千年的农耕文化历史，以农耕文化为核心的乡村文化构成了中华文化绵延不绝的根基。传承中华文化价值体系中的精华，守好乡村文化之根，是乡村文化振兴的重要环节。

为从党史学习中集成和赓续革命前辈的好家风、好作风，东阳公司与单良村联合开展各项"寻味+团建"活动，对单良村"家训文化园""家训馆""乡村记忆馆"的文化进行学习，弘扬单氏家族"和"与"善"的品性和渊源。通过深入挖掘单良优秀传统文化内涵，传承发展农村安土重迁、耕读传世、仁爱孝悌、克勤克俭、敦亲睦邻、笃实诚信、守望相助、谦和好礼等思想观念、人文精神和道德规范，进而引古喻今，弘扬单良传统的"善"与"良"，助推时代新风尚。

2. "幸福蜗居"，助力共同富裕

"幸福蜗居"是东阳公司在市残联的指导下，联合住建局等多个部门和社会公益组织，为居住在危房内的低保残疾人改造或修缮房屋的慈善公益项目。项目聚焦残疾人安居"最后一公里"难题，以改善低保残疾人住房条件为切入口，搭建一核多元帮扶平台，为农村低保残疾人家庭提供一揽子"安居"帮扶。

作为贯彻"红船电力传承"精神的有效实践，同时，在单良村弘扬与人为善、乐于助人的文化精神，东阳公司为单良村低保残疾人单志明实施第35期"幸福蜗居"项目。项目共计出资五万元，用于墙体加固刷白、厨房和厕所的修葺以及屋顶的整修等，经过两个月的修缮工作，成功消除单志明家中墙体开裂、屋顶漏雨、电气线路老化等安全隐患，让单志明"蜗居"变"新居"，与单良村民一同分享共同富裕的"红利"。

3. 文明牵手，谱写共享篇章

东阳公司持续在单良村推进"文体促融合"实践，通过"安全共建、学习共建、文化共建"等途径，通过"电力安全进校园""端午安康慰问""建党百年庆典"等活动，充分挖掘单良村心理咨询室、文化礼堂等阵地资源，实现读书会、心理健康服务、文体活动、节能宣传等走进乡村，扩展传播途径。

同时，持续履行与单良村结对家庭建立的长效关怀机制，提供"2+X"志愿服务。其中，2指基本服务，包括安全守望服务（每周以电话、视频、上门互动等形式了解需求）和电力维修服务；X指根据老人实际情况提供居家、代缴费、精神慰藉等生活和心理服务。同步开展四季主题志愿活动，共同聚力营造乡村文明新风尚。

四、项目成效

（一）守正创新，当好"电小二"塑造国企新形象

东阳公司深刻领会国家电网新时代发展战略蕴含的家国情怀和使命担当，深入贯彻"四个革命、一个合作"、能源安全等重大能源战略思想，牢固树立人民电业为人民的企业宗旨，紧密结合单良村实际，建立健全常态长效精准服务机制，通过在结对村开展村企聚力、共话良田、电亮乡村、启智润心等活动，进一步强化共同富裕项目电力保障和优质服务，有助于彰显电力企业在助力巩固脱贫攻坚成果、实现共同富裕、推进城乡一体化建设、促进农村经济社会发展中的重要作用。在实现第二个一百年目标的开局之年，对接党和国家乡村振兴战略，构架了服务民生新通道，打造了共建共赏共享的村网共同体，彰显了国企主动履行社会责任、推社会主义现代化建设、助力共同富裕的独特优势，塑造了国有企业新形象，展现了服务大局、勇于担当、创新有为的新内涵。

（二）久久为功，电气化改造厚植绿色发展底色

身处世界百年未有之大变局，东阳公司聚焦"八八战略"，坚持创新、协调、绿色、开放、共享发展理念，不忘"能源梦"，通过推进结对村清洁能源建设、电气化改造、节能宣传活动等，不断践行可持续发展理念，在促进能源转型，助力碳达峰、碳中和目标实现的进程中发挥了正能量作用。通过电气化改造，预计 2021 年底结对试点村绿色能源占比达 73.95%、碳排放减少 157 吨，有效扩大绿色经济规模，有助于资源节约型、环境友好型社会的建立，形成人与自然和谐发展现代化建设新格局。作为连接电力生产和消费的网络平台，彰显了电力企业在能源结构转型升级中的主力军作用。

（三）塑形铸魂，多措并举铺展乡村振兴壮美画卷

通过东阳公司"村企聚力、共话良田、电亮乡村、启智润心"四大举措推进结对村电气化改造，助力结对村实现"数字与数治相结合、输血与造血相结合、增绿与增收相结合、文化与文铸相结合"的效果。以网格化服务打通供电服务"最后一公里"，促示范区服务机制更健全、服务手段更多元、服务内容更贴心，深化"最多跑一次"改革，加快构建共建共治共享共赏的乡村治理格局；以电气化促进农业生产自动化、机械化、智能化水平，有力实施藏粮于地、藏粮于技战略，让农民搭上"智慧农业"的"致富快车"；以电能替代深化示范区清洁能源建设，充分发挥电网的"桥梁""枢纽"作用，进一步释放乡村的"绿色红利"；以文体促融合，与单良村联合开展各项活动，同步推进单良村"幸福蜗居"项目工程建设，将宝贵的文化财富和资源优势转化为单良村的发展优势。东阳公司多措并举，倾情服务，共同绘就示范区生态全域美丽的乡村画卷。

第八章　电网企业社会责任实践
助力中小企业发展案例

案例一　国网浙江电力供应商产融服务中心
助力中小微企业发展*

一、项目概况

2020年，国家电网公司正式推出"电e金服"线上产业链金融平台（以下简称"电e金服"），为产业链上下游提供经济、便捷、安全、可靠的线上金融服务，助力中小微企业解决融资难题，提升产业链稳定性和竞争力。但是，由于部分企业对于"电e金服"产品信息不了解、个性化金融服务需求难满足、信息不对称等多种因素影响，存在金融业务受理受局限，供应商有融资需求却不知如何申请和办理等问题，供应商更高的金融服务诉求难以得到满足。如何进一步贯通产业链金融血脉，深化产融协同，服务产业链企业健康发展，需要创新性的解决方案。

为此，公司深入把握利益相关方核心诉求，充分发挥平台作用和服务价值，携手金融机构共同设立国网浙江电力供应商产融服务中心，链接金融机构与产业链企业，打通线上线下服务环节，拓宽供应商产融服务中心服务内容，向产业链上下游企业提供供应链金融、保证金保险等更加多元化、个性化的金融服务，并设立线下服务窗口，方便企业开展相关金融业务，进一步聚合产业、金融力量，带动产业链上下游共同发展，提升金融服务实体经济质效，切实满足供应商金融

＊ 国网浙江省电力有限公司物资分公司黄宏和、王静等。

服务诉求，缓解企业资金压力，解决企业融资难问题。

二、思路创新

（一）深入沟通交流，找准"电 e 金服"推广难点

深入分析"电 e 金服"线上产业链金融平台服务流程和现有产品内容，系统梳理产业链金融服务过程中所涉及的主要金融机构、供应商类型、供电公司等利益相关方，通过座谈会、上门调研、电话访谈等多种沟通形式，进一步加强与利益相关方之间的沟通交流，掌握不同利益相关方在产业链金融服务过程中的角色与地位，了解不同利益相关方对产业链金融服务的期待和诉求，如表 8-1 所示，明确"电 e 金服"在实际推广应用中存在的薄弱环节和主要问题，如图 8-1 所示。

表 8-1 利益相关方诉求与资源分析

利益相关方	诉求	优势资源
金融机构	寻找资质好的客户； 提升金融服务效率； 扩大产品销售范围； 降低业务风险	具有资金优势； 风险管理能力较强； 产品创新能力强
供应商	缓解资金压力； 降低融资成本； 提高融资效率和便捷度； 获取多元化金融服务； 及时了解金融服务信息	金融服务需求迫切； 具有偿贷能力
供电企业	维护产业链安全稳定； 保障电网建设备类物资供应； 提升企业责任品牌形象； 推广电 e 金服	了解企业电力使用情况； 掌握供应商资质； 具有建立平台的资金和技术
政府	促进产融协同； 提升地方经济发展； 保障中小微企业健康发展	政策支持； 多部门协调
媒体	获取最新高质量新闻素材	传播资源丰富

（二）多方聚合发力，共建线下产融服务平台

利用电力公司的资信优势和电力大数据优势，基于企业用电大数据和供应商资质能力等相关信息，发挥链接金融机构和产业链企业的平台作用，携手利益相关方，最大限度利用各方资源优势，搭建起由国网浙江电力、相关金融单位、各级供应商共同参与的多方合作平台，实现金融机构与产业链企业的精准对接，进

具体服务不清楚
对"电e金服"产品的具体
内容和申请流程不清楚、不
了解难以选择最适合自身
的服务产品

个性化诉求难满足
"电e金服"现有标准化
产品无法满足个性化金
融服务诉求

双方信息不对称
企业与金融机构缺乏有效
的信息沟通渠道，难以实
现精准对接

图 8-1 "电 e 金服"服务的问题表现

一步畅通产融协同信息链条，打造形成共建共享、多方共赢的产业链金融生态圈，如图 8-2 所示。

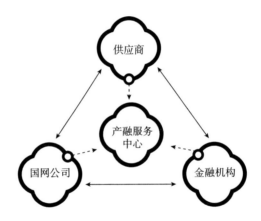

图 8-2 产业链金融生态圈

（三）坚持变化导向，提升产融服务中心管理水平

始终坚持变化导向，与企业及金融机构保持常态化沟通，及时发现和解决产融服务中心管理的薄弱环节，并结合产业链企业更加多元化、个性化的金融服务诉求，不断完善平台管理机制，在加强风险分析和风险管控的基础上，持续拓宽产品服务范围，进一步优化和完善产融中心服务方式和服务渠道，创新产品服务内容，促进提升服务效果，惠及更多产业链上下游企业，为企业的发展增添更大动力。

（四）加强宣传推广，助推产业链金融新发展

充分利用网络、电视、广播、报纸等媒体，加强"电 e 金服"及产融服务中心的宣传与介绍，让更多供应商尤其是处于产业链、供应链末端的中小微企业也能够了解国网公司产业链金融服务，帮助更多企业获得更加优质的金融服务，克服企业发展难题。同时，及时回顾总结，梳理形成可复制、可推广的管理服务经验，加强对外交流与沟通，为系统内外产业链金融的发展提供有益借鉴与参考。

三、创新举措

（一）构建沟通机制，实现多方沟通零距离

公司在日常供应商沟通交流的基础上，定期组织召开供应商暨金融机构座谈会，在听取工作意见建议的同时，为供应商和金融机构搭建起常态化的沟通交流机制；同时，会同金融单位开展供应商调研走访活动，走进企业与相关负责人开展深入沟通交流，做好主动服务，精准对接需求，推荐性价比高、贴近需求的金融产品，宣传介绍"电 e 金服"产品详情及申请流程，解答服务疑问，充分保障供应商在投标、签约、供货、结算等环节的核心利益。截至 2021 年 10 月底，已组织 2 次大规模座谈会，累计参会人员达 120 余人；走访调研供应商 14 次，有效解决了流程不熟悉、政策不了解、信息不对称等困难和问题 50 多个，切实满足供应商实际金融需求，助力实体企业生产经营。

（二）建设合作平台，提供立体化产融服务

以国网浙江电力为核心，相关金融单位为支撑，依托国网浙江电力供应商服务中心，成立国网浙江电力供应商产融服务中心，全面打通线上、线下产融服务通道，让服务更近一步。通过在大厅专设"产融服务窗口"、在网上设置"产融业务专栏"、组建金融工作团队等多种举措，帮助金融机构与产业链客户实现精准对接，衔接各方面资源，贯通产业发展和金融服务生态链，为供应商提供更加多元化、个性化的金融服务，推动国网浙江电力产业链上下游企业共同发展。

线下服务窗口，服务面对面。国网浙江电力在供应商服务大厅专门设立线下"产融服务岗"，承担产融协同政策推广、产融协同产品筛选与推广、客户回访、意见征集及反馈等工作，实现服务面对面。

线下服务中心，服务更专业。抽调英大保理等金融机构工作人员，成立产融服务中心专项工作组，线下固定场所集中办公，对接线下线上收集到的供应商服务需求，安排个性化金融方案，解决实体企业融资难题。

线上服务专栏，服务更便捷。国网浙江电力在招标采购平台开发设立线上产融协同服务专栏，介绍产融协同业务和产品，提供线上金融业务咨询和办理服务，实现供应商业务办理"一次都不跑"。

（三）优化平台管理，满足多元化服务诉求

公司全面加强产融服务中心管理，优化管理制度和管理流程，持续创新服务产品，适应不断变化和更加多元的供应商服务需求。

一是严格风险防控，明确各方责任。建立金融单位、金融产品、供应商准入机制，加强评估审核，从源头上严格风险防控。精心筹划、设计产融协同工作实施模式，明确各方职责边界，严格落实相关风险应对措施，确保依法合规开展产融协同工作。

二是优化资源整合，提升用户体验。深入整合供应商服务中心和产融服务中心资源和功能，升级改造财务物资结算一体机，供应商在异地财务物资结算一体机上办理结算业务的同时，可以根据自身需要办理融资业务，一键完成注册申请融资等操作，实现业务办理"一次都不跑"。

三是完善服务产品，满足全程诉求。以产融中心为圆心，智能匹配供应商不同时段需求，智能识别不同类型的供应商并精准推荐不同的金融服务产品；增加"电 e 金服"门户通道，引导客户到门户办理金融业务，第一时间告知供应商适用的产融服务，帮助供应商直连金融机构，加速信息传递，提供更全面的一站式服务。

（四）加强宣传传播，促进大范围推广应用

加强与媒体之间的多方合作，积极报道"电 e 金服"工作举措，增加省内外知名度，相关内容入选《人民日报》、新华社、《浙江日报》、浙江卫视等媒体；参与外部分享交流，在《可持续发展经济导刊》主办的 2021"金钥匙——面向 SDG 的中国行动"路演活动中，以"责任金融"类别第一名的成绩荣获"金钥匙·优胜奖"；定期向省金融办、发改委等地方政府汇报沟通"电 e 金服"产融工作举措，营造良好营商氛围；积极配合省政府完成对供应商金融产品使用情况的现场调研，组织编写"电 e 金服"推广应用、绿色金融开展情况及供应链金融社会责任报告等多项汇报材料，争取更大支持。

四、项目成效

（1）工作方式更加创新。项目的实施，打通了线上、线下产融服务环节，进一步增强了"电 e 金服"的服务能力，延伸了"电 e 金服"的服务范围，有力提升了营商环境，并将公司资信、资源和要素优势拓展辐射到产业链上下游，打通金融血脉，畅通产业循环，构建能源产业链新生态，在深化产融协同方面发挥了积极作用，探索出一条可复制、可推广的产融服务发展新模式。

（2）服务成效更加显著。项目的实施，为供应商及产业链上下游企业提供更加安全、便利、优惠的普惠金融服务，截至 2021 年 10 月底，已累计释放供应商保证金 34.4 亿元；为 422 家供应商提供低息融资服务 28.9 亿元，其中中小微企业占比达到 80.2%；累计开展直接租赁 116.5 亿元；承保省内电网员工各类人寿保险 7.19 亿元；试点质量保证金保险、寄存物资融资等多项业务。有效拓展浙江产融业务覆盖面，助力地方经济高质量发展。

（3）社会价值更加突显。项目的实施，发挥了产融服务中心的平台作用，实现多方价值共赢，有效帮助金融机构减少信息不对称，提高服务实体经济效率，降低金融业务风险；帮助浙江地区电网供应商企业增信，获得更加便利、普惠的金融服务，解决实际困难，彰显国网浙江电力担当作为、开放共享的社会形象，得到了各级各类媒体的广泛宣传报道。

案例二　转供"透视眼"：国网杭州市富阳区供电公司基于"转供电费码"的中小企业数字化联动*

一、项目概况

习近平总书记强调，中小企业能办大事。拥有"小而美"独特优势的中小微企业，与民营经济高度重叠，是保市场主体的重要对象，是保就业的重要力量，也是构建新发展格局的有力支撑。党和国家一直高度重视和支持小微企业发展，不断激发市场主体活力和社会创造力，尤其是面对新冠肺炎疫情的冲击，出台了一系列惠企政策办法，力度空前。

我国超过 3400 万家小微企业入驻在近 40 万个包括商业综合体、产业园区在内的转供电主体中。仅杭州西湖一个区，容量在 3000 千伏安以上的大型转供电主体就多达 82 家，每一家都有上百个小微企业入驻。但政策利好的"真金白银"若要真正及时足额地送达中小微企业手中，还存在一些问题亟待解决。

一是转供电环节存在管理盲区。大量中小企业作为终端用户，需要通过转供电主体（直供户）转供的方式用电，并向转供电主体缴纳电费。因为相对特殊的用电关系，供电公司无权管、政府部门管不完、终端用户不知情。二是解决问题者缺位。自有供用电关系以来，就存在着转供电关系问题。转供电环节中牵扯转供电主体、终端用户、市场监管部门、供电公司等多个利益相关方，各相关方

＊　国网杭州市富阳区供电公司陈彪、赵志新等。

受限于职责边界、信息屏障、技术手段等多方面因素均未能有效解决转供电问题。三是转供电关系互动不足。由于存在的转供电矛盾关系与交流沟通平台和机制的缺乏，转供电环节中的各利益相关方未能形成良好互动，未能有效形成进一步的合作共赢。

国网杭州供电公司、国网杭州市富阳区供电公司为切实将降价政策落实到转供电环节，打通政策落地"最后一公里"，全国首创"转供电费码"。并在此基础上深度透视"转供电关系"，搭建智慧用能管理平台，进一步量化分析转供管理关系，为转供电主体与终端用户提供能源管理服务，提升政策惠企的"获得感"。

二、思路创新

国网杭州供电公司、国网杭州市富阳区供电公司以外部视角，观察了解转供电环节中各利益相关方的所需所求、所作所为，挖掘出转供电关系中的根本问题症结，并融入生态思维、透明理念、合作共赢等社会责任理念，促进转供电生态的共建、共享和共创。

（一）剖析问题创新：外部视角深度剖析，了解诉求探寻根因

国网杭州市富阳区供电公司在转供电费码基础上，继续深挖"转供电关系"，开展走访调研，了解各相关方在该环节中存在的诉求，深入挖掘问题及背后的本质。

在转供电环节，中小微企业（转供电终端用户）将电费交给园区或综合体物业（转供电主体），然后园区统一交给供电公司。中小微企业对于电费价格是否合适合理、是否享受到政府部门单位发布的各类减费政策并不清楚。多年来，全国各地每一项电费优惠政策推出后，转供电都不同程度制约着政策落地，成了中小微企业和政策利好之间的拦路石。

公司组建专家团队，开展"走亲惠企、结对连心"三进三服务，政府走进小微企业调研了解参与方需求、开展参与方画像，最终将转供电问题难破除的症结锁定在"监督部门管不完、供电公司无权管、小微企业不知情"三个方面。

监督部门管不完，是指政府物价部门缺乏信息来源和技术手段，小微企业投诉一家、上门解决一家通常是"疲于奔命""治标不治本"。供电公司无权管，是指国家电网公司不直接对转供电末端供电，而且缺少执法权，只能通过宣贯、引导等柔性手段提醒。小微企业不知情，是指众多小微企业作为价格的被动接受者，"知冷暖"却无法自己"保暖"，对电价信息掌握不及时、不全面，遇到问题有的找消协投诉，有的找物价部门介入，有的找供电部门咨询，但效率不高，还容易造成被转加租金等其他问题。

对于市场监管部门，迫切希望依托技术手段，分层分阶段规范电价执行，将电费减免的政策红利及时、足额传导到终端客户。对于转供电主体，需要一种公正透明的收费模式，减少与终端用户的电费纠纷。同时，需要提高用能管理水平，实现科学用能管理。对于转供电终端用户，需要直观掌握自身用能和消费情况，及时感知国家政策红利，获取更好的服务。对于供电公司，需要为转供电主体和转供电终端用户提供用能优化技术支撑，以转供电主体为负荷聚集商，引导转供电终端用户参与需求侧响应，开展电能替代，实现节能减排，助力"双碳"目标实现。

（二）解决问题创新：创新应用搭建，推出转供"透视眼"解决问题

小微企业是复工复产的"毛细血管"。截至 2020 年底，我国超过 3400 万家小微企业入驻在近 40 万个包括商业综合体、产业园区在内的转供电主体中，数以万计的小微企业每月用电数据难以一一掌握。亟须技术手段创新，以满足各方所需。

2020 年，国网杭州供电公司基于"网上国网"APP 平台创新性地推出"转供电费码"，通过比对用户输入的 2019 年 12 月和当年当月电价，确定电费减免是否执行到位。为了方便使用还采取了公众熟悉的"红黄绿"三色码，把当月部分享受、几乎没有享受电费优惠分别标记为黄码、红码。

2021 年，国网杭州供电公司、国网杭州市富阳区供电公司全国首创转供"透视眼"，开发转供"透视眼"应用，搭建智慧用能管理平台，安装水电气用能采集终端，聚集终端采集、营销系统等数据和政府政策等，通过大数据分析，定量"透视"转供管理关系，为转供电主体与终端用户提供能源管理服务，包括水电费结算、异常告警、用能优化等服务，通过平台驾驶舱实时监测、业主驾驶舱转用能管理、终端用户用能实时查，打造"用能智管家"。

（三）生态构建创新：构建和谐环境，引导合作互利共赢

在社会责任根植之前，由于职责边界模糊、运营透明度不足，转供电环节各利益相关方之间并没有建立良好的协作和沟通机制，各利益相关方之间关系较为紧张，没有及时形成良好的互动，也阻碍了各方在业务拓展、深化合作方面的进展。

建立供电公司、市场监管部门、终端用户等多方联动机制，由终端用户负责按月上传电费电价情况，起到数据源作用；供电公司开展大数据分析，并及时向监管部门推送信息，发挥"数据大脑"的作用；市场监管部门对连续多月红、黄码所在的转供电主体进行上门核查，监督执行优惠政策，开展针对性治理。通过数据共享、资源互补、专业互助，创新"终端用户码上查、政府码上管、供电公司码上帮"机制，形成"政府主导、用户主体、供电企业主动"新格局，构建"亲清"政商关系。

在社会责任根植之后，各利益相关方关系改善，良好树立起系统思维，突破

零和博弈的竞争观念，超越简单小众合作的局限，从打造健康生态圈的视角更加彻底、更加根本、更加可持续地解决问题，提升信息交流筒长度，促进业务合作的深度挖掘，实现各主体之间的合作共赢。

依据数据分析，转供"透视眼"平台感知政府最新电价政策并实时更新计算模型，数字化"透视"转供电主体优惠政策落实程度、同类型企业能效差距，实时传递数据结果，供电公司及时推行用能增值服务，多方协作形成转供电主体与终端用户共同的用能智管家，实现多方受益。

三、实施举措

国网杭州供电公司、国网杭州市富阳区供电公司以电力大数据为核心，开发应用转供电费码，让利益相关方能够一目了然看见转供电终端用户是否享受到了电费减免政策红利；打造"分摊公平秤"，为转供电主体与转供电终端用户提供清晰的水电气等用能方面的价格分摊方案；定制"用能智管家"，提升转供电主体用电效率。

（一）一维突破：构建"转供电费码"

基于供电公司内部营销业务应用系统、用电信息采集系统中的用户档案、用电信息、转供电费码申报信息等内部数据，以及企业工商注册信息等外部数据，采用聚类、相似度、主客观赋权算法等大数据技术，通过基于大数据平台的 SQL 交互式分析方法，构建企业转供电费码分析模型，根据计算结果，将转供电费码分为绿码、黄码、红码，对转供电终端用户电价执行情况进行精准评估。政府部门可依据"转供电费码"监测转供电环节电价执行规范度，定位不合理加价对象，及时处理不合理加价现象，确保将电费减免的政策红利及时、足额传导到终端客户。

（二）二维突破：打造"分摊公平秤"

基于智慧用能平台的转供电费码，依托政务平台、网上国网 APP、营销系统等渠道及数据资源，贴合终端用户需求，构建转供电终端用户智慧用能管理平台，通过大数据对比分析转供电主体和终端用户用能数据，并结合其转供电主体的用电性质，制定针对其行业特性的电费分摊模式，做好分摊电费"公平秤"的职责。由于转供电终端除了需要缴纳分表计收的电度电费外，还需根据其自身行业用电性质缴纳基本电费、力调电费，同时转供电主体还需收取公共设施电费和损耗电费。因此，为确保转供电主体分摊电费计收模式的公平合理，本项目的"公平秤"将根据大数据分析结果给出转供电主体一套分摊电费建议模式，以此解决转供电主体与终端用户之间因分摊电费不清不楚问题产生的纠纷，让转供电终端用户明明白白用能。

转供"透视眼"功能如图8-3所示。

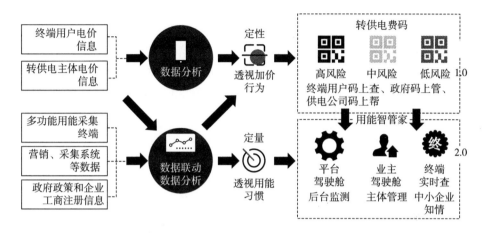

图8-3 转供"透视眼"功能

提供给政府部门以平台驾驶舱：提供一体化的现场工况、系统运行工况、管理监控维护等功能，后台实时监测。

提供给转供电主体以业主驾驶舱：实现电子化用能管理，电量数据远程采集、抄表管理。

提供给转供电终端用户以用户终端：中小企业可通过系统、短信、公众号推送等实时获取用能信息。

（三）三维突破：定制"用能智管家"

融合政府公共数据、转供电主体及终端用户用能数据，实现主体能耗监控预警、终端分表自动抄录、异常用电精准定位、收缴费信息实时更新推送等智能化管理，通过智慧用能平台透视转供电主体及终端用户用能行为。

数字化"透视"转供电主体优惠政策落实程度、同类型企业能效差距，及时推行用能增值服务，多方协作形成互利共赢的用能智管家。

同时，借助转供透视眼，终端用户的用能数据实时上传，依靠分类、预测等算法，供电公司及时把握用户用能情况、潜在需求，从而提供风险预警、用电增容等主动式服务，提升服务水平，进而实现被动式服务到主动式服务的转变。

四、项目成效

（一）解决转供电不合理加价问题

终端用户切实享受政府政策红利。及时足额地将"电费红包"送到中小微企业手中，有效降低中小微企业用能成本。根据黄码和红码，市场监督管理部门进行核实查处。截至 2021 年 3 月底，浙江地区已完成整改清退转供电主体 5158户，向终端用户返还转供电加价 3.86 亿元。为转供电主体提供合理的分摊电费计收建议，减少因电费问题引发的社会纠纷。

构建"亲清"新型政商关系。通过对转供电终端用户的数字化监管，"转供透视眼"转变传统监管模式，完成了从被动开展监管到主动提供服务的转变，有效解决政策传导不畅问题，保障市场规范性。截至 2021 年 3 月底，全省范围内，帮助市场监管局立案查处转供电主体 297 户，处罚金额 1482 万元。

（二）创造多元化价值增量

促进利益相关方合作挖掘增值业务。通过构建稳定健康的转供电关系，拉近各相关方的距离，转供电主体以及转供电终端用户在能耗、能效、碳排放等多维度的数据可以直观呈现在各方面前，各利益相关方能够通过数据透视企业发展情况、行业发展规律，完善用户画像，促进各方量身定制增值业务。

激发中小微企业活力促进双循环。小微企业不仅关乎几亿人的就业和家庭生活，同时也是产业链大动脉的毛细血管。由于中小微企业与规上企业"小舟拉大船"的关系，把优惠政策落到小微"钱袋子"里，对促进上下游、产供销、大中小企业协同发展，促进国内国外双循环，实现经济高质量发展有着重要的积极意义。

（三）促进供电公司管理和形象提升

促进供电公司理念和管理方式的转变。在项目实施前后，供电公司从转供电关系当中较为被动的一员转变为诉求分析者、平台搭建者以及问题解决者，从"该怎么做"转变到了"能怎么做"，通过外部视角拓宽视野，促进了业务服务和经营管理的转变。

媒体报道展现公司履责形象。2020 年 3 月，杭州公司依托供电服务网络，迅速推广，一经推出，便受到广大中小微企业的广泛欢迎，成果受到新华社、《人民日报》等多家媒体平台报道。2020 年 4 月 15 日，央视《新闻联播》对"转供电费码"进行了 2 分 24 秒的专题播报。

第九章　电网企业社会责任实践助力
经济高质量发展案例

案例一　多方共建城市碳效评价体系，
精准孵化湖州工业新生态[*]

一、项目概况

工业行业的降碳减排问题，是我国达成"碳达峰、碳中和"目标须解决的关键问题。然而，由于长期以来我国产业结构偏重，工业部门的减碳问题是很多城市面临的共性难题，对于湖州而言亦然。尽管近年来湖州市政府、供电公司等在探索工业企业减碳、减排方面做出了诸多制度创新和政策尝试，但是由于缺乏对湖州工业企业生产发展能效水平的客观、直观评价依据及体系，相关制度和政策的部署与实施效果有限。

国网湖州供电公司从湖州市工业企业"降碳减排"实践问题出发，调研了解政府部门、工业企业等在部署和参与减碳减排方面的瓶颈问题及成因：一是由于碳排数据资源缺乏，无法切实掌握工业企业碳排情况；二是由于缺乏恰当的价值模式设计，相关碳排管理产品难以在市场上取得可持续发展活力；三是未能形成工业企业参与减碳减排的长效激励机制，无法调动工业企业的参与积极性。依托社会责任根植项目，以资源互用、多方共赢为基本原则，通过发挥对工业用电企业的用能数据优势，充分利用大数据、区块链等数字化技术，协同政府各部门、地方商业银行开展工业企业减碳减排激励机制设计与完善，逐渐孵化出以工

---

　　[*]　国网湖州供电公司王佳、周天宇、王忠秋。

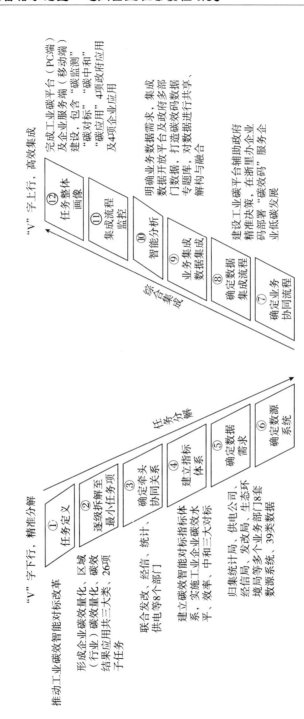

图 9—1 "V"字模型系统拆解能源碳效评价体系建设核心业务

业能源碳数据为核心的湖州绿色工业新生态。

二、思路创新

国网湖州供电公司深入政府、企业开展调研，以社会责任项目为依托，以能源碳效价值为圆心，以价值共赢、资源互用、生态共建为基本思路，设计城市能源碳效评价体系，推动湖州工业高质量发展转型、国网公司"双碳"行动计划市公司落地的双重目标的实现。具体工作思路概括如下：

（一）数据生态共融：从"数据孤岛"到"数据融合"

数据融合是所有企业开展数字化转型所面临的头等难题。国网湖州供电公司以城市工业碳效评价体系建设规划为起点，开发利用"V"字任务分解和综合集成工具（见图 9-1），对能源碳效评价指标体系建设所需的数据及其主管部门进行了梳理，得到数据资源利益相关方涉及统计局、供电公司、经信局、发改委、生态环境局共计 5 个部门的不同层级共计 39 类数据。在了解多个信息数据利益相关方的利益诉求基础上，通过推动湖州市政府统筹开展数据清洗规则统一、数据脱敏与加密处理，在打破政企数据壁垒、提升数据融合共享方面做出了有益尝试。

（二）价值生态共赢：从"松散联结"到"合作共赢"

以能源碳效价值为核心的工业新生态建设的成败，很大程度上取决于对生态关联主体及诉求的正确识别。基于此，国网湖州供电公司在推动多个利益相关方进行能源碳效评价体系建设时，尤为重视对生态利益相关方的价值诉求的探寻。由于过去银行、政府、供电公司等利益相关方之间的联结方式较为松散，因此，国网湖州公司尤为重视对利益相关方利益诉求的了解和合作方案的制定。通过细致的调研访谈后，以达成利益相关方价值共赢为原则，多方沟通并设计了多方联动的协作方案（见表 9-1）。

表 9-1　利益相关方参与能源碳效价值生态建设分析

利益相关方	参与动机	可供资源	生态角色	生态重要程度
供电公司	落实上级政策；其他激励；盈利；关系资本	数据资源；技术服务；电价优惠	价值创造者、机制设计者、生态参与者	★★★★★
市政府	落实上级政策；政绩激励	政策统筹；机制设计；推进监督	生态管理者、机制设计者	★★★★★
金融办	落实上级政策；政绩激励	机制设计；政企协同；政策资源	生态激励者、机制设计者、资源统筹者	★★★★★

续表

利益相关方	参与动机	可供资源	生态角色	生态重要程度
经信局	落实上级政策；政绩激励	数据资源；标准制定；政策资源；政企协同	机制设计者、资源统筹者	★★★★☆
发改委	落实上级政策；政绩激励	数据资源；政策资源；政企协同	机制设计者、资源统筹者	★★★★☆
统计局	落实上级政策；政绩激励	数据资源；数据统计与评价；统筹协调	机制设计者、资源统筹者	★★★★★
税务局	落实上级政策；政绩激励	数据资源；标准制定	机制设计者、资源统筹者	★★★★☆
生态环境局	落实上级政策；政绩激励	政策资源；统筹协调	政府归口部门	★★★★★
研发机构	盈利；市场开拓	技术服务：平台、算法、应用开发与迭代	生态参与者	★★★☆☆
银行	落实上级政策；产品创新；优质客户识别；关系资本	信贷支持：发放专项贷款、贷款利率优惠	生态参与者、价值创造者	★★★★★

（三）联动机制共建：从"各行其是"到"长效协作"

由于湖州市政府及下属部门不但具有数据资源，而且能够连通银行、工业企业、清洁能源企业等多个利益相关方，理应发挥能源碳效价值生态的管理者的作用，统筹发挥各级政府部门的政企联动力量，建立政企联动机制，为工业企业参与能源碳效评价提供长效激励机制。因此，由湖州市政府牵头，统筹发改委、经信局、统计局、税务局、金融办、生态环境局进行政企联动，从工业企业参与碳效评价的成本节约、融资需求、技改服务等动机出发，以政企联动推进工业企业参与长效激励机制建设。

二、实施举措

国网湖州供电公司以资源融合、生态共赢、政企联动为基本思路，以建设"碳平台"为目标，通过"碳数据"共享、"碳生态"建设、"碳激励"共建、"碳账户"开发等创新性举措，初步打造了以能源碳效价值为核心、政企多方共赢的工业新生态，如图9-2所示。具体做法如下：

（一）多方协作推动能源数据融合

一是政府统筹打破跨部门"数据壁垒"。为了将工业企业用能数据尽可能地进行归集和融合，由湖州市政府牵头，对持有工业企业用电数据资源的发改委、经信局、生态环保局、统计局的数据进行统筹归集，出台了湖州市《关于工业企业碳综合评价数据归集统计细则及核算体系》，以制度文件的形式明确了数据跨

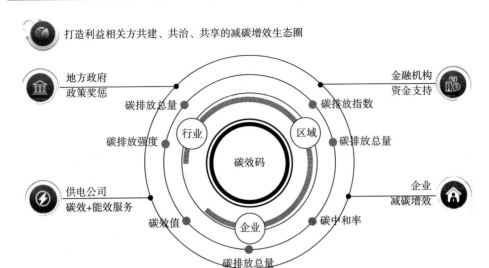

图 9-2　能源碳效价值生态网络

部门归集的实施细则、易源数据的核算细则，为能源碳效数据融合打下了制度基础。

二是算法创新促进跨能源品类数据融合。水电煤气等不同品类能源供应主体之间的条块管理关系导致企业用能数据归集难。国网湖州电力在已有的数据归集制度的基础上，通过构建"碳效智能对标"模型，利用能—碳、能—电、电—碳关联算法，对水电煤气等不同部门、层级的39类数据进行共享、解构与融合，打破数据孤岛。

三是"企业码+碳效码"双码融合为企业精准赋码。精准感知每一个工业企业的能源碳足迹，是进行工业减碳减排精准管理的基础，国网湖州供电公司通过联合湖州市税务局，将企业"统一社会信用代码"作为关键字段，与企业的能源碳效码之间进行互通融合，从而实现了企业各种能源品类碳排与增加值数据自动匹配。截至 2021 年 12 月，湖州在国内首创的"碳效码"依托电力大数据平台，集成企业生产经营的电、气、煤、油等能耗数据，转换成碳排放量，结合企业产值，进行精准统计、分析和赋码（见图 9-3）。

（二）市场导向建设优势数字应用

针对之前调研中了解到的"缺乏统一的权威平台来披露碳数据"问题、碳应用产品缺乏市场活力问题，国网湖州电力以市场为导向，通过系列数字技术创新，打造优势数字应用平台。

一是以用户为导向，设计功能全面的"能源碳效码"应用平台。国网湖州

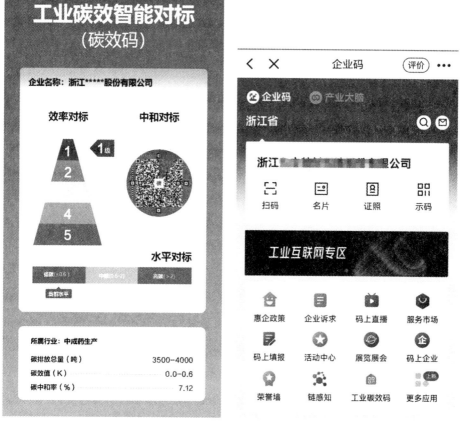

图9-3 工业碳效码与企业码APP系统内截图

供电公司从未来经验推广与复制的长远规划出发进行能源碳效码的数据平台设计，通过对市场现有类似竞品如碳阻迹的"企业碳排放计量管理软件平台"及石化盈科的"碳资产管理系统"进行分析，抓住市场痛点，设计功能全面、用户体验改进的数字平台。

二是多方协作创新模型算法，确保碳效评价体系权威性与科学性。国网湖州供电公司通过不断沟通了解政府决策需求、研究湖州工业企业用能特征，协同迭代模型和算法，对于碳效评价关键指标测算如"碳效值""碳中和率"等持续进行理论探索与现实适应性调整。

三是确保平台数据安全，应用区块链技术筑造数据安全"护城河"。国网湖州供电公司在数据脱敏、数据安全方面做了诸多技术创新尝试，通过利用"区块链"技术对多源数据的传输分析实施密态保护，对碳监测模块下企业"碳效码"

的三项数据进行上链，确保数据不可篡改，保证了数据的真实性和安全性。

（三）制度标准保障碳效生态健康

国网湖州供电公司作为能源碳效价值生态建设的最初发起者和设计者，注重生态规则和健康交互环境的打造，在推动形成利益相关方共同愿景、能源碳效评价落地规则标准方面做了以下三个方面的工作：

一是在利益相关方之间达成共同的减碳愿景与意向。2021年2月1日，国网湖州供电公司与湖州市自然资源和规划局、生态环境局、市慈善总会和湖州市电力行业协会共同发布《生态能源碳市场价值实现白皮书》，在全社会层面充分聚集具有同样愿景的利益相关方参与政企联合行动，银行、清洁能源公司等同样作为减碳减排政策落地探索任务的利益相关方加入其中，初步构建了基于共同愿景的工业碳效价值生态体系。

二是建立政企联动的能源碳效评价推广体系。国网湖州供电公司协同政府进行了多项制度创新，推动能源碳效码的推广和应用，如通过推动政府成立工作专班来协调推进碳效码的应用推广；推动市政府编制"碳效码"应用管理全覆盖工作方案及管理办法，确保政企协同机制有据可依；通过建立重点任务清单，根据碳效码推广实际进展确保重点工作切实落地。

三是积极融入能源碳效评价技术标准体系建设。随着工业碳效平台的上线运行得到越来越多的关注，国网湖州供电公司积极参与到有关能源碳效评价数据标准、模型算法研发、应用对标标准等系列标准体系建设中，积极参与省政府、省公司、湖州市发改局、经信局、统计局等不同部门牵头的技术标准建设中，为标准的制定提供专业建议，同时也增加了自身话语权。至2021年8月，国网湖州供电公司牵头编制《湖州市"碳效码"、"碳效指数"评价通则和标识》和《湖州市地方标准项目建议表》已经提交市场监管局审核，另"碳效码"地方标准已经通过立项，并参加浙江省工业碳效标识标准论证。

（四）深挖碳效评级场景应用潜力

数字平台的生命力在于对应用场景的不断拓展和创新。国网湖州供电公司在开展工业碳效平台建设的同时，就开始布局应用场景的开拓，以提升能源碳效码的赋能作用。依托于"碳效码"评价结果、平台提供企业服务（移动端）、政府降碳治理（PC端）两个入口，构建了"碳监测""碳对标""碳中和""碳应用"四项政府应用，以及"碳账户""碳知识""碳诊断""碳服务"四项企业应用，服务于政府对工业企业减碳减排的精准化管理和政策制定，同时服务于工业企业，通过掌握碳账户情况、学习碳知识，实时对接银行、供电公司、清洁能源公司等获取相关服务，助力政府实现一站式工业企业碳管理、企业实现一站式碳减排。

（五）政企联动共建长效激励机制

国网湖州供电公司以共赢激励为基础，通过推动市发改委、经信局牵头，联合统计局、税务局、生态局、金融办等政府部门，以及其他煤、气能源企业和工业企业、银行，共同建立碳效码应用的激励制度体系，推进建立工业企业参与碳效评估的长效激励机制。

一是协同多方工业企业共建"碳账户"。国网湖州供电公司通过联动湖州市政府生态环保局、经信局、金融局等，改变原有"亩均论英雄"碳效考核体系，建立起基于碳排放总量、碳排放强度为基础的工业企业"碳账户"，并且在多种情境下将企业"碳账户"与工业企业的经营管理活动挂钩，激励工业企业中评价落后的企业进行转型升级。例如，金融办出台《湖州市银行信贷碳排放计量方法指南》（以下简称《指南》），各区县农商银行通过适用该《指南》对不同碳评价等级的企业进行授信，将企业碳效与企业银行融资挂钩，推动了工业企业的减碳减排热情。

二是推动金融办与地方银行共建"碳金融"。根据调研，工业企业参与碳评价并实施碳减排改造的重要动机之一是资金激励。因此，国网湖州供电公司推动市政府进行统筹，市金融办联动湖州地市银行如农商银行、中国银行等开展了系列金融创新产品，包括"碳效贷""碳惠贷""项目碳改贷"，对碳效评价等级较高的企业给以优惠利率或优先审批；对于希望进行碳技改的企业给以专项资金支持，工业企业参与碳减排、碳技改的热情得到明显调动。

三是推动政府及相关部门出台激励政策。①国网湖州供电公司推动税务局探索通过出台税收优惠政策，为碳评价优秀的低碳企业实施税收优惠。根据走访情况来看，税收激励对工业企业参与碳评级并根据碳评价实施减碳减排具有明显的激励效应。②推动湖州市政府推出电价补贴政策，为企业参与碳评价、实施碳减排提供了落地机制和长效激励。

（六）业务创新挖掘新型业务市场

国网湖州供电公司根据工业企业减碳减排需求，同步开展了综合能源服务、绿电交易等新型业务模式的创新。

针对工业企业开展"碳诊断""碳技改"等综合能源服务，拓展了综合能源服务及电能替代业务的新模式。国网湖州供电公司通过"碳诊断"为企业提供行业内的碳效排名、行业碳效均值等评价信息；对碳效评价为4、5两级碳效水平处于高碳的企业，开展节能诊断等"供电+能效服务"，制订降碳减量计划，为企业提供用电设备改造、综合能源服务方案设计等服务，确保高排放企业能够切实推进减碳减排实践落地。

基于能源碳效评价结果为工业企业提供绿电交易，挖掘绿电零碳价值。随着能源碳效码评级在工业企业中的全面覆盖、影响力的不断提升，企业减碳减排意识和动力都有了明显提升，对绿电的需求也开始有所提升。国网湖州供电公司抓住这一市场需求特征，开展绿电交易制度设计，通过绿电交易折算减少的二氧化碳总量纳入"碳效码"评价结果，在企业碳排放总量中进行核减；结合"碳效码"评价结果，宣传推广绿电交易的概念、价格、优势与意义，挖掘绿电零碳价值。

四、项目成效

国网湖州供电公司通过社会责任根植项目推动建设能源碳效价值生态体系，切实为各利益相关方创造了共赢价值，推动了地方工业企业的减碳减排，为地方经济高质量发展和"双碳"战略的实施探索了可行的模式。

（一）初步建成城市级全覆盖能源碳效平台

截至 2021 年 11 月，湖州市工业碳平台已经上线运行，其是全国首个工业碳平台（见图9-4）。该平台以"能源碳效码"为核心，融合政府统计数据、工商税务数据、电力企业数据、银行信贷企业数据等形成平台数据生态，并将企业碳效等级与企业用电服务、企业信贷、企业税收优惠等相关联，建立起了激励工业企业减碳减排的长效机制，基本建立起基于能源碳效价值的绿色工业新生态。

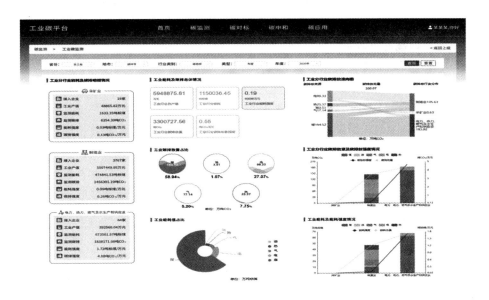

图9-4　工业碳平台相关应用界面

（二）能源碳效体系助力湖州减碳效果明显

以"能源碳效码"和"能源碳效平台"为核心的能源碳效体系基本实现了全市规模以上工业企业的全覆盖，助推工业企业减碳效果明显。截至目前，湖州381个行业3700余家规模以上企业监测和碳效标识赋码全覆盖，湖州市3800多家规模以上企业的30余种用能和产值数据，全部录入"能源碳效码"测评系统，可以对工业企业"碳足迹"进行季度跟踪评价。同时，配合供电公司提供的能效服务、技改服务，以及银行提供的绿色金融贷款，预计全年可推动全市单位产值碳排放量下降3%以上，减排二氧化碳30万吨以上。

（三）碳效生态助推减碳减排模式初步形成

一是初步建立了基于数据资源的政企数据合作生态新模式。能源碳效码成功打通了国家电网新能源云平台、绿色金融服务平台、湖州数字经信、工商税务企业信用数据平台等不同公共部门主体之间的数据壁垒，实现了金融、电力、工商税务、统计等多方协同的数据合作新生态。

二是探索了政企联动的社会问题解决模式。公司在基于能源碳效价值进行利益相关方生态构建过程中，首先基于共同愿景的塑造，通过对利益相关方的利益诉求进行调研、寻找松散利益主体之间的共赢合作交叉点，发挥政府的"黏合剂"作用，探索了一条基于共同愿景的整齐联动社会问题解决模式。

三是形成了供电企业利用数字技术助力"双碳"的经验模式。2021年9月26日，浙江全省工业碳效码发布会暨场景应用推广会在湖州举行，并向全省推广该能源碳效评价体系。

（四）利益相关方共赢价值创造的绩效显著

对于政府及下属部门而言，工业企业碳效评价数据为其探索地方经济的数字化转型、工业经济高质量转型提供了决策依据，相关工作得到了省政府的充分认可，并且于2021年6月正式批复同意湖州市作为浙江省工业碳效智能对标（碳效码）试点市，为全国实现碳达峰碳中和做出湖州探索与贡献。

对于地方金融机构而言，"能源碳效码"不但激发了银行金融产品创新，推出"绿色贷款""碳惠贷""碳升贷""能源碳效资金池""碳中和"助力贷等针对工业企业的创新产品，而且通过碳效码评级信息，可以识别出企业经营绩效好、注重技术改造的增长型企业客户。

对于供电公司而言，通过探索综合能源服务、绿电交易等新兴业务发展，实现了综合价值创造。并且，已经为200家企业实施节能降碳改造；实施电能替代项目400个以上，推动单位产值碳排放量减少3%以上；挖掘绿电交易意向客户32户，预计创造绿电交易量1.4亿千瓦时，为国网公司"双碳"战略的落地实施探索富有经济性、可持续性的路径。

对于工业企业而言，不但可以通过碳效评级准确了解企业的碳效水平及横向进行行业对标，而且通过工业碳平台可获取"一站式"减碳减排的计划方案和融资优惠，切实推进工业企业生产方式转型。截至目前，以"能源碳效码"为核心的碳效评价体系累计为企业争取到绿色金融贷款700余万元，大大提高了工业企业减碳减排积极性。

（五）公司"责任"声誉显著提升

"碳效码"平台建设及经验模式得到了浙江省委书记袁家军、时任省长郑栅洁等领导批示肯定，并获得2021年国网公司第六届青创赛营销组第一，入选浙江省数字化改革最佳实践案例；在根植项目实施过程中，相关系列举措及成效在《人民日报》内参、《人民日报》头版头条、央视新闻联播头条、《经济日报》头版、《中国电力报》头版头条连续报道，并在央视新闻"开局之年看经济·绿色中国"大型专题报道进行了长达14分钟的专题报道；碳效码应用场景纪录片经中宣部、中央广播电视总台审核，作为中国唯一官方宣传片，在联合国气候变化框架公约第26届缔约方会议上发布，企业创新形象、负责任声誉得到明显提升。

案例二　数据治理赋能头门港"碳达峰"示范区建设*

一、项目概况

随着数字化在全社会多领域的广泛应用，数据使用低效、数据权属不清晰、隐私泄露等数字化延伸问题在逐步显现。近年来，电网数字化转型也在加快，在服务头门港智慧化发展、推进泛台州湾碳达峰综合示范区建设过程中，国网临海市供电公司电力数字化实践越发广泛，外部合作不断加深，数据安全管理等系列电力数据治理问题逐渐被推至前台。

国网临海市供电公司在响应浙江数字化改革、推进高弹电网建设、服务临海工业经济和头门港示范区智慧建设重点工作中，引入社会环境风险管理、利益相关方管理和透明度管理理念方法，综合发改、经信、税务等政府部门和公共服务部门、头门港园区及企业等关键利益相关方的核心期望、治理意愿和优势资源，通过与各方的常态沟通，共同议定用户权限（谁来使用）、规定用途（什么场景

---

* 国网浙江省电力有限公司临海市供电公司郑俊杰、童渊等。

和范围内使用）以及安全性、隐私性等数据安全管理议题，并探索将数据治理融入"工业大脑"和三级用能监测网络、"供电+能效服务"等电力数字化应用中，对项目过程中形成的方法、经验、成果等相关内容进行书面化梳理，规范数据治理机制和流程，持续推进电力数据安全、合规、高效应用，更好赋能"工业大脑2.0"、三级用能监测网络等数字化应用，护航泛台州湾头门港"碳达峰"示范区建设发展。

二、思路创新

"数据治理"是伴随着数字化改革产生的新重大治理议题，对数据资产所有相关方利益的协调与规范成为电网企业推进数字化改革的题中应有之义。国网临海市供电公司提前关注和识别数字化应用中的数据安全风险，运用利益相关方管理、透明度管理等社会责任理念和方法，与政府、企业、园区及其他公共服务部门等各利益相关方开展精细化沟通并达成有效共识，共同形成电力数据治理和安全使用的良好生态（见图9-5）。

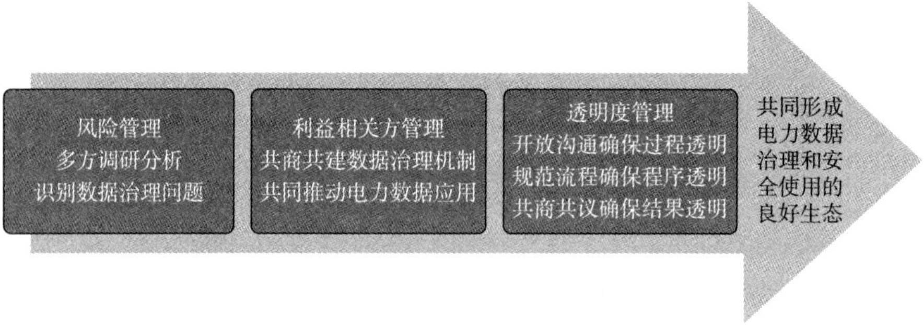

| 风险管理
多方调研分析
识别数据治理问题 | 利益相关方管理
共商共建数据治理机制
共同推动电力数据应用 | 透明度管理
开放沟通确保过程透明
规范流程确保程序透明
共商共议确保结果透明 | 共同形成
电力数据
治理和安
全使用的
良好生态 |

图9-5　项目思路

（一）引入风险管理，提前布局数据治理

引入社会环境风险管理理念，通过相关方调研，了解各方在电力数据应用及临海"工业大脑"——临海市工业经济运行大数据监测服务平台建设过程当中最关切的电力数据采集、管理和应用等问题，分析识别电力数据管理应用中存在的问题和隐患，提前布局构建电力数据规范化治理，探索内外合作的治理机制，力争达到电力数据管理风险防范和有效控制的效果。

（二）开展相关方管理，最大化综合价值

将数据治理置于数字化改革的工作背景下、回归到涉及社会各界的社会问题中，形成整体性思路。运用识别管理、沟通管理、参与管理等利益相关方管理的理念和方法，识别和撬动关键相关方，通过建立常态化沟通机制，与政府、头门港园区、企业及其他公共服务部门开展沟通合作，建立互为供需、互联共享的利益相关方参与模式，共同议定商讨数据治理关键议题和治理边界、治理方法等，共同推进"工业大脑"的持续升级和完善，充分挖掘电力数据价值，为社会提供安全、精准、便捷的公共信息服务，为政府的宏观决策和微观引导提供支撑，为电网企业拓展市场和业务，助力工业企业降本增效，最大化创造电力数据的综合价值。

（三）融入透明度管理，争取"三个认同"

数据治理是全社会关注的敏感议题。在电力数据治理外部期望内部化、内部工作外部化的过程中，通过开放沟通，确保沟通过程透明；通过规范流程，确保管理程序透明；通过共商共议，确保数据共享使用等结果透明。在项目实施全过程中融入责任制、规范化、透明化管控，保障各类数据主体知情权等基本权益，增强相关方积极性与参与度，力争获得各类相关利益认同、情感认同、价值认同，持续推动数据规范治理与安全高效应用。

三、实施举措

国网临海市供电公司从重点聚焦、共商共建、融入应用、规范治理四个方面系统布局数据治理，将数据治理逐步融入"工业大脑2.0"的开发完善和工业园区、企业、设备三级用能监测网络的建设中，推动探索"供电+能效服务"新模式，打造综合能源服务新业态，以智能、安全、精准、高效的电力数字化应用助力临海市工业经济数字化转型。电力数据治理推进举措如图9-6所示。

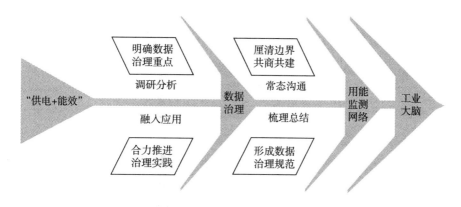

图9-6　电力数据治理推进举措

（一）实行多方调研分析，明确数据治理重点

编制专业调研问卷，采用线上+线下发放调查问卷的方式，针对湖州市经信委、湖州市发改委等政府部门，税务、通信等公共服务部门，以及头门港园区企业，从电力数据应用状况、数据安全认知情况、数据治理意愿与诉求等层面开展数据治理调研，了解各方对电力数据治理的核心关注和敏感点。通过营销部、头门港供电所的联合推进，回收有效企业问卷 15 份、政府问卷 6 份（湖州市经信委、湖州市发改委等）、其他公共服务部门问卷 3 份（税务、通信等）。

通过对调研结果的研究分析，发现各方共同关注的核心问题聚焦在数据使用与开放共享的安全性。此外，政府部门更为关注数据获取的方式（见图 9-7），如可以建立开放共享平台。其他公共服务部门更为关注数据使用权限是否明确，企业更为关注电力数据应用过程中对企业权益的保障，如企业可以从中获得的好处、企业隐私安全如何保障等（见图 9-8 和图 9-9）。这为明确、找准数据治理关键问题的相关方提供了方向和参考。

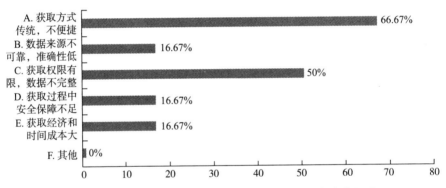

图 9-7　政府部门调研结果示例（电力数据获取中存在的问题）

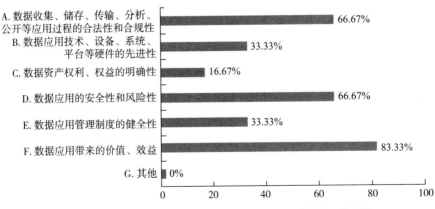

图 9-8　企业调研结果示例（电力数据应用关注的核心问题）

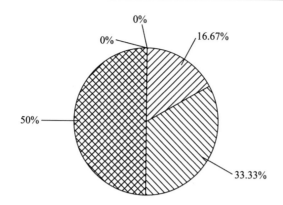

A. 非常有意义，为数字化、智慧化发展提供助力

B. 很有必要，大数据时代的必然趋势，也有助于企业数字化管理

C. 在安全有保障的情况下，可以适度开放与共享

D. 企业电力数据是企业自有的，没有必要开放与共享

E. 其他

图 9-9　企业调研结果示例（电力数据开放与共享意愿）

依托调研分析结果，进一步厘清了政府、企业及其他公共服务部门等利益相关方在电力数据治理中的核心期望、治理意愿和优势资源（见图 9-2）。

表 9-2　利益相关方分析

利益相关方	核心关注	治理意愿	资源
经信、发改委等政府部门	数据使用与开放共享的安全性 数据开放与共享平台建设 数据使用权限	强烈	大数据平台 政策规范
税务、通信等公共服务部门	数据使用与开放共享的安全性 数据使用权限 数据开放与共享平台建设	比较强烈	其他公共服务数据
园区企业	数据使用与开放共享的安全性企业隐私安全 数据价值发挥路径	强烈	企业数据

（二）建立常态沟通机制，厘清边界共商共建

（1）责任沟通建立共识。基于政府、其他公共服务部门、园区企业等多方调研分析，针对数据使用与开放共享的安全性、数据开放与共享平台建设、企业隐私安全及数据价值如何发挥等相关核心关注，通过电话沟通、拜访等方式就各方关注重点进行交流。

（2）厘清思路共商共建。针对各方共同关注的数据应用、安全管理等问题进行探讨沟通，通过临海"工业大脑"——工业经济运行大数据监测服务平台的项目周期会，与政府、企业、其他公共服务部门等相关方共同议定将数据治理规范引入"工业大脑2.0"等数据应用平台，明确各相关主体在数据收集、处理、使用、共享与开放等数据活动及企业隐私安全保障等方面应采取的安全管理措施，形成数据规范治理的核心思路和主要内容（见表9-3）。

表 9-3　数据治理共商共建事项

数据活动	解决的核心问题	主要措施
数据收集	数据收集合规	严格限定数据收集范围 按需制定并告知数据收集使用规则 隐私及敏感信息须获取用户授权
数据处理使用	数据安全使用 用户隐私保护	严格遵守数据使用规则 规范使用网络与信息系统 严格落实电力系统账户管理规范 建立电力数据使用清单 识别和保护重要数据 做好隐私数据脱敏处理
数据开放与共享	数据开放与共享中的安全性及隐私保护	严格依法有序开放 依建立电力数据开放目录 明确开放主体责任 建立数据内外部安全共享渠道 外部共享严格落实保密责任与义务
其他问题	建立内外部监督渠道，加强数据安全管理监督管理 将数据安全管理广泛应用于电力及公共服务数字化应用中	

（三）融入电力数据应用，合力推进治理实践

（1）融入"工业大脑2.0"。由临海市政府统筹，国网临海市供电公司与经信、税务等部门开展沟通与合作，通过整合企业主体电力、税收、销售、能耗等数据，联合打造全国首个县域"工业大脑"（临海市工业经济运行大数据监测服务平台），充分挖掘电力数据价值服务工业经济数字化转型。

（2）引入数据治理思维。发挥电力企业既连接政府又贴近用户的连接优势，将数据治理议题引入"工业大脑2.0"平台的建设中，与经信、税务等部门共同商议数据采集范围、采集类型和采集方式，明确数据使用与开放方面的具体指标、开放形式、开放权限等，为"工业大脑2.0"注入数据安全元素，探索公共服务数字化转型中的数据治理实践。

（3）接入企业数据监测。利用"工业大脑1.0"平台，对全市3000多家企

业数据进行分析，筛选出 20 余家重点用能企业，开展针对性走访沟通，提前向企业用户告知国网临海市供电公司在运用企业数据过程中遵循的数据治理规范和采取的安全保障措施，并在获得企业用户的认可与接受后，为客户安装用能监测设备，协同推进"工业大脑 2.0"建设。

（4）深入"供电+能效服务"。以电力数据安全管理应用为前提，开展在"供电+能效服务"专项服务中，协同高校专家、企业技术从业人员等专业人员对 20 余家重点用能企业的设备能效进行现场监测，综合"工业大脑"平台数据和现场监测数据形成"供电+能效服务"能源评估技术报告，通过分析企业设备耗能情况，对企业设备能效进行诊断、监测和评估，为企业开展能效管理提供精准、专业指导与服务。同时，与头门港经济开发区及医药化工、机械制造等重点用能企业开展前期沟通，致力于推动建设覆盖园区、企业、设备三级用能监测网络，探索电力数据服务"供电+能效"的有效路径，为电力数据安全、高值、高效应用提供更多保障。

（四）开展经验梳理总结，形成数据治理规范

综合梳理数据治理共商共建和实践探索过程中运用的方法、规范、标准及产出的经验、成果等相关内容，结合电力数据管理现有规范制度，汇编为适用电力数据收集、处理、使用、共享与开放等数据活动，以及数据安全监督管理等工作的规范文件——《国网浙江省电力有限公司临海市供电公司电力数据安全管理细则（意见稿）》，并针对数据安全管理需要形成了电力数据活动全过程安全管理流程图（见图 9-10）、电力数据使用清单、电力数据开放目录、电力数据共享审批备案表、电力数据安全评价指标体系等规范管理工具，形成数据规范治理机制。

（1）电力数据活动全过程安全管理流程图：对数据收集、处理使用、开放与共享到退出的全过程安全管理流程进行了可视化展示，重点强调收集环节的用户告知、隐私同意事项，新增使用环节的使用清单及开放与共享环节的开放目录、共享审批备案等安全管理要求，为各环节明确主体、有序开展电力数据安全管理提供指导。

（2）电力数据使用清单：形成包含数据名称、数据来源、使用用途、使用权限等内容的数据使用记录表，为各部门和单位记录数据使用相关情况提供模板和参考，促使各部门和单位形成数据使用清晰记录，确保数据使用活动有迹可循。

（3）电力数据开放目录：对需要开放的电力数据进行梳理，形成包含开放数据类型、数据名称、数据更新频率、开放主体、开放形式等内容的开放数据目录，作为数据开放的依据，保障数据规范开放、责任开放。

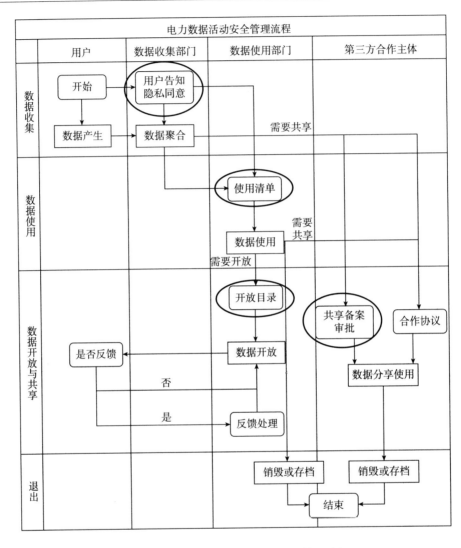

图9-10　电力数据活动全过程安全管理流程

（4）电力数据共享审批备案表：为明晰与水务、燃气、通信、公共交通、税务等其他公共服务部门，以及政府部门等外部公共主体共享电力数据时的责任主体，确保共享后的规范使用，制定外部数据共享备案审批表，督促落实数据共享备案审批制。

（5）电力数据安全评价指标体系：从物理安全、逻辑安全、数据监管、数据维护、风险管理、数据人员管理等方面制定电力数据安全评价指标体系，明确各项指标权重和打分标准，为数据安全管理监督评价提供参考和指导。

四、项目成效

（一）发挥电力数据价值，助力工业经济数字化转型

通过参与完善"工业大脑2.0"，探索建立三级用能监测网络，不断挖掘企业动态数据价值，充分发挥电力数据价值，提升电网企业精准服务，开展"供电+能效"服务，培育综合能源服务业务，服务企业开展更精准、更便捷、更个性化的节能提效活动，为企业提能效、降成本，助力全社会能效管理，更好服务全市工业经济高质量发展和头门港示范区建设，最大化实现电力数据价值。截至目前，"工业大脑"发现低效乡镇5个、低效行业9个、低效企业800余家。"工业大脑"成为了政府数字治理的好帮手。

（二）布局电力数据治理，有效防范数据安全风险

在全社会数字化改革的加速推进中，提前识别和部署数据治理，通过剖析数据治理关键议题，提前排查数据安全风险；通过联合利益相关方共商共建，提前提高数据安全管理意识；通过探索电力数字化应用中的数据治理实践，提前防范数据安全隐患；通过数据治理经验成果的梳理总结，提前制定数据安全管理规范，为重大数据安全风险防范做好准备，更好赋能"工业大脑2.0"、三级用能监测网络等数字化应用的建设与完善，护航泛台州湾头门港"碳达峰"示范区建设发展。

（三）开展数据治理实践，树立负责任企业形象

在"工业大脑2.0"建设中，积极引进数据治理经验与规范，将电力数据安全管理理念和方法应用到更广泛的公共服务数字化应用中，为工业经济数字化安全转型提供了指导与服务，并获得了经信、税务等政府部门及其他公共服务部门的认可和好评。将电力数据治理规范落实到企业数据应用过程中，为浙江本立科技股份有限公司等20家企业用户提供了安全、可靠的"供电+能效服务"，助力企业节能减排、降本增效的同时，以更加负责任的数据安全管理获得了企业用户的认可和信任，使国网临海市供电公司更为广泛、深入地树立起负责任的企业形象。

（四）形成数据治理规范，为数据管理提供参考和借鉴

通过系统梳理项目过程中形成的方法、经验、成果等相关内容，形成的电力数据安全管理细则及电力数据活动全过程安全管理流程图、电力数据使用清单、电力数据开放目录、电力数据共享审批备案表、电力数据安全评价指标体系等管理工具，为电力系统内改进数据管理、落实电力数据安全管理制度提供可借鉴、可运用的经验，也为临海和台州等更多单位的数据管理提供参考，共同提升数据治理水平，营造更安全、更规范、更高效的数字化、智能化发展环境。

第十章　电网企业社会责任实践助力公共服务均等化案例

案例一　居民区充电桩统建统营[*]

一、项目概况

在政策引导、创新驱动、品质提升、体验改善的持续带动下，私人领域电动汽车消费提速。私人购买占比显著增加，私人用户占比由 2016 年的 47% 增加到 2020 年的 72%。对于私人用户及代步为主的经济型用户而言，居民区充电是最便捷、最经济的充电模式，随着私人用户占比增加，居民区充电需求量也越来越多。据统计，截至 2020 年底，全省私人电动汽车的车桩比为 1.8 : 1，距离实现车桩比 1 : 1 的目标还有一定差距。

但目前支持充电桩进小区的政策不完善，新建居民区配建的落地政策未出台或执行不到位、老旧小区建桩缺少政策支持引导；居民区物业服务不到位问题，物业服务企业、所在社区机构未能有效发挥综合协调作用。私人充电桩建设面临进小区难的问题，特别是无固定产权车位的老旧小区，无法私人报装，充电难问题尤为显著，解决居民区充电难题迫在眉睫。国网浙江电动汽车服务有限公司主动承担央企社会责任，开展居住区充电桩统建统营，积极解决居住区充电难题。

二、思路创新

居民区充电安全问题，是民生问题，在现阶段配套政策不完善的前提下，要

＊　国网浙江电动汽车服务有限公司袁军、李成等。

有效破解该难题，不仅要推动政府出台相关配套支撑政策，还要联合上下游产业资源，积极构建"政府主导、电网主动、多方联动"的新型服务体系，共同推动居民区充电桩建设。

三、实施举措

（一）强化政企联动

积极向政府汇报小区充电难题，推动政府将电动汽车充电设施列入老旧小区完善类改造内容。建立政企联动机制，向政府相关部门沟通汇报居民区充电桩建设过程中存在的问题，推动政府以立法、条例、通知等形式，明确居民区充电桩建设流程，缩减不必要的证明、承诺等文件，并压实街道、居委会对业委会、物业的管理职责。

（二）加强多方协作

积极与街道、物业管理协会沟通，快速了解其辖区内居民区充电桩建设需求。加强与街道、物业管理协会等相关单位的合作，签订战略合作协议，在其辖区内大规模开展充电桩建设，缓解居住区充电难题。加强与物业公司的合作，采用与物业收益分成的模式，调动物业的积极性，让物业参与充电桩建设，加快充电桩落地。

四、项目成效

截至 2021 年 12 月，国网浙江电动汽车服务有限公司已在全省 54 个小区建成充电桩 677 个，取得了阶段性的成效，同时，通过积极推广居民区充电桩统建统营，有效缓解居民区充电难题，让充电不再成为负担，也推动新能源汽车推广应用，促进产业健康、高质量发展，促进构建绿色低碳电动汽车服务生态，引导能源清洁低碳发展，为交通领域"碳达峰、碳中和"做出贡献。

案例二　大数据守护城市"生命线"
——基于北斗定位创新探索共建共享的
城市安全治理新模式*

一、项目概况

各类管线是保障城市运行的重要基础设施，更是关系着千家万户的"生命

---

* 国网浙江余姚市供电有限公司俞建、高明等。

线"。随着城市经济的发展,线路管道越发密集、复杂,其运行安全容易受到外力破坏,而传统依靠人工巡视或设备监控的模式投入大、成本高、效率低,难以满足日益增长的管线安全维护需求。为此,国网浙江余姚市供电有限公司(以下简称"余姚公司")转变思路,从电力单方视角转到城市全局视野,从治标维护设备到治本预警破坏,从依赖人寻人防到融合数据赋能,从注重短期成效到形成长效机制,构建起了一套基于北斗定位和共建共享的城市安全治理新模式。本次项目调研走访并深入听取各利益相关方的真实诉求,完成了 Web 管理平台和 APP 应用平台的开发,收集余姚全市电力线路分布信息和数据,建立"虚拟围栏",接入北斗系统,实现了防外破自动预警。在"防"的同时注重"育",开发了防外破标准化指导手册,联合有关部门,开展对特种车辆驾驶员的专项培训,形成长效联动机制,从根本上减少安全隐患。截至 2021 年 12 月,余姚市超过 90% 的车辆安装了定位装置,降低了 95% 的防外破管控成本,并累计报警逾千次,成功制止危险施工 468 次,将特种车辆施工导致的电力线路外力破坏事件降至 0 次,大大提升了城市安全治理效率,保障了人民生产生活和生命财产安全,具有极高的推广价值。

二、思路创新

城市范围内供水、排水、燃气、热力、电力、通信、广播电视、工业等管线及其附属设施,是保障城市运行的重要基础设施和"生命线"。为适应经济社会快速发展需要,城市管线的数量和规模越来越大,各种线路管道(如架空输电线、电缆、通信光缆等)分布越来越广泛密集,构成状况越来越复杂,由于其网状分布的结构特点和通道环境的地理因素,其运行安全极易受外界影响。随着城市建设发展不断加快,线路通道附近的郊区、农田、荒地陆续开发使用,大量吊车、挖机、灌浆车等特种车辆出现在通道附近。因特种车辆施工而造成管网管线被外力破坏的事件频繁发生,对线路通道造成损坏的同时,也严重影响了人民群众生命财产安全和城市运行秩序。

由于产权与职责划分等原因,传统的管线安全防控模式主要由电力、通信、燃气等各个部门"各自为政",通过人员巡视、杆塔监控装置等方式开展,投入成本很高而且管控效率和效果都达不到预期。为此,国网浙江余姚市供电有限公司率先打破传统思路,考虑联合多方力量,应用北斗定位、移动互联网等新技术,挖掘数据价值,变被动为主动,改变传统的管线安全管控模式。

(一)从单方到全局,融合多方诉求,整合社会力量

相比于传统电力线路防外破管控主要依赖于供电公司各基层单位加强巡视的方法,余姚公司从城市治理而非仅仅是电力安全的角度出发,认识到电力部门对

管线防外破存在责任，安全部门、业主和车辆驾驶员主观上也都不希望安全事故发生，这就为多方合作创造了基础。余姚公司基于防外破工作经验及前期调研获得的信息，梳理了主要涉及的利益相关方，包括但不限于应急管理部门、交警大队、特种车辆管理单位、驾驶员、施工雇佣方、其他管线公司、用电客户等。通过调研问卷、走访等多种形式，针对所涉及的利益相关方开展调研工作，了解各利益相关方的期望与诉求。在厘清利益相关方核心诉求和深入剖析关键问题的基础上，主动加强与利益相关方的沟通交流，充分识别各方资源优势，确定各方责任边界，推动利益相关方各尽其能、各司其职、合作共赢，共同高效完成项目实施落地，创造最大价值。

（二）从治标到治本，转变工作思路，变更管控对象

由于职责和产权限制，供电公司在管线安全管控工作中，往往只关注电力线缆与设备本身，千方百计保护设备不受损害，投入了大量的人力、物力却收效甚微。余姚公司打开思路，寻求社会各界的帮助，能够拓宽管控范围，获得安全部门和交警大队的支持，建立起与特种车辆管理方和司机的合作关系，能够实现对特种车辆的管控。这一转变使管控范围由5000多个线缆段转变为几百辆特种车辆，可操作性大幅提升。

（三）从人力到数据，多种技术赋能，实现主动预警

明确了管控对象和目标之后，余姚公司创新性地通过软硬件结合的手段，转变"人巡"思路为"智巡"，依靠数据和智能设备，实现外破风险主动预警。依据线路分布、设备状态、型号等信息，建立一张"线路电子地图"，在重点线路周围设置保护区域——"可视电子围栏"。然后，为特种车辆配备安装接入监控中心的北斗定位终端，利用北斗系统的定位功能，实时监控特种车辆定位与状态。一旦监测到吊机、挖掘机等特种车辆在"电子围栏"内施工，系统则立即向电力工作人员发送包含特种车辆位置、车牌号、司机联系方式等信息的预警短信，工作人员可根据定位信息前往现场指挥作业，以防范电力外破事件发生，确保施工人员安全。此系统合理地解决了人巡管理依赖个人判断、信息难以统计整合、无法针对性提前预防等问题，做到自主运行、精确判断、过程实时记录，并且有利于复盘学习，积累有效数据，进一步提升算法的精确性和合理性，实现技术更新和迭代。

（四）从短期到长效，强化交流合作，创造社会价值

在系统应用之后，余姚公司不仅考虑管线安全这一单一问题，还深刻认识到线路外破管控的本质是人的问题，最根本的方式还是提高特种车辆驾驶员的安全意识和电气知识。为此，余姚公司一方面针对三个主要特种车辆类型及其操作场景制定简单易懂、实操性强的标准化指导手册，配合定期安全教育培训，提升特

种车辆驾驶员的安全意识和安全操作水平。另一方面努力推动政府及有关部门将北斗定位智能防外破系统纳入特种车辆安全管理体系，提升对特种车辆驾驶员的监管及保护力度，最终减少甚至杜绝邻近线路保护区内存在潜在安全隐患的施工，实现高效稳定的管理。

此外，余姚公司还积极探索北斗定位智能防外破系统跨行业共享的商业模式，通过实践及宣传，释放项目的商业价值，创造更多社会价值。在硬件不变的前提下对软件部分进行扩展后，系统不但能够应用在电力设施、通信光缆等设备的保护领域，而且可以广泛应用在水管、煤气保护领域，未来还可以延伸至林业、古建筑等保护领域，通过实际的效果吸引多方参与，在共建共享系统的便利性及安全性的同时，大幅促进城市智慧治理，减少因特种车辆施工导致的各类事故，保护社会的经济及自然资产，提升生产生活安全感、满足感和幸福感。

三、实施举措

（一）多方协力绘星图，确定职责边界与管控逻辑

余姚公司认识到项目实施中涉及多方利益，如应急管理部门、交警大队、特种车辆管理单位、驾驶员、用电客户等，必须通过实地走访调研、发放调查问卷等方式，针对利益相关方开展调研，深入分析各方的期望与诉求，基于问题制定精准高效的解决方案，才能实现北斗定位智能防外破系统的创新和推广。

为此，2021 年 3 月，通过咨询应急管理部门、交通及特种车辆经营企业代表，了解到余姚全市特种车辆登记在册 500 余辆，配有司机约 300 人，驾驶员以男性为主，普遍学历在高中及以下，平均年龄大于 35 岁，具备基础安全知识，但缺乏电力专项知识。同时，还了解到特种车辆施工具有流动性强、管控困难、事故危害性大等特点。

对多方调研结果进行综合分析，发现产生城市管网管线外破事故的原因主要有三点：第一，驾驶员多来自特种车辆经营企业或是个体户，企业设置的安全教育没有针对性，个体户甚至未设置安全培训，存在安全意识不足的问题；第二，司机多为施工单位临时聘用，对作业环境无法提前预知，现场作业凭借经验判断，无法完全把控安全；第三，线路管道分布范围广，无法实时进行现场监督管控。

在调研结果的基础上，余姚公司综合分析各方利益诉求，明确了减少车主与驾驶员投入，保护企业方数据与隐私安全，综合利用电力管线数据与北斗定位数据，减少人力投入和实现自动预警等基本思路，并争取到了政府相关部门的政策支持。

（二）数智赋能定星轨，实现移动搭载与主动预警

明确了项目整体思路后，余姚公司组建了 11 人开发小组，构建并完善了北斗定位智能防外破系统的整体架构与工作流程。

北斗定位智能防外破系统主要由三个部分组成，分别是车载定位终端、服务器和报警终端。其中，车载定位终端需要安装到各个特种车辆，以获取特种车辆的地理位置信息；服务器主要用于后台存储电力管线数据，实施数据分析和运算，并实现各项数据信息的后台管理；报警终端主要搭载于供电企业员工作业终端或特种车辆驾驶员手机，用于实时通报潜在的管线外破风险和危险施工风险。

特种车辆启动后，北斗车载定位终端将每 15 秒发送一次定位数据至服务器。服务器后台根据车辆定位数据，与记录的电力线路"电子护栏"数据进行对比分析，若发现在线路两侧 15 米范围内，特种车辆停留超过 5 分钟，将发出预警信息，提示供电公司员工赶往现场指挥作业，防范电力外破事件发生，确保施工人员安全。

确定了项目思路后，向特种车辆经营企业、个体户发放了共计 100 份终端安装意向问卷，回收有效问卷 90 份，其中 80% 同意并支持安装北斗定位终端，保证了后续项目实施的可行性。

（三）落点实践铸星核，实现应用开发与试点运行

明确了系统架构和运行思路后，开发小组完成了 Web 管理平台及 APP 应用两部分开发工作。平台主要由应用服务器、数据库服务器、短信服务、通信服务等模块组成，主要承载三种功能：第一，对车辆车载终端定位信息和报警信息的采集、处理、存储和转发；第二，对客户端软件的指令响应和处理；第三，数据管理，包括用户管理、电网输电线路通道管理、车辆管理、报警管理和日志统计等。

此外，开发小组还收集了余姚全市电力线路分布信息，在平台上开发线路通道分布图，建立"虚拟围栏"，并完成北斗系统的定位数据接入。

在与应急管理部门、市交警大队进行多次专项会议讨论后，达成了三方合作，由市交警大队提供全市特种车辆驾驶员名单与联系方式，协助共同开展电力、交通安全宣传培训并助推"北斗智能防外破平台"落地实施。由应急管理部门对相关工作进行监督、专业指导及必要配合。

在有关部门的支持和协调下，余姚公司持续主动联系各特种车辆经营企业、个体户进行北斗定位终端安装，时间和地点选择都以用户便利为第一考量因素，安装过程中为用户详细介绍了终端及系统的功能及安全性。首批计划安装 300 个设备，截至 2021 年 10 月底，已完成 227 个终端安装。

同时，结合安全教育培训，宣传系统的便利性及实用性，积极跟进、落实反馈意见，不断升级系统，提供更专业、更便捷的服务。平台启用后，同步开展用户反馈收集及平台优化工作，截至 2021 年共收到 135 份用户反馈。用户反馈的主要问题集中在车辆终端会影响某些车辆操作、设备的安全性以及实用性三个维度，目前所有用户提出的问题均已得到解决，也将高频问题的解答纳入安装规范。

（四）反哺社会汇星光，深挖潜在价值与应用场景

在系统完成开发和试点应用的同时，余姚公司还针对三个主要特种车辆类型及其操作场景制定简单易懂、实操性强的标准化指导手册，在市交警大队的支持下，共同组织并开展了安全教育培训会。培训了包含电力设施保护要点、安全驾驶作业注意事项、急救措施等基础内容，并介绍和宣传推广了"北斗智能防外破平台"的相关内容。

项目组积极联动各级媒体平台，对项目推进过程中的文字、照片等材料进行整理，形成报告材料广泛传播，扩大了社会影响力，让更多的群体参与保护管线安全的工作。同时，吸引了通信、热力等其他部门的关注，有效实现了跨界合作，目前，已与宁波通讯公司进行洽谈，达成合作意向，运用"北斗智能防外破平台"减少特种车辆施工对地下通信管廊的破坏。此外，还与市应急管理部门和大数据管理部门合作，推动"北斗智能防外破平台"纳入市政府管理平台，为建设"智慧城市"添砖加瓦。

四、项目成效

（一）经济运行效率三大提升

1. 电网运维效率大幅提升

"北斗智能防外破平台"的应用有效解决了传统管控模式劳动强度高、防护效率低、及时性差等问题，大大缓解了输电线路长、外破隐患多、巡防人员少的矛盾，减轻输电线路巡防工作人力、财力、物力投入。

截至 2021 年 1 月，余姚市 35 千伏、110 千伏公用线路约 760 千米，杆塔数量约 3000 基，电缆井 2000 余个，即有 5000 多个线缆段。目前人工防外破隐患巡视效率为 50 段/日，成本约为 400 元/日，要做到所有区段覆盖，成本高达 40000 元/日以上。采用北斗定位智能防外破系统，管控全程可纳入日常专项工作，等价仅需 2~3 人，成本降低为 800~1200 元，运行效率大幅提升。

2. 社会治理效率大幅提升

借助北斗定位智能防外破系统及特种车辆驾驶员安全教育培训，有效降低了现场作业风险和因责任过失或意外情况导致的线路通道外破事故，从而帮助特种

车辆经营企业及施工单位避免了因作业人员伤亡赔偿、特种车辆设备损害、因外破事故造成停工等各类潜在经济损失。就输电线路而言，2015～2020年，余姚市辖区内10千伏线路因外破引发触电事故平均每年达20次，造成的外破事故占比75%，直接经济损失500万元。"北斗智能防外破平台"应用后，事故数量降至0次，也就意味着创造潜在经济收益500万元以上。

同时，通过与应急管理部门、交通部门等政府部门和单位联动，帮助其全盘掌握特种车辆施工作业各类信息，避免野蛮施工挖断管线的城市"顽疾"，减少因解决事故问题而产生的各项投入，提高社会治理效率，降低运营、维护、监管等各项社会治理成本。

3. 潜在应用空间大幅提升

北斗定位终端一旦在车辆上安装，无须维护更新。在硬件不变的前提下仅需对软件部分进行扩展，便可广泛应用在电信企业的通信光缆、水务集团的供水管网、燃气公司的供气管道、地铁集团的地下轨道等全市范围内各类线路通道保护领域，助力各类线路通道安全性与稳定性提升。

由于保护逻辑类似，延伸开发成本低，后续所有参与单位只需缴纳一定金额的数据管理费，就可以精准获知自身相关管线廊道区域内特种车辆位置信息和享受外破报警服务，提升管线防外破能力，大幅减少每年通过其他方式防外破而产生的管线运维费用。

（二）社会安全质量四大保障

1. 司机生命安全有保障

通过对特种车辆驾驶员进行专业化且有针对性的电力安全教育和应急救援知识普及，帮助驾驶员掌握在架空线路和电缆线路区段施工的安全距离、操作方法、注意事项等有效信息，切实提升施工安全意识和实际操作水平，营造安全的施工环境。同时以北斗定位安全系统为技术，承担起智能安全指挥员的角色，即使存在作业环境复杂、安全指挥员指挥不当等情况，也能让驾驶员的人身安全得到切实保障。

项目实施以来，截至2021年底，已进行了10场近400人次的安全教育培训以及应急救援知识普及，通过对特种车辆司机进行专业化且有针对性培训，切实提升特种车辆司机的安全意识，增强司机驾驶作业规范，营造安全的施工环境。

2. 电网安全稳定有保障

北斗定位智能防外破系统的投入，能够实现输电线路由"被动防护"到"主动防护"的转变，实时掌握特种车辆作业情况，及时发现安全隐患并预警，运检人员巡防效率显著提高，线路外破跳闸率大幅降低，外破隐患预控水平及电力优质服务水平同步提升，电网安全可靠运行得以保障。

平台启动至 2021 年底, 共报警 1093 次, 成功制止危险施工 468 次, 余姚市未发生一起因特种车辆施工导致的线路外力破坏事件。

3. 城市高效运转有保障

通过主动先行先试和跨行经验分享, 余姚公司携手余姚市各参与方共同守好水、电、气、热等城市 "生命线", 帮助余姚市各行各业提高线路通道安全运行管控效率, 杜绝各类线路通道外破事故, 筑牢余姚城市线路通道安全屏障。在 "北斗智能防外破平台" 的帮助下, 特种车辆施工导致的线路外力破坏隐患被消灭在萌芽状态, 避免了由于外力破坏导致工厂失电停产、居民区大规模停电等情况, 维护了电网安全, 稳定了社会秩序, 保障了人民利益。

此外, 通过不断总结提炼成功经验和做法, 形成了跨区域批量复制模式, 能够将余姚线路管道数字化防外破项目成果进一步扩展到宁波下辖各区县(市)。预计 2022 年底在宁波市安装 1000 套北斗定位设备, 还将在衢州、金华等地推广应用, 助力城市高效安全运转, 保障居民日常生产生活, 让城市生活更加安全、安心, 进一步提升人民群众的获得感、安全感、幸福感。

4. 共建共享机制有保障

通过多层次、多渠道、多视角的宣传和展示, 全面提高宁波城市线路通道保护科普宣传实效, 增强社会公众参与城市生命线保护行动的自觉性和主动性, 营造 "供电主导、政府主管、全民参与、社会监督" 的城市安全治理氛围和良好社会风气, 共促和谐社会发展, 共享和谐社会美好。

通过本次项目, 形成了各方共建、共治、共享新机制, 参与各方都得到了利益保障, 也提升了城市治理的系统性效率, 将充分发挥典型的引领作用、示范作用、影响作用、带动作用, 积极助力构建市域社会治理新模式, 为宁波打造 "全国市域社会治理现代化示范城市" 贡献力量。

(二) 环境保护收益两大强化

1. 潜在应用强化环境保护

建设人与自然和谐共生的现代化, 实现生态文明建设新进步, 是 "十四五" 时期经济社会发展的重要目标。通过对技术和系统进一步开发升级, 能够逐步增加和完善 "生态红线位置标记", 帮助特种车辆避开生态敏感区, 主动降低施工作业对动植物和自然生态系统的影响。

2. 监督应用强化绿色施工

通过联动环境保护部门等单位, 将环保监察纳入城市智能治理 "朋友圈"。特种车辆施工作业时, 能够通过实时监控和智能预警, 跟进工程进展, 监督废物处理、场地清理、水土保持等方面环保规范要求是否落实, 确保文明绿色施工。

案例三 构建基于"多规合一"的电网低碳空间规划联载体

——实现电网规划数字化、可视化、精益化*

一、项目概况

电力规划与区县整体规划的"两张皮"问题，是供电企业面临的共性问题。由于电网规划与区县规划中的城乡规划、土地规划、产业规划、生态环保规划等由政府不同部门具体实施，而不同部门之间缺乏有效协同，因此往往会出现电网规划与区县其他规划之间的冲突。这容易导致电网建设中出现电力基础设施建设用地与国土规划用地的矛盾，电网架空线路多杂与城乡环保、美丽乡村建设要求之间的矛盾，既不利于电网规划的落地实施，又不利于供电公司的政企关系管理。自2016年《中共中央 国务院关于进一步加强城市规划建设管理工作的若干意见》印发以来，德清县作为全国"多规合一"首批试点市县之一，在探索构建"横向到边、纵向到底、多规协同"的县域空间规划"一张图"方面展开了系列探索。

国网浙江省电力有限公司德清县供电公司（以下简称"国网德清供电公司"）积极融入"多规合一"试点，通过系统梳理电网规划与其他县级规划之间的矛盾冲突问题以及成因，以"多方联动、价值共赢"的基本思路为指导，深化"多规合一"数字化技术在电网侧的应用，打破多个规划主体之间的"信息孤岛"，构建整合、协同的利益相关方沟通机制，清晰绘制从现状电网到目标电网弹性演进的规划"一张图"，通过全景化展示，指导和辅助电力基础设施规划、设计、建设全过程，为县级供电公司在电网规划中提升与区县规划融合程度提供了可借鉴的模式探索。

二、思路创新

由于县级规划多头矛盾的问题是一个长期存在的普遍共性难题，依托根植项目进行利益相关方识别、协作方案设计之前，国网德清供电公司首先针对当前德清电网规划与其他部门规划不融合的问题表象及成因进行了内部调研、政府规划

* 国网浙江省电力有限公司德清县供电公司姚建华、宋贤良等。

相关部门访谈，发现目前电网规划与其他县级规划的矛盾主要有三个方面：一是国土资源局的土地规划与电网基础设施建设用地之间的矛盾；二是部分区域变电站建设用地与当地市政规划、土地规划、生态规划之间的矛盾；三是电力规划对以"绿水青山"为代表的高质量森林、草地、湿地等生态系统的影响，与地方生态环境规划目标之间的矛盾。这些矛盾表象背后的原因主要有三个方面：第一，规划部门之间的沟通不充分，导致矛盾不能在规划层面得以解决；第二，规划部门之间的数据信息缺乏共享和融合机制，无法在实际建设中进行空间矛盾的事前规避；第三，在"多规合一"的实践中对基础数据的挖掘分析不足，缺乏对有效数字技术的应用，规划协同仍主要依靠人际沟通等传统手段开展，成效有限。

根据对当前德清电网规划与其他规划之间存在的多头矛盾问题及成因，国网德清供电公司依托社会责任根植项目，以创新沟通机制、政企资源共享、数字技术赋能为思路，通过机制创新、数据资源融合、技术引入等系列措施，对电网规划进行数字化、可视化、精益化改造，推动政企规划利益相关方之间形成低碳空间规划联载体，解决电网规划与其他规划"多规难以合一"的问题（见图10-1）。具体工作思路设计如下：

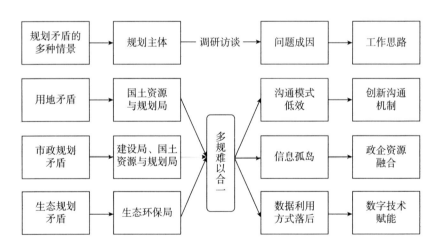

图10-1 "多规合一"社会责任根植项目工作思路设计

（一）创新沟通机制

传统的"多规合一"规划主体之间的沟通机制，主要是由县政府统一协调，县级各单位之间根据职能分工分头进行空间规划、专项规划、控制规划。由于传统管理模式下，不同职能部门之间的"条块管理"特征，各自规划体系和审批流程各不相融，相互之间缺乏沟通机制，存在沟通不及时、不顺畅、低效率的情况，往往难以实现规划体系之间的协同与融合。因此，要想打破电网规划与其他规划之间的矛盾冲突，首先应当通过沟通机制设计、组织创新等方式，为规划主体提供沟通交流平台来提升各规划主体之间的及时交流效率、交流频率；通过建立规划主体之间的沟通机制，形成规划主体之间从规划到实施的长效沟通、及时沟通。

基于以上考虑，国网浙江省电力有限公司湖州供电公司在开展"多规合一"的社会责任根植项目过程中，主要通过搭建规划主体沟通协作平台、改变规划主体之间沟通机制等方法，打破传统规划模式下规划主体的无效沟通模式，实现规划主体各利益相关方之间的沟通机制创新。

（二）数字技术赋能

县域规划的同步并进是规避规划冲突的有效方式，传统规划组织模式主要依靠政府对各规划主体进行统筹，往往难以做到同时规划、实时沟通，造成了专项规划之间存在矛盾，当规划结束进入建设阶段，就容易发生扩建、改建等成本较高、成本分摊责任难以厘清的矛盾。例如，以电网规划与城市规划矛盾冲突较为明显的城市道路建设为例，由于传统规划模式下无法实现电网线路和城市道路建设的实时同步，一旦出现原有电网基础设施铺设阻碍道路建设的情况，基础设施移位、道路建设改道等产生的工程成本难以在供电公司与市政部门之间达成一致，反而会激化部门之间的矛盾。

数字技术的发展为解决传统规划组织模式下难以实现多主体同时规划的难题提供了解决思路。国网德清供电公司依据国网公司建设能源互联网企业、开展数字化转型实践的战略指引，通过引入数字规划技术及成果，如空间地理信息技术、大数据挖掘技术等，缩短不同规划主体开展规划信息差和时间差，提升不同主体之间的规划协同性。

（三）政企资源共享

引入数字技术提升不同规划主体之间规划的协同性和即时性，还需要不同规划主体之间的数据资源、信息资源协同共享。数字化时代，越来越多的供电企业在探索"多规合一"的过程中恰当引入数字技术，提升跨部门的信息交互效率，但是由于信息孤岛的存在，在缺乏资源融合共享的情况下，数字技术和信息系统建设就成了无源之水，难以发挥其作用。

国网德清供电公司在走访各利益相关方的过程中了解到，市政部门、生态环保部门、国土规划部门与供电公司之间的信息资源互不共享，实际上已经形成了规划层面的信息孤岛。要想打破这种信息孤岛，就需要推动规划主体之间形成资源共享机制，从机制设计、技术实现两个层面建立起多主体之间的规划数据资源共享，创造 "1+1>2" 的融合数据生态和数据价值。机制设计上，在条块管理的不同规划部门之间建立起共赢的资源共享机制；资源共享方式上，摒弃传统的信息数据传递模式，积极引入数字新技术进行数据资源开发与挖掘。

三、实施举措

国网德清供电公司依托于社会责任根植项目，基于创新沟通机制、数字技术赋能、政企资源共享的基本工作思路，通过打造跨部门的数据融合生态，形成了"多规合一"的"电网一张图"，实现了电网规划的整体数字化与可视化；以融合数据为基底开展数据价值深度挖掘，基于共赢价值设计基础，实现了电网规划的精细化管理与规划矛盾的智能化规避；通过组织创新开展规划连载体建设、柔性组织建设，改变传统规划沟通模式。

（一）数据跨部门融合打造"规划一张图"

国网德清供电公司从传统规划模式下"多规难以合一"的信息共享不充分问题出发，在如何打破多规划主体之间的数据孤岛、实现跨部门数据融合方面开展了系列尝试。国网德清供电公司以县域空间治理数字化平台"多规合一"模块为基底，通过"多规合一+地理信息+电力大数据"绘制电网规划"一张图"，沉淀规划活数据，实现了多个规划主体之间的基础数据互用共享。

1. 数据资源跨部门融合

第一，整合电力数据资源，绘制电网"一张图"，实现了电网资源数据的整合应用。国网德清供电公司先是利用内部数据资源进行了"电网一张图"设计，通过参考国家电网有限公司新一代设备资产精益管理系统（PMS）和以往配网各项规划成果，梳理县域 500 余条 10 千伏以上电力线路、站点信息和配套电力设施现状，按照设备服役年限、负载轻重程度等关键因素进行分类标记，结合供电分区和供电网格进行颜色标记，实现电力线路位置清晰可见、电力设施状态全面掌握。

第二，通过与国土资源局开展数据共享合作，建设县域地理信息库，对德清的电网地理分布核准并绘制"规划一张图"。将现状电网情况和土地利用、城乡控规、河流路网等地理信息进行相互校核、调整和固化，并结合电力设施普查和隐患排查治理等工作，对地理坐标信息进行校准，绘制精准的现状电网一张图。"电网一张图"能够实现现状电网分电压、分区域展示，初步实现了电网规划的可视化。截至 2021 年 11 月，已整合现有各类规划成果和 35 个配网网格。

2. 规划资源跨部门共享

为了实现电网规划与其他规划之间的协作融合、解决与其他规划部门之间的矛盾问题，国网德清供电公司在推进基础数据的跨部门融合基础上，通过整合多方规划信息，完善形成了"多规合一"底图。

国网德清供电公司以县域地理信息库为基础，将不同规划部门的规划信息进行动态整合，将国土空间规划"三区三线"（即城镇、农业、生态三类空间，城镇开发边界、生态保护红线和永久基本农田保护红线）及交通、水利、林业、燃气等专项规划信息在地理信息库中进行融合。截至 2021 年 11 月，完成德清 3 个重要空间规划、6 个专项规划、7 个乡镇（街道）控规信息的集成可视化，更新 10 万余个地理坐标点。这些地理坐标将自然资源的分布、人造建筑等现有资源分布进行了可视化绘制；同时结合城市发展的其他信息对未来空间中自然空间、人造空间的演变进行了预测，在一张图上同步显示形成了自然空间、人造空间、未来空间三大模块，构成了"多规合一"的规划信息集成底图。

（二）数字技术赋能深挖融合数据价值

基于电力数据信息与地理信息、规划信息的跨部门融合，国网德清供电公司形成了"电网一张图"和"多规合一"规划信息集成地图。为实现电网规划图与规划信息集成图之间的叠加，真正实现电网规划建设与其他规划建设之间的融合与动态相互调整，国网德清供电公司从情景出发引入恰当的数字技术，深度挖掘融合数据信息、规划信息价值。

1. 应用高新地理信息技术推进"两图"精准数据开发

为融合"电网一张图"和"多规合一"规划信息集成地图，并实现对电网规划、其他规划之间互动情况的精准呈现，国网德清供电公司通过发挥德清地理信息产业优势，应用高新地理信息技术成果，构建规划融合的全景电网地图。

一方面，该技术的应用提升了对电网资源布局的可视化呈现度，沉淀形成了电网资源地理大数据库。按季更新的 5 厘米级超高清航飞影像地图，清晰度可观察电力杆塔塔基，并可追溯至少 10 年的历史影像资料，直观展现电力设施发展演进过程。

另一方面，该技术生成全县高精度测绘地图。将全县按 1 平方千米正方分割为近千个标准区块，可分区块调用精准测绘信息，包含等高线、房屋楼层、林木类型、养殖品种等详细信息，为电网项目选址、选线提供重要参考。区域实景三维成像则在德清城区提供更为直观的影像展现，为谋划城区电力线路迁改方案提供便利。

2. 基于地理空间开展数据清洗与融合

数据清洗是对异源数据进行深度价值挖掘的基础。地理空间作为各个规划主体实施规划和建设的基础，只有对多源规划数据在地理空间上进行集成，才能够展开进一步的数据挖掘与加工，为多规融合提供落地的实操性指导。

国网德清供电公司在社会责任根植项目进展期间，以地理空间为底图开展电网规划与其他规划的融合，通过将全县 500 余条 10 千伏以上电力线路和配套电力设施现状信息与空间规划、专项规划、控制规划进行基于地理坐标点的叠加，共形成了 10 万余个地理坐标点，对电网资源分布与县域规划之间的协调与冲突情况做到了精准可视化，为电网规划与其他规划进行冲突处理、规划协同提供了决策信息参考。例如，通过电网数字"一张图"全景展示，国网德清公司开展了全县域电力廊道梳理工作，以全景感知信息为基础，创造性地提出 220 千伏城南变电所由杭州 500 千伏瓶窑变电站跨区域接入方案，较原湖州 500 千伏妙西变电站传统接入方案，减少线路长度约 45 千米，相关成果入选国网浙江 50 个"最佳金点子"。此外，通过湖杭铁路 220 千伏南园牵引站和德清重点推进 110 千伏砂村变电站共享廊道，在减少投资成本、节省土地空间、降低政策处理难度的同时，争取 6 个月内完成湖杭铁路外部供电线路工程。

3. 算法模型创新推进数据价值深度挖掘

基于现有规划信息与电网资源地理分布数据，国网德清供电公司通过算法和模型开发对数据进行深度挖掘，辅助进行"多规合一"的规划设计与决策。

第一，通过模型开发对电力大数据与德清经济统计数据进行结合运算，预测电网运行指标的演进变化。通过利用电力大数据结合县域人口综合分析、行业 GDP 增长率、存量低效用地等数据，对全县负荷增长进行科学测算。通过分析人口增长和周期性流动规律，结合用地性质，将一定区域的住宅用地、商业用地、工业用地互补组成虚拟供电单元，实现单元内削峰填谷。

第二，依据电网演进进行模拟与预测，辅助推动电网规划与其他规划的协同调整。例如，通过对现状电网基础上逐年叠加增改线路，模拟不同的电源布点方案及线路廊道方案，并匹配划定不同方案下的供电范围、避让区域等情形，"两图"叠加后，清晰展现了电网演进与城乡发展间的对应关系，精准辅助电网项目选址、选线方案的优化和比选，避免与城乡其他规划之间的冲突。此外，在园区规划场景下，国网德清供电公司深入平台园区开展用电需求调研，提前介入项目预评价，锚定服务重点发展区域和唤醒存量低效用地两个目标，为统筹县内招商引资项目提供了决策参考。

（三）多方共赢模式设计打造规划生态

通过整合多个规划部门的数据和规划资源，国网德清供电公司基于"电网一张图"和规划信息集成底图的融合，形成了"多规合一"的电网规划平台。随着平台上电力数据、空间地理数据、规划信息数据的规模化增长，数据资产开始产生价值，具备服务于其他政府管理部门的能力。基于此，国网德清供电公司在平台运行过程中同步开展了基于多方共赢的盈利模式设计，保障规划生态主体在进行数据资源信息共享的同时，能够获取均衡的收益，从而保障"多规合一"

规划平台的可持续运行。国网德清供电公司根据现有"多规合一"数字化电网规划平台原型，进行商业化定制转化，形成可推广的通用平台，并与政府相应平台做对接贯通，并根据相应技术标准、行业规划，制定相应管理办法、实施准则等，基本建立了平台运营管理制度。

国网德清供电公司在前期转化应用基础上，积极拓展平台运营盈利模式的应用场景，基于平台用户（规划部门）的需求，逐渐形成了多场景的平台信息服务体系，进行数据价值输出。一是平台付费授权使用，根据用户等级提供不同清晰度的卫星影像底图、标准坐标点数、测绘基础信息等；二是辅助电网前期工作，通过数字化成果和平台工具在规划选址、可研设计等电网前期工作中应用，促进业务精益提升；三是促进招商引资落地，即通过平台全景化展示，依托电力低碳空间规划，引导功能和产业分区聚集，进行用地合规性审查，并为项目选址落地提供可行性方案（含电力接入等配套设施建设情况）。

（四）组织创新共建政企高效沟通机制

基于"多规合一"的数字技术规划平台，规划部门之间的信息孤岛被打破，如何创建及时高效的沟通机制，让平台数据资源流动起来并发挥更大的现实决策指导价值，是国网德清供电公司在社会责任根植项目推进过程中着重设计突破的环节。

以首届联合国世界地理信息大会在德清县召开为契机，联系政府规划部门、地理信息企业和规划设计单位形成低碳空间规划联载体，共同深化应用德清空间治理数字化"一张图"，提升数据信息资源共享合作效率。国网德清供电公司基于与德清县地理信息中心、德清县大数据研究中心的常态化合作关系，形成了跨部门进行数据资源共享合作的模式与经验，在此基础上，通过成立基于"多规合一"电网低碳空间规划联载体根植项目领导小组，制订工作计划、部署督导进度、研究决策相关重大事项。截至 2021 年 11 月，国网德清供电公司推动德清县发展改革委牵头，与德清县自然资源和规划局、德清县地理信息中心、德清县大数据研究中心初步建立了基于"多规合一"电网低碳空间规划联载体根植项目工作机制，对利益相关方各自的工作任务分工、共享资源管理进行了设计，联载体成员单位之间形成了及时沟通机制。

（五）以"十四五"规划为契机探索联载体沟通新模式

"多规合一"联载体各成员单位之间达成沟通合作机制之后，为了探索多部门协同规划的沟通新模式，国网德清供电公司借助多方参与"十四五"规划的契机，探索联载体成员单位之间的沟通新模式。

第一，探索了基于"一张图"数字平台的同步规划沟通模式。在针对白鹤滩特高压德清段选址选线、城南变电所跨区域接入、县城核心发展区域电力线路廊道梳理等问题上，成员单位组建电网规划柔性团队进行常态化沟通，基于"一张图"数字平台开展多次专题研究，共同商定电网项目最优落地时序和建设方案。

第二，基于保障政策确保多方沟通成果的有效落地执行。根据多方沟通的需要，国网德清供电公司推动德清县自然资源和规划局出台《关于明确"十四五"德清县电力专项规划项目站址红线和线路廊道划定的意见》，将多方沟通协作的规划红线内容明确为文件，在具体建设过程中为不同的联载体成员提供了参考依据。

四、项目成效

国网德清供电公司基于电网规划融合数据平台探索"多规合一"落地路径的社会责任实践，在解决电网规划与其他县域规划"两张皮"问题上成效明显。在开展"十四五"规划的过程中，多次有效规避了各部门规划的冲突，初步探索形成了县级供电公司基于数字平台推进"多规合一"的模式。

（一）初步建成三层动态叠加电网规划"一张图"平台

国网德清供电公司通过推动规划主体多方数据融合，利用数字技术赋能，分别绘制"电网资源一张图""多规合一"规划信息集成底图，并且通过叠加数据挖掘进行负荷增长预测和电网规划动态增改预测，在"多规合一"规划信息集成底图基础上形成基于"多规合一+地理信息+电力大数据"的电网规划"一张图"平台，为实现德清县级规划"多规合一"提供了重要的基础平台。

（二）全省率先实现"十四五"规划电网项目红线一次划定

通过"多规合一+地理信息+电力大数据"绘制电网规划"一张图"，国网德清供电公司通过对电网规划数据平台的运营，沉淀了大量规划活数据，在"十四五"规划中充分发挥作用，全省率先实现"十四五"规划电网项目红线一次划定，彰显了基于数字技术平台的协同规划模式的可行性、高效性。截至2021年底，德清通过电网规划"一张图"对电网演进过程的可视化、精细化呈现，制定各方利益综合最大化的选址、选线方案，在全省率先实现"十四五"时期电网项目红线的一次划定，相关做法获湖州市批示肯定，并在全市推广应用。

（三）综合价值创造成效明显

在经济效益创造方面，一是电网规划"一张图"平台有效提升了规划建设效率，为三年内完成德清地理信息小镇、莫干山风景区、莫干山高新区等县内重点区域未来五年近1300多个重点招商引资项目用电需求的规划建设奠定了基础，预计电网项目建设周期平均压缩6个月，建成后电网供电能力提升37.5%，为经济社会发展提供强劲"前驱"动力。二是电网规划"一张图"数字平台通过对地理信息、规划信息、电力数据的深度挖掘，实现了"最快速度、最小影响"完成"十四五"时期规划电网项目选址选线，总计减少电力线路长度 90 千米，节省投资成本至少 3 亿元。三是助力公司人力成本的减少，通过提前规避规划矛盾，可为德清 8 个主网工程和 35 个配网网格建设节省人力成本。

在服务地方经济社会高质量发展方面，一是通过跨区域接入、共享廊道等模式，加速 220 千伏城南变电所、湖杭铁路 220 千伏南园牵引站等工程进程，为杭德城际轻轨、湖杭铁路的重点交通工程提供可靠用电接入，推进德清县进一步接沪融杭，为德清经济腾飞创造了新动能。二是先于"十四五"开局之初完成站址红线、线路廊道"一次划定"，智能生态城线路廊道专项梳理远景预计释放土地资源约 40 公顷，累计节约国土空间资源 360 公顷。

在社会价值创造方面，有效缓和了电力规划与城建规划矛盾，减少了电力基础设施建设与附近居民之间的用地矛盾。结合电力规划"一张图"数据平台，国网德清供电公司依据平台预测信息率先安排走访调研，并在高清影像地图上标记陵园、庙宇、特种养殖等敏感点，电力线路规划过程中尽可能予以避让。在基层同步推进"建党百年，为民办实事"行动，完成 310 个台区、267 千米低压线路改造，有力解决 1.7 万余农村用户用电"卡脖子"问题，大幅减少电网建设过程中政策处理压力。

在生态价值创造方面，有效缓和了电力设施建设与生态环保建设之间的矛盾。通过电网数字"一张图"将选址选线方案与各生态保护区、公益保护林、粮食功能区等规划进行叠加、校核，实现了对重点开发区、生态保护区的提前规避，在白鹤滩特高压工程和德清县"十四五"时期电网规划中，完成对莫干山风景区、下渚湖湿地风景区、良渚古城遗址、瓷之源文化遗址等 20 余处生态保护区域的最优避让。

（四）多方协作的数字化"多规合一"模式初具示范效应

国网德清供电公司在社会责任根植项目进展过程中，注重利用业内权威媒体对阶段性成果进行发布和宣传，利用数字化技术探索社会责任实践模式。截至 2021 年，国网德清供电公司通过打破多部门数据壁垒实现"多规合一"的县级规划模式创新探索得到了主流媒体的关注：在浙江日报刊发报道《德清供电：书写电网演进的"预言"故事》；在浙江电视台民生休闲频道《壹周视点》刊发专题报道《数字化赋能　电网更开放　规划更精准》；在德清新闻头版刊发《以"数字"为媒避规划"雷区"德清电力项目建设周期预计平均压缩 6 个月》。

第十一章 电网企业社会责任实践助力环境可持续发展案例

案例一 精益管控确保"最强"温室气体"零排放"*

一、项目概况

2020年9月，我国提出了"碳达峰""碳中和"目标，努力减少碳排放，增加碳汇，控制大气中的温室气体浓度，减缓气候变化。

六氟化硫是目前已知温室效应最强的工业气体，其温室效应是二氧化碳的2.39万倍，寿命期长达3200年，广泛利用于电力、冶金、交通、半导体、航天等行业。据统计，截至2021年6月，国网浙江电力在役六氟化硫设备达到20272台，六氟化硫气体保有量超过1200吨，预计到2030年六氟化硫气体保有量将超过2100吨。有效限制六氟化硫气体的排放是国网公司助力"碳达峰""碳中和"的重要举措之一。

国网浙江检修公司运用社会责任理念，通过内部工作外部化、外部期望内部化，分析梳理利益相关方诉求，整合企业内部和外部资源，将国网公司、省公司"双碳"行动方案和公司主责主业相结合，依托"六氟化硫气体回收处理中心"，搭建六氟化硫"零排放"精益化管控体系，建立六氟化硫"零排"监测机制，提供"零排"净化服务，构建"零排"志愿联盟，基于实物"ID"构建网内六氟化硫气体循环利用的统一监测、统一回收、统一净化、统一检测、统一循环"五统一"管理新模式，以六氟化硫全寿命精益化管控体系确保零排放目标实

---

* 国网浙江检修公司王静、徐双双等。

现，加速构建合作共赢、清洁低碳可持续发展新模式，助力"双碳"目标实现。

二、思路创新

六氟化硫"零排放"精益化管控体系建设所面临的问题，要站在六氟化硫气体全寿命周期管理的角度去看待，仅靠电力设备运维方"单打独斗"难以彻底解决问题。应当根据不同阶段的风险类型，引入社会化的管理理念与模式，提升各环节泄露风险的防范能力，实施全过程精益化管控，见表11-1。

表11-1 六氟化硫气体全寿命周期管理

阶段	风险描述	利益相关方	实施策略
设备安装阶段	设备运输、安装阶段存在泄露风险	电气设备厂商、建设施工单位、设备安装单位	建立设备全寿命周期监测机制，实施设备安装充气监管
设备运维阶段	运行设备点多面广，六氟化硫气体泄露监测难度大	设备运维单位、设备检修单位	全面布置感知装置，提升设备运行实时监测水平
气体回收阶段	超标废气处置难，回收净化难度高	气体回收处理中心、科研单位、省内其他设备运维单位	推进新型技术应用，提升超标废气回收净化效率

基于六氟化硫气体全寿命周期对现有问题进行剖析，国网浙江检修公司提出：以六氟化硫气体"零排放"为目标，以多方共治、全链条监测、全过程管控为手段，建设基于实物"ID"的网内六氟化硫气体"大循环"，打造统一监测、统一回收、统一净化、统一检测、统一循环"五统一"六氟化硫气体管控新模式，推动区域内清洁低碳、可持续发展，助力"双碳"目标实现，见图11-1。

三、实施举措

国网浙江检修公司立足于央企的社会责任履责担当，以环境、经济、社会综合价值最大化为目标，加强与电气设备厂商、建设施工单位、设备安装单位、省内其他设备运维单位等利益相关方的沟通协作，建立了六氟化硫全寿命周期"三角循环"管理模型（见图11-2），以六氟化硫气体回收处理中心为平台建立统一标准，实现六氟化硫"零排放"联盟覆盖浙江全省。

（一）建立多方合作机制，搭建"零排"监测机制

国网浙江检修公司联合电气设备厂商、建设施工单位、设备安装单位，建立涵盖六氟化硫气体全寿命周期的监测机制，确保气体状态全周期在控。

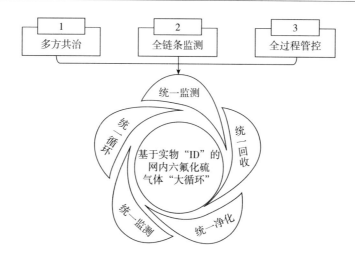

图 11-1　"五统一"六氟化硫气体管控新模式

图 11-2　"三角循环"管理模型

（1）设备安装充气监管。从源头抓起，充分履行"设备主人"职责，一抓设备安装工艺质量，联合电气设备厂商、建设施工单位等共同做好关键点验收工作，确保 GIS 设备套管间密封性达标、无漏气点；二抓设备充气效率，做好建设施工单位作业监管，确保充气环节无不必要气体排放。

（2）设备运行实时监测。充分应用现代信息技术，强化六氟化硫气体在线监测手段，全面布置感知装置，打造设备状态数据互联、辅控监视全覆盖的电力物联网。

（3）超标废气回收净化。基于实物"ID"实现各类六氟化硫设备及气体数量、超标废气回收、净化及再利用信息的精确统计，定期开展超标废气的回收、净化，对于不满足净化条件的，及时协调设备厂家回收，由此形成"三角循环"管理模型，实现全周期精准管控，建立一套完整的合作处理机制。

（二）推进新型技术应用，提升"零排"净化服务

以"六氟化硫气体净化率"提升为重点，对气体回收处理中心的净化装置、净化技术、净化效果、净化质量进行优化升级，确保气体净化过程"零排放"，生产过程"零污染"，打造国内领先的六氟化硫气体回收处理中心。

（1）提升气体回收率。通过在线处理和高性能回收回充技术，大幅提高六氟化硫废气回收率。

（2）提升气体净化率。联合科研单位开展新技术、新装备和新工艺的研发，提升系统对六氟化硫气体中氧气、氨气、四氟化碳等微量杂质的分离效率。

（3）提升气体再利用率。优化六氟化硫回收处理办法，改进气体灌装模式，实现气体对外零排放，提升气体再利用率。

（三）统一标准体系，构建"零排"志愿联盟

依托气体回收处理中心，建立统一的气体信息标准化体系，加强与设备厂家、省内其他设备运维单位（市县公司）沟通协作，以模块化接入多种类别的电力设备信息，将国网浙江电力在役的20272台六氟化硫电气设备与气体管控机制紧密连接。

（1）气体信息实时交互。借助智能终端实现回收处理中心和变电站六氟化硫设备气室状态的实时管控和信息交互，搭建六氟化硫全寿命精益化管理系统，实现对设备检修、退役全过程和六氟化硫全寿命周期数量及质量的高效管控。

（2）组建志愿服务联盟。整合内外部资源，加强省市县三级联建，构建"百万伏·百万福"六氟化硫"零排"志愿联盟，共同推行网内六氟化硫气体循环利用的统一监测、统一回收、统一净化、统一检测、统一循环的"五统一"新模式。

（3）气体"零排"宣传。在公司系统内外广泛开展"六氟化硫零排放"宣传，阐述公司环境保护和安全管理目标，发布六氟化硫气体全寿命周期解决方案，吸引更多内外部人士关注和参与六氟化硫气体"零排"治理中，促进六氟化硫气体回收、分离、净化再利用。

四、项目成效

（一）环保效益日渐凸显，全寿命周期管控实现"零排"目标

国网浙江检修公司携手设备厂商、建设单位、地市公司运维单位等利益相关方，应用"三角循环"管理模式，进一步将六氟化硫气体从充入电气设备后的

全寿命周期各个阶段的易泄漏点纳入监测，实现气体从入网管控和回收处理再利用头尾的有效闭环，确保六氟化硫气体零排放。自 2020 年以来，累计回收净化六氟化硫气体 6.9 吨，回收范围覆盖全省各地市供电公司，基本实现浙江省电力设备六氟化硫气体应收尽收。

（二）"绿色发展"扎实推进，气体循环利用推动电网提质增效

通过对现有的六氟化硫气体处理装置进行改良改进，优化六氟化硫回收净化灌装技术，自主研发的"一种六氟化硫回收、低温注液灌装系统及其工作方法"获得国家实用新型专利，实现气体回收、净化过程零排放，六氟化硫净化处理率从 2019 年的 98.0% 提升至目前的 99.9%，有效提升了循环再利用周期，促进电网提质增效，保护生态环境。

（三）社会效益持续向好，促进六氟化硫"零排"理念提升

通过项目的实施，集结多方力量、多渠道推动"零排"理念传播，使得"零排"理念和社会影响力深入人心，得到广泛认同，形成全民参与防范六氟化硫排放的良好局面，以实际行动助力"碳达峰""碳中和"行动，进一步提升社会公众对国家电网品牌的认同感。

案例二　守护绿色生命线
——基于自然资本核算的百山祖国家公园生物多样性保护*

一、项目概况

百山祖国家公园是华东植物区系起源和演化的关键地区之一，是百山祖冷杉（被列为当今世界最濒危的 12 种植物之一，又被称作"植物大熊猫"）全球唯一分布区、迄今为止亚洲最古老锆石发现地。电网行业不直接依赖于生物多样性资源，但百山祖国家公园内电网每一天的运营都与生物多样性紧密相关。

随着核心保护区保护管理、科研、科普教育等业务用电和一般控制区第三产业的迅速发展，用电负荷增长较快，各类供电设施、线路需要加速更新换代，以保障基础设施的可靠用电。

前期，为了维持百山祖国家公园生产生活用电，管辖范围内配备有 220 千伏

---

*　国网丽水供电公司、国网庆元县供电公司陈悦君、夏莉等。

线路1条，110千伏线路2条，35千伏线路6条，10千伏线路9条。然而35千伏及以下线路大部分投运年限较久且为裸导线，同时线路多穿越树竹林，树线矛盾问题日渐突出；并且片区内多为雷区，高电压等级的输电线路的电气属性使其更容易受到雷电袭击，引发山火的风险也大大增加，造成的环境损失、经济损失不可估量。2020年1月1日至2021年7月百山祖片区共发生故障停电30余次，其中雷害19次、树障11次、鸟害1次。

这就需要在部分生态红线内增加或改造部分线路杆塔（原先未在线内）；同时，日常运维过程中如何避开野生动物活动区域开展日常运营也尤为重要。

二、思路创新

如何处理好电网与生物多样性保护之间的关系，在做好片区供电工作的同时又减少对环境的破坏？这是百山祖国家公园区域内电网发展和生态保护的重点和难点。

（一）深入开展电网生态调查

统计线路走廊1~2千米半径范围内的珍稀动植物种类、数量及分布情况及杆塔所处地形、水源及动物食物源等信息，结合其他相关数据信息，了解当地珍稀动物活动习性、珍稀植物分布规律，以期在此基础上更好地制定生物多样性保护措施，见表11-2和表11-3。

表11-2　百山祖保护区的线路长度

线路名称	线路长度（千米）
220千伏濠宏24P1线	67.102
110千伏宏庆1074线	56.723
110千伏宏元1076线	56.723
35千伏洲山3693线	30.234
35千伏百龙3671线	20.786
35千伏黄洲3697线	37.921
10千伏斋郎183线	23.357
10千伏合湖184线	26.234
10千伏桐梓185线	12.743
10千伏林场182线	8.233
10千伏和山191线	18.326
10千伏庆五111线	13.789
10千伏黄湖164线	10.782

表 11-3　百山祖国家公园电力线路走廊附近动植物分布分析（以林场 182 线为例）

线路名称	杆号	海拔（米）	植物分布	动物分布	水源分布
林场 182 线	1~9	1100	针阔叶混交林、常绿阔叶林、杉木林、毛竹林	野生脊椎动物 417 种，昆虫 2205 种；其中国家重点保护野生动物 49 种，包括黑麂、云豹、金钱豹、虎、黄腹角雉、白颈长尾雉、金斑喙凤蝶等国家一级 7 种、国家二级 42 种	均有沟涧分布
林场 182 线百山祖管理站支线	1~17	1100~1500	山地矮林、针阔叶混交林、常绿阔叶林、杉木林、毛竹林	野生脊椎动物 417 种，昆虫 2205 种；其中国家重点保护野生动物 49 种，包括黑麂、云豹、金钱豹、虎、黄腹角雉、白颈长尾雉、金斑喙凤蝶等国家一级 7 种、国家二级 42 种	均有沟涧分布
林场 182 线保护区管理站支线	1~20	1500~1700	山地矮林、灌草丛	野生脊椎动物 417 种，昆虫 2205 种；其中国家重点保护野生动物 49 种，包括黑麂、云豹、金钱豹、虎、黄腹角雉、白颈长尾雉、金斑喙凤蝶等国家一级 7 种、国家二级 42 种	均有沟涧分布
林场 182 线保护区管理站支线	20~顶峰地埋电缆	1500~1856	山地矮林、灌草丛、百山祖冷杉（海拔 1700 米）	野生脊椎动物 417 种，昆虫 2205 种；其中国家重点保护野生动物 49 种，包括黑麂、云豹、金钱豹、虎、黄腹角雉、白颈长尾雉、金斑喙凤蝶等国家级 7 种、国家二级 42 种	1720 米以下均有沟涧分布

（二）深入思考电网与自然关系

早在 20 世纪 80 年代，考虑百山祖海拔高植被低矮，并且大部分为杉木，百山祖镇至管理站线路采用架空线路且 70% 沿着公路设计，能够较好地保护植被。管理站至百山祖瞭望台线路则采用地埋电缆，与通信线、国防光缆共同走线，并在埋好的路径上加增石材堆砌，有效防止水土流失。孑遗植物百山祖冷杉处监控及科研用电也采用地埋电缆，尽可能不影响百山祖冷杉的生长环境。

在规划选址阶段，选址选线满足生态环境保护相关要求，提出环境保护、水土流失预防和治理措施；在项目施工阶段，落实环评报告与水保方案及批复，严守环境保护、水土保持法规要求，组织开展竣工环境保护验收，收回、净化处理和循环再利用六氟化硫气体；在设备退役阶段，开展电网废弃物减量化、资源化、无害化处置。

（三）积极引入利益相关方参与机制

分析百山祖国家公园电网运行、维护与生态环境保护之间的客观矛盾，识别百山祖国家公园创建工作领导小组办公室、地方政府、国家公园内社区居民、个体经营户（合作社）、国家公园内企业（水电企业）等利益相关方，发挥电网资源配置平台作用，以"电网运维+环境保护+生物科研+科普宣传"为主体的履责共同体协力推进百山祖国家公园生物多样性保护工作。

寻找社会资源和专业力量支持，和百山祖自然保护区管理处、庆元国家森林公园、鸟类保护专家等建立联动机制，共同推动"植物大熊猫"唯一栖息地——百山祖国家公园生物多样性保护项目实施得更科学、更规范。例如，委托百山祖自然保护区管理处对国网庆元县供电公司员工进行培训，多角度识别和监测动植物，并制定形成相应员工行为公约。

三、实施举措

在通过社会评价调查、实地调查等方式掌握电网与珍稀动植物信息的基础上，国网庆元县供电公司探索电网和自然环境相处新模式，主动引导员工参与生物多样性保护，针对不同珍稀动植物栖息情况制定不同类型的电网改造、运维方案，进行差异化管理，在尽可能不伤害或减少伤害环境的前提下，按照输电线路运维原则，改变传统电网建设、运营方式，实现电网、人与自然的和谐共处。

（一）开展差异化改造，最大限度减少伤害

依托于前期研究，尝试多种方式开展差异化改造，力求做到电网建设最小范围影响生态环境。首先，在电网易受雷击区域，对比分析不同型号避雷器适用性，"一线一方案"对易雷击区域线路开展差异化防雷改造，尽可能减少因雷击造成的停电。其次，在树线矛盾突出区域，改变原有 10 千伏电杆架设方式，将电杆改为电塔，提高电力线路高度（原先 15 米改成 25 米），在降低后期维护成本的同时最大限度减少线路廊道下对珍稀植物的破坏，而且采用线路差异化改造的方式，通过在每个点进行一到两个基电杆的改造，用较少投资提高电网可靠性，累计减少了电网投资上千万元，见表 11-4。

表 11-4　林场 182 线差异化改造成效对比（以改造三基铁塔为例）

类别	改造前	改造后
线路长度	8.65 千米	8.23 千米
杆塔类型	水泥杆	水泥杆+铁塔
线路廊道用地	2100 平方米	150 平方米
伐青次数	2 次/年	0 次
树线矛盾引起跳闸次数	2 次	0 次
雷击引起线路跳闸次数	2 次	0 次
线路供电可靠性	99.98%	99.99%

2020 年，国网庆元县供电公司根据林场 182 线路路径、地形特点及下方树木植被生长情况，制定 182 线差异化改造策略，在林木茂密区域改造为铁塔支撑，抬高线路架空高度至 35 米，彻底解决树线矛盾，减少运行维护过程人工干预频度以保护生态，同时加装多腔式避雷器，减少雷击伤害，提高电网运行的可靠性水平。

受传统设计标准、山区投资成本高等因素制约，早期山区 35 千伏变电站普遍存在单线供电、单母线接线的情况，供电可靠性和优质服务工作存在较大压力。国网庆元县供电公司积极探索解决山区电网薄弱的有效方法，创新推出了跨电压等级的备自投方式，一旦发生 35 千伏线路或母线失电的情况，备自投装置会自动断开 35 千伏电源及主变 10 千伏开关，随后合上 10 千伏备用电源开关，整个过程在几秒内就能完成，增加了电网运行弹性，最大限度保障了末端电网供电的可靠性。

（二）开展个性化管理，多方面守护"绿水青山"

针对百山祖国家公园原有电力线路维护问题，供电公司联合百山祖国家公园护林员团队，开展线路维护、森林防火、野生动植物保护、打击非法进入核心区等各类专项保护行动，最大限度地减少了人为活动对该区域的影响。同时，组织员工学习动植物识别图鉴，增加对百山祖国家公园范围内动植物的认识，配合编制《百山祖国家公园系列丛书》7 本，持续挖掘释放其潜在的科考研学优势，把百山祖国家公园打造成为集科普、科研、科考与教学实训为一体的综合性基地。

基于百山祖国家公园以农业为主、产业结构单一、资源依赖性较强等特点，供电公司构建以电能为主的清洁能源消费体系，深拓电能替代，开展电暖菇农、电助非遗等一系列综合能源示范项目，帮助用户转变绿色生产生活方式，促进生态产品价值转换，实现能源消费绿色转型升级。

此外，为了保持百山祖国家公园"三江之源"水生态，国网丽水供电公司整合国家公园内小水电资源，试点开展百山祖流域梯级水电站智慧调度策略研究，增加能量流动，保护"三江之源"水生态系统。景宁畲族自治县金坑洋水电站是百山祖国家公园规划区唯一矿产水电类企业，从谈判、评估、补偿到断网拆除，仅在百天内就完成了核心保护区金坑洋水电站的清零工作，并对坝区通过生态修复复绿，有效实现企业为生态让路，形成了国家公园水电退出、生态改造的丽水实践。

（三）引入自然资本评估方法，评价生物多样性保护成效

项目开展后，国网丽水供电公司通过自然资本评估方法对具有实质性的影响和依赖进行定性、定量和货币化评估，见表 11-5。

表 11-5 项目目标受众分析

目标受众	诉求与期望	参与方式
内部受众		
国网丽水供电公司	·降低电网建设运维项目风险（经济、生态和社会） ·减小电网建设运维对企业自身和百山祖国家公园保护区的负面影响 ·增加电网运营对企业自身和社会的净效益	·为项目提供真实的、准确的信息和数据支持 ·配合项目组实施调研和访谈 ·参考本案例研究成果，提升基于生态友好型的电网建设运维能力
员工	·保证工作环境基本适宜 ·保障人身安全	·参与生态友好型的电网建设运维工作实施
外部受众		
环境主管单位	·降低野生动植物被伤害的概率 ·原生动植物生存环境不被破坏	—
周边社区及客户（居民、学校、其他企业等）	·电力带动经济发展 ·用电安全可靠 ·避免环境问题对自身安全和生计的影响	·对项目活动进行监督和提出建议
百山祖国家公园管理局	·避免环境问题对社会产生负面影响	·为项目提供政策法规和信息支持 ·作为重要相关方与当地供电公司合作生态保护
媒体	·监督工程建设不对生态环境产生负面影响 ·挖掘新闻，报道亮点实践 ·加强合作，参与企业、社区等生态保护活动	·对项目活动进行监督和提出建议 ·作为相关方对生态保护实践进行传播

对于本项目来说，发展建设生态友好型电网和实施生物多样性保护，是为了回应经济、环境、社会协同、绿色、可持续发展的要求。对其自身的影响可能形成企业成本或企业效益。

本次评估中的企业成本体现在以下方面：在电网运维过程中，国网庆元县供电公司投入 578.76 万元用于 10 千伏斋郎 183 线、合湖 184 线差异化改造，投入 153.06 万元用于 10 千伏斋郎 183 线、合湖 184 线综合防雷改造，投入 12.23 万元用于电力护林员对百山祖国家公园辖区内线路通道运维，共计产生企业成本 744.05 万元。这些企业成本均是百山祖国家公园生物多样性保护项目的直接投入，已经产生了濒危生物繁衍、栖息等相应成效。

四、项目成效

（一）经济效益

国网员工救助的黑麂（国家一级保护动物）、阳彩臂金龟（国家二级保护动物，曾在1982年被宣布灭绝）、猕猴（国家二级保护动物）、白鹇（国家二级保护动物）、南方红豆杉（国家一级保护植物）等珍稀动植物，价值200余万元，种植珍稀树种800余棵，价值17万元。

（二）社会效益

百山祖国家公园创建切实助力辖区人民致富，辖区人民生产方式和生活质量的改善提升，为当地生物多样性相关传统知识的传承起到了积极作用。国家公园辐射范围内32个村基础设施明显改善，农民收入持续增加，村集体平均收入达74.65万元，比丽水市同类地区平均水平高48.9%。

（三）电网效益

2021年因树障导致的线路故障跳闸共计1次，同比2020年减少66.67%，2021年因雷击导致的线路故障跳闸共计6次，同比2020年减少50%，一方面大大降低了因线路遭雷击或者树线矛盾引发森林火灾的概率，另一方面也提高了供电的可靠性，为经济社会发展提供了安全可靠的电力保障。同时，电网建设运维也会产生一些社会成本，如汽油、柴油使用排放的温室气体，货币化估值为1.57万元，电网建设运维对自然资本影响和依赖价值评估见表11-6。

表11-6 电网建设运维对自然资本影响和依赖价值评估

影响/依赖	评估指标	定性	定量	货币化（万元）
企业生物多样性保护成本增加	电网差异化改造	—	—	578.76
	电网综合防雷改造	—	—	153.06
	线路通道运维	—	—	12.23
	线路智能巡检	—	—	*
电力设施故障	因鸟类、蛇类等动物引起线路故障次数同比下降	—	96%	—
	因树木压线引起线路故障次数同比下降	—	66.67%	—
栖息地影响	噪声分贝	达标	—	—
	运维工作汽油使用量	—	1724升	1.21
	运维工作柴油使用量	—	537.863升	0.36

续表

影响/依赖	评估指标	定性	定量	货币化（万元）
稳定供电	因鸟类导致的输电线路故障	—	3 次	—
	停电时长	—	＊时	—
社区福祉	社区带动成效	国家公园辐射范围内 32 个村基础设施明显改善，农民收入持续增加，村集体平均收入达 74.65 万元，比丽水市同类地区平均水平高 48.9%	—	—
土地资源利用	临时占地面积	—	＊公顷	＊
	永久占地面积	—	＊公顷	＊

注：表中"—"表示此项不需填写，"＊"表示此项内容暂缺。

根据自然资本评估机制核算，本项目产生的企业和社会总效益大于企业总成本，即国网丽水供电公司在百山祖国家公园实施的生物多样性保护项目为生态环境产生的价值大于其实践举措投入的价格，说明本项目取得了可持续的积极成效。

百山祖国家公园作为全国首个生态产品价值实现机制改革试点，率先开展国家公园生态系统生产总值（GEP）单独核算，完成了百山祖园区县乡村三级生态产品价值核算，根据核算报告显示百山祖国家公园 2019 年 GEP 达 536.40 亿元。其中，物质产品价值为 12.77 亿元，占比 2.38%；调节服务价值为 119.60 亿元，占比 22.30%；文化服务价值为 33.23 亿元，占比 6.20%；支持服务价值为 370.80 亿元，占比 69.13%，进一步凸显了生态保护的价值。

第十二章 电网企业社会责任实践助力特殊群体公益服务案例

案例一 社会救助对象免费用电线上"一件事"服务模式，助力电力政策普惠群众[*]

一、项目概况

2021 年是"十四五"规划的开局之年，也是向第二个百年奋斗目标进军的开启之年。为不断增进民生福祉，坚持"人民利益无小事"的工作思路，国网衢州供电公司积极响应党和国家、网省公司的号召，注重解民忧、纾民困，及时回应群众关切，持续改善人民生活。在梳理并解决群众诉求的过程中，我们发现，部分涉及电力及其他企业协同的工作中，还存在群众办理业务来回跑、部分社会救助对象（指最低生活保障家庭、最低生活保障边缘家庭和分散供养特困人员）用电政策享受不到位等现象，群众办事堵点依然存在，政策执行的覆盖范围有进一步扩大的空间。2020 年末，国网衢州供电公司主动担责，试点推进，积极对接市发展改革委、市民政局、大数据中心等利益相关方，厘清诉求及问题，通过系统梳理扶持政策、加强数据共享、优化政策兑现流程，简化群众办电流程，深入推进社会救助对象免费用电线上"一件事"服务新模式，不断提升用户体验感、幸福感和获得感，在助力电力政策普惠群众的同时，彰显国网公司责任央企形象。

---

[*] 国网衢州供电公司骆晗、徐梦佳等。

二、思路创新

聚焦上述问题，国网衢州供电公司坚持社会责任根植的理念和方法，秉承全流程"一件事"办结的概念，识别利益相关方，加强沟通调研，厘清责任边界，盘活社会资源，主动对接衢州市发展改革委、民政局，强化议题沟通，形成推动各方沟通解决难题的方案，探索经验、固化机制，加大沟通传播，推动新模式的全面推广。

（一）责任根植，坚持多方参与，达成合作共识

社会救助对象免费用电线上"一件事"服务改革，涉及市民政局、市发展改革委、供电公司、各级人民政府等多个利益相关方，每一方都是改革的重要一环，这并非一个部门、一己之力所能成，须树立各利益相关方"一盘棋"思维。国网衢州供电公司从利益诉求、目前困难、资源优势等方面着手，通过走访调研、问卷调查、座谈会等方式认真梳理各方所涉的困难和问题，找出关键症结。社会救助对象希望减少跑腿次数，足不出户即可享受优惠政策，政府期望通过改革优化营商环境，供电、民政等部门也希望减少群众跑腿次数，加快政策精准落实，各方改革诉求强烈，但改革是一项系统工程，各单位之间的信息壁垒等为改革也带来了顾虑。为此，国网衢州供电公司，通过寻求上级政府支持，优化政策应用，引导各方着眼长远价值，形成优势互补、相互协作的合作意愿，见表12-1。

表 12-1　利益相关方分析

利益相关方	利益诉求	目前困难及顾虑	资源优势
政府	（1）群众少跑腿的迫切诉求，让信息多跑路； （2）加强各单位、部门的沟通合作，提升办事效率，提升公信力	对各单位、部门的专业流程不够了解，顶层设计困难，需要专业部门牵头	（1）改革权威性； （2）对单位、部门考核有很高的权重占比，可作为改革的总协调方推动改革； （3）拥有信息平台，政府服务网、"一窗受理"云平台
供电公司	（1）减少群众跑腿次数，提升供电服务满意度，降低投诉风险； （2）业务流程更规范，提升办事效率； （3）彰显央企风范，落实社会责任根植，有良好的宣传效益，品牌输出	（1）优惠政策涉及的群众多、分布广，工作量大； （2）群众对于业务办理流程不理解； （3）作为企业，需要政府的支撑，推动其他单位、部门的改革	（1）作为业务执行部门，了解流程，可以作为牵头方，制定方案，明确各单位、部门的职责边界； （2）前期优化营商环境方面改革经验丰富，可以作为参考

续表

利益相关方	利益诉求	目前困难及顾虑	资源优势
民政局	（1）减少群众跑腿次数； （2）业务流程更规范，提升办事效率； （3）得到人民群众理解，提升政务服务形象	（1）优惠政策涉及的群众多、分布广，工作量大； （2）如何更好地推进改革，之前的业务模式已固化，改革缺乏动力	政策落实的核心部门
各基层人民政府、街道办事处	（1）减少群众跑腿次数； （2）业务流程更规范，提升办事效率； （3）得到人民群众的理解，提升政务服务形象	优惠政策涉及的群众多、分布广，工作量大	是政策落实对象的基层服务站，也是核实优惠政策落实对象新信息的处理部门
大数据中心	希望能帮助政府做好数据共享的工作	政企及企业间数据壁垒，系统间数据接口的打通是否会碰到阻碍	公司与政府数据专线的中介方，是大数据共享的专用平台
社会救助对象	减少跑腿次数，足不出户即可享受优惠政策	（1）无法及时获取优惠政策； （2）办事所需材料多，需到供电营业厅办理，增加跑腿次数和费用	支持改革，体验服务，反馈难点，提出建议
媒体	新宣传点，吸引关注	（1）缺少活动载体； （2）缺乏报道亮点	（1）加大宣传，积极推广； （2）监督追踪，引导舆论

（二）信息共享，业务协同，创新社会救助对象免费用电办理新模式

在政府的大力支持下，围绕"免申请、不用跑、全享受、无感办"的工作目标，以"政策找人，精准服务"为核心理念，国网衢州供电公司根据《国网浙江省电力有限公司关于完善社会救助对象优惠用电政策的实施细则》，联合省公司、省民政厅，打通民政部门大救助系统与供电公司办电服务平台，民政部门在办理社会救助对象认定时，浙江省大救助信息系统实时共享社会救助对象信息至办电平台，相关免费用电申请资料线上共享流转，供电公司在线进行资料审核，当日办结免费用电登记，实现社会救助对象免费用电申领线上联办，符合政策群众应享即享，全程"无感"，见图12-1。

（1）供电公司。负责社会救助对象免费用电落实工作，及时处理社会救助对象联办工单，做好推送户号名单、联系方式及住址核实工作，负责用电减免政策"免申请"兑现；组织开展存量社会救助对象用电户号的核查工作，核实无误后及时完成相关优惠电费的退补工作；对联络不上的社会救助对象提供红船党员服务队上门核实工作；配合乡镇、社区查询新增户用电户号。

（2）民政局。做好社会救助对象信息共享及审核确认工作，源头性收集新

增社会救助对象的用电户号、户主姓名及联系方式、经办人姓名及联系方式、家庭住址等信息，确保完整准确；负责每月定期向各供电公司推送社会救助对象综合信息；负责跟踪监督政策兑现进度。

（3）各级人民政府、街道办事处。负责协调安排各社区和村委定期完成社会救助对象信息的收集上报工作，并对收集上报的数据质量进行审核把关，配合供电公司做好存量困难群众用电户号等信息核查工作，确保社会救助对象免费用电相关政策落实到户。

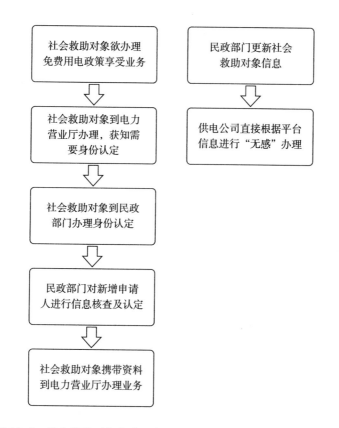

图12-1　社会救助对象免费用电线上"一件事"办理流程前后变化

（三）主动试点，固化创新机制，优化复制推广

该项工作的顺利开展，打破了政府和电力企业的数据壁垒，统筹各方数据资源，贯通各项业务信息，推动了社会救助对象免费用电"一件事"线上联办的覆盖面，加快业务流程办理的速度。通过增强部门协作、再造兑现流程等方式简化办电业务所需资料，实现"免申请"办理，做到社会救助对象政策享受"不

用跑成常态、跑一次是例外"，在衢州市形成优秀典型经验推广至全省乃至全国范围应用。

三、实施举措

（一）有效沟通，理清意愿诉求，达成各方合作共识

2020年末，衢州供电公司从统筹谋划社会救助对象免费用电线上"一件事"服务新模式的全局着手，明确各利益相关方，通过法律政策层面解读政府、民政局、供电公司、社会救助对象等在政策落地过程中的责任和义务，厘清各方意愿、能力、资源和优势，主动走访各利益相关方，积极推动各方达成合作共识，共同破解难题。

（二）资源整合，贯通数据通道，实现系统资料共享

自2021年初，在多方合作的努力下，衢州供电公司与政府大数据中心积极对接，将民政部门大救助系统与供电公司办电服务平台贯通，建立以"社会救助对象"为试点模块的数据共享及信息收集。目前已实现"社会救助对象"信息数据共享并开通政策一键享受，通过供电公司后台信息核对及对象认定操作，实现政策红利快速释放，精准传递给需求用户。

（三）业务培训，提升业务素质，提升员工优质服务

2021年初，衢州供电公司营销业务人员由上至下先后多次开展"社会救助对象"相关政策文件解读的培训班与实操课程，其中针对直接面对客户的一线营业人员开展业务强化培训，厘清基本概念，熟悉操作手册，建立营业人员学习培训档案，制订专业的培训计划，全面提高营业人员的业务能力，以便更有效地为"社会救助对象"提供便捷高效的服务。截至目前，共开展集中培训及营业厅内部培训30余次。

（四）广泛宣传，扩大社会影响，争取多方理解支持

目前"社会救助对象免费用电线上'一件事'服务"已被浙电e家、电网头条、浙江工人日报、国网衢州供电公司等多媒体平台进行政策解读及跟踪报道，引起了社会各界一定的关注量，引导部分社会救助对象主动了解并进行申请，便于政策传播与营业人员工作开展，更有效地凝聚了各方力量，加快政策的落地执行。接下来将持续借助各方新闻媒体、微信群、微博、短信等渠道资源，建立全方位宣传推广方式，吸引社会的广泛关注。

四、项目成效

（一）数据贯通，信息互联，打造快速办电新模式

通过贯通民政部门大救助系统与供电公司办电服务平台，让数据在线上流

动，办电纸质材料由原来的 5 份减少为 2 份，办电业务时长由原来的 4 个工作日减少至 1 小时，信息线上一键共享，大大降低各部门的重复工作量，便于后期开展核查与更新工作，提升各部门的工作效率，畅通工作信息，形成高效的管理运维模式。

（二）线上办理，数据跑腿，提升群众生活幸福感

由"群众跑腿"转变为"数据跑腿"，办电流程简化，解决社会救助对象认定不及时、政策没有全覆盖和客户多头跑等问题，做到"群众跑腿做减法，一次都不跑"，实现政府安心、企业省心、百姓舒心的各方价值共赢共体现。

（三）总结经验，固化机制，形成可复制管理成果

目前该工作以衢州市为试点地区，取得良好效果。在推行过程中，衢州供电公司收集总结推进过程中发现的问题，不断优化管理体制机制，进一步深化与利益相关方的进一步合作，充分发挥地区网格员作用，实现社会救助对象群体"应享尽享、一个都不少"。目前，在浙江省电力公司的支持与帮助下，已完成向浙江省各地市公司推广，进一步扩大国家政策红利普惠至所有符合条件的对象，为促进浙江省率先建成共同富裕示范区工作打下坚实的基础。

（四）主动服务，普惠群众，彰显公司社会责任

国网衢州供电公司通过实施社会救助对象免费用电线上"一件事"服务新模式，加强对社会救助对象的关切，助力电力政策普惠群众，全面释放政府改革红利，积极履行社会责任，增进了社会各界对"国家电网"品牌的认同，进一步彰显国家电网的责任央企形象，为支撑国家发展的宏伟蓝图体现"国之重器"的力量和担当。

案例二 新冠肺炎疫情防控常态化背景下的"侨雁归巢"接力体系构建*

一、项目概况

随着进入内防扩散、外治突发的新冠肺炎疫情防控常态化时代，国网青田县供电公司紧密围绕防疫防控要求，扎根立足以服务侨商归乡发展为社会责任的目标内核，从区域经济结构调整、侨乡发展转型关键、回流资源盘活机制等多维度

---

* 国网青田县供电公司谢凯、陈智洲等。

精准切入，为解决三大问题热点：一是打通疫情时代下的华侨发展阻断，充分引导海外侨胞对地区区域建设、市场投资关系、基层电力服务等发展路径与要素有明确认知、了解，从情感联系上引导侨胞侨眷将自身事业与国家发展实现同频共振；二是破除经济复苏期的华侨服务困境，快速打破协同服务集群不共联、目标服务平台不共建、公共服务资源不共享、实践服务机制不共管、营商服务环境不共治的单打独斗局面，从基础环境上创造吸引侨商侨资归乡与回流的有利条件；三是解决基层电力层的华侨工作滞缓，精准聚焦办电接电的华侨需求、拓展电力市场的电网需求、涉侨公共服务的社会需求，架联更加广阔的协同平台，提供更加多元化的专业服务，为促进华侨归国创业、引领华侨资本回归创造优良的营商环境。基于此，青田县供电公司通过创新构筑"侨雁归巢"接力体系，与青田县政府、县侨办及社会各界合力推进"侨"特色服务、"侨"要素回流、连心"侨"传播，切实助推经济竞争力、精准服务力、品牌价值力的三维提升。

二、思路创新

（一）根植"新侨情大侨务"社会责任理念

随着供给侧结构性改革持续深入、新旧动能转换逐步加快，区域发展在积极响应疫情防控工作要求时，势必会影响区域综合建设、社会生产生活、区域电力供求等基础运转。为此，国网青田县供电公司紧密围绕"美丽青田幸福侨乡"发展内核，基于建设"富饶秀美、和谐安康"特色实践，提出了根植"新侨情大侨务"的社会责任理念。为此，首先要认清两个信息不对称的难题：

（1）区域发展方面的信息不对称。新冠肺炎疫情下的各国经济环境持续恶化，严重挤压了青田县侨胞的生存空间，催生了海外华侨华商"回青寻找新商机""扎根中国做生意"的想法。但是由于常年在外打拼，对青田县的投资环境、政策的学习解读、市场的供需状况等信息掌握不够全面、准确，应对经验和准备也不够充分，导致他们对回乡发展存在困惑和迷茫。

（2）电力服务方面的信息不对称。电力保障的安全性和可靠性、电力服务的先进性和优质性、电力设施的便利性和环保性，是招商引资、引才的基础条件之一。但是由于受制于海外华侨基数大、距离远、分布广、流动快等影响，青田电力在面向华侨相关办电业务、用电服务等情况的应对上，存在一定难度的困境和特殊需求，在实际供需关系响应上仍存在较大的提升空间，见表12-2。

（二）植入"责任治理与发展共同体"策略

由于海外华侨的旅居、定居特点，成长、生活不同，相对形成了特定的华人社区与社会环境，在新冠肺炎疫情常态化的影响下，其工作与生活圈层不断受到

表 12-2 海外华侨涉电业务困境

受限原因	需求	困境分析
距离远、时限难	办理国内用电业务、用电服务	一是时间限制，受个体工作时长、实际作业时段等因素限制，致使对用电政策的理解、业务执行的要求、具体事项的落实存在难处；二是空间限制，长期在海外工作和生活，办电用电业务与服务的落实上需要亲自返回国内办理或请人代办
路径少、流动快	回乡招商引资、侨资回流投资新能源领域	缺少咨询办理政策、办理手续等信息的渠道，对标解释的职能部门及单位沟通上难以快速对接
语言难、群体大	特定办电业务（人才引进的驻地、发展企业）	在高级人才、特殊人才等引进政策下，存在地方方言、外语对话等沟通问题，部分人不能及时、快速了解电费单据及相关文件，对所在国家用电信息、办电流程等具体过程与方向了解甚微，造成环境用电衔接中断
基数大、分布广	国内留守的老人和小孩应对用电故障问题	留守老人和小孩无法及时正确地处理故障停电、家中漏电跳闸等用电问题，存在重大的用电安全隐患

压缩，开始偏向相对接触距离更近、需求关系更直接的目标集群，区别于已有联系的利益相关方，更需要宽泛的联系圈层，为侨胞回归、侨资回流提供充分的组织保障、智力支持和舆论氛围，为此，亟须从三个集群关系上植入"责任治理与发展共同体"策略的落地，见图 12-2。

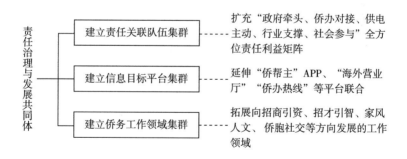

图 12-2 探入"责任治理与发展共同体"策略

（1）建立责任关联队伍集群。随着一代、二代、三代华侨开始事业交替，新冠肺炎疫情发展下的基数不断增加、侨情持续变化，侨务工作的对象、内容和要求已经超出了侨务部门的服务能力，现有侨务工作格局已经与新机遇、新形势、新要求不相适应，亟须整合各利益相关方的资源与优势，建立政府牵头、侨办对接、供电主动、行业支撑、社会参与的全方位责任利益矩阵。

（2）建立信息目标平台集群。基于现有"侨帮主"APP、"海外营业厅"、

"侨办热线"等平台落地，在关系到本人、代办人、供电公司及其他相关单位多个主、客体时，存在相对独立操作的单一服务、信息传输的单向受理、程序推进的单环作业等问题，一次到位办理完成不够及时，亟须以供电服务为入口，打开相关服务领域，建立更有效、更契合的平台联合，为侨胞回归创业提供精准服务。

（3）建立侨务领域集群。结合新冠肺炎疫情防控与侨情管控的双轨实际，要求进一步推动侨务工作向招商引资、招才引智、家风人文、侨胞社交等领域的拓展发展，但是由于受新冠肺炎疫情与环境的影响，在华侨跨地域、跨行业整合上还缺乏扶持支撑抓手，亟须建立衔接紧密、对接迅速的工作领域团队，动员和引导华侨、归侨及侨眷积极投身青田县经济社会建设、参与青侨反哺社会发展。

（三）推进"解决大盲区、治理小隐患"方法

近年来，依赖于侨乡优势，青田县进出口贸易环境发生了较大的变化，新冠肺炎疫情大前提下的竞争压力陡增。随着区域华人商户市场黏性的逐步提高，代理品牌贸易结构的不断优化，海外华人进驻青田县发展，使得侨商对于优质供电服务的需求也相应提升。为有效纾解社会问题，主要从三个疏堵关系上推进"解决大盲区、治理小隐患"的方法实施，见图12-3。

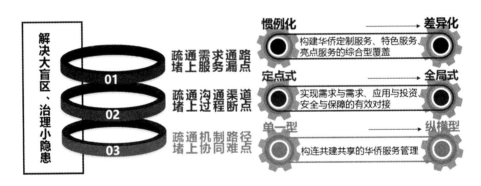

图12-3 推进"解决大盲区、治理小隐患"方法实施

（1）疏通需求通路，堵上服务漏点。精准对焦办电接电的日常需求、回乡投资发展的特殊需求、区域产业建设的关键需求，有效界定华侨主体利益方诉求，引导侨商企业绿色新能源使用，构建华侨定制服务、特色服务、亮点服务的综合型覆盖，由"惯例化"服务向"差异化"服务转化，在优化营商环境转型升级的同时满足华侨侨眷的所需所盼、促进电力经营的增供扩销。

（2）疏通沟通渠道，堵上过程断点。依托政策、信息、商贸、服务等多类

平台，充分发挥电力枢纽作用，实现电网建设需求与华侨发展需求、新型电能应用与侨胞投资项目、电力供应安全与招商环境保障的有效对接，由"定点式"沟通向"全局式"沟通转化，打破服务过程壁垒，确保电力供应与营配服务在投资环境、产业导向、侨办工作等多维落地中提供支撑与保证。

（3）疏通机制路径，堵上协同难点。实际华侨电力业务始终与县侨办、商务局、市场监管部门等诸多单位有着不少业务交集。通过形成有效统一的集体协同机制，构连起集职能部门、供电公司和其他中心共建共享的华侨服务管理，由"单一型"运作向"纵横型"运作转化，提升服务效能、完善保障机制，有效推进政策发布、解释与业务推进的统一进程，确保目标管理不断层、不脱节。

三、实施举措

（一）整合多方力量，扩充接力群体

（1）锚定接力"目标群"。以"精准服务华侨、精益管理侨务"为根本出发点和落脚点，青田县供电公司结合新冠肺炎疫情防控工作与近年来华侨服务工作，展开精准目标群画像，有效圈定归国发展的华侨、归乡养老的华侨、留居海外的华侨及青田县生活的侨眷为接力"目标群"，梳理得出信息沟通上"信息有效传递难、使用现有平台难、主动沟通对接难、操作难"，服务方式上"越洋办理用电难、了解国内电信难、熟悉国外电信难、高效享受服务难"，协同管理上"多部门联系难、多专业问询难、多事务参与难、多政策解读难"三大类接力难点。

（2）明确接力"核心圈"。2021年初，青田县供电公司立足新冠肺炎疫情常态管控下"侨雁归巢"的难点堵点问题，通过电话问询、会谈互联、驻地了解、侨胞走访、信息收集、专家质询等调研摸查方式，主动联络县侨办、商务局、市场监管局、青田华侨商会等组织机构，共同建立"侨雁归巢"接力"核心圈"。在厘清各方意愿、能力、资源和优势的基础上，围绕涉及华侨需求的问题清单，积极推动各方达成合作共识、编制联合行动，建立顶层合作机制，有效辐射"接力办事环境、接力办事程序、接力办事咨询、接力办事服务"全线流"核心圈"范围，实现涉侨事务区域协同办理，政务政策信息交换共享。

（3）扩充接力"泛圈层"。以"核心圈"为中心，从经济发展、基础建设、文化交流、乡情反哺等多维落点切入，融合构建包括青田同乡会、海外侨团、"双招双引"驿站各海外分站等组织，以及城乡创业孵化基地、进口商品商城、侨乡产业链区、青侨劳务派遣点等实体"巢"平台在内的"泛圈层"，进一步扩充"侨雁归巢"接力群体，推动形成侨团跨地域、跨行业、跨项目的全面整合。通过"泛圈层"的活跃，将分散的优质人才、项目、技术、资本通过抱团取暖的方式有效对接，形成人才链、资本链、产业链和服务链的"圈链合纵"，构建国内外联动、多方协同参与的接力环境，见图12-4。

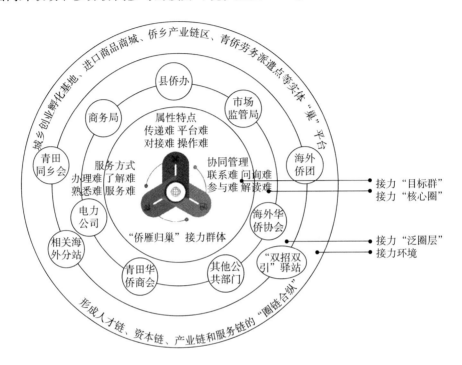

图12-4 "侨雁归巢"接力群体

（二）延展服务渠道，搭建接力平台

（1）一是升级"办电微平台"。精准对接华侨在归国创业的环境需求、信息需求、服务需求和情感需求，建立健全以"全要素模块、全过程服务、全流程管控、全专业联动"为核心的平台运营体系，为"侨雁归巢"搭建"侨帮主"2.0云上平台。二是服务功能再升级。在原有"侨帮主"办电微平台的基础上，从功能模块、平台运营、内部管理和配套保障四个方面进行全面优化，添加补充完成"我要装电""停电报修""用电巡视""停电信息查询""新能源查询""充电桩查询""青电报讯""在线问询"八块内容。由平台、供抢中心、属地供电所及相关责任部门合署办公，搭建"外联华侨需求申办、内联对口业务申请"双线服务同频。三是运行管理再提升。结合平台升级运行情况、流程办理运转情况、专项服务运稳情况，推进平台作业队伍的能力专业性、对接精益性和动态优化性。补强"党政领导主导—分管领导配合—部门领导推进—作业专员落实"的纵向职责链，补齐"客服人员—对口受理人员—部门直属责任人"的横向职能链，实施精准的职责应对范围、职属工作内容、岗位权责界面及技术规范要求，实现平台工作的有效运转及配套保障（见图 12-5）。国是服务模式再优化。"侨帮主"2.0 云上平台充分运用大数据信息运转，高速对接华侨用电、办电需求，发布电网、电力信息，在向外传输优质电力服务的同时获取华侨用电相关问题咨询与诉求。通过后台集中计算一系列电力服务的可优化性数据，精确采集平台运转情况和华侨评价情况，为后续动态调整平台专项服务、提升用电办理效率提供科学支撑。

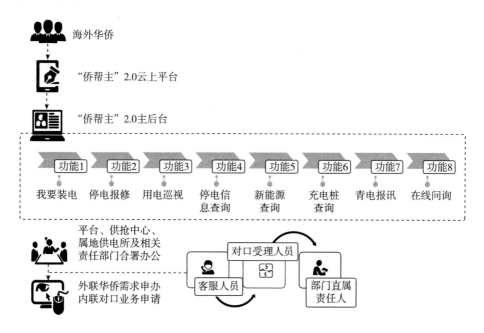

图 12-5 "侨帮主"2.0 云上平台用电业务办理机制

（2）升级"海外营业厅"。依托青田同乡会、华侨联络员队伍和国外能源公司，在国外 12 个城市设立 39 个定向驻点，形成"互联网+政务+侨务+电力业务"服务模式，为"侨雁归巢"构建立体式服务网络。一是拓展侨特色服务外延。"海外营业厅"集中聚焦海外华侨服务，实现一对一解决海外华侨办电问题、用电难题、疫情物资增援、疫情心理援助、国外电费单翻译、国内疫情管控要求、适侨宜侨推介项目、实时电价政策咨询等问题和信息的沟通协调，同时让海外华侨知晓国家电网有限公司海外控股公司的情况，以及疫情防控常态化形势下的电力政策和相关优质服务。二是聘请侨届联络员队伍。依托青田公共外交协会等海外协会，动员海外华侨、华人、热心人士积极参与平台建设，聘请 18 名联络员参与青田电力与海外华侨之间的沟通与联系，滚动修编《国网浙江青田县供电公司侨界联络员实施方案》，进一步推进"侨帮主"2.0 云上平台海外华侨办电服务的推广宣传工作，收集海外华侨的供电服务意见建议并向青田公司反馈。三是加设华侨投资咨询处。以"海外营业厅"海外驻点为据点，在原有国内外各类涉电业务上提供专业服务外，延伸加设国内华侨投资信息咨询处，对标疫情防控阶段的华侨圈，就回国投资优惠政策、投资创业指导方向、公共服务权益了解、产业电力政策解读等相关华侨归国创业资料，进行统一集中打包发送，将"个体优势"转化为"圈子优势"，用社会责任树立品牌形象（见表12-3）。

表 12-3　"海外营业厅"区域覆盖服务内容一览表

区域覆盖范围		具体服务内容
国内服务	办电用电类	报装业扩、电力施工、线路工程等重点办电项目等
	疫情援助类	疫情物资增援、疫情心理援助、地区疫情防控指标更新、地区疫情管理实时指导等
	涉外翻译类	国外电费单翻译、办电流程翻译、用电指南翻译等
	招商引资类	适侨宜侨推介项目、重点华侨投资项目、"双招双引"实践工程项目、侨商区域商铺招商项目、涉电相关地区重点融资项目等
	政策解读类	实时电价政策咨询、侨商电网优惠政策问询、地区华侨"双招双引"特殊政策了解等
	其他咨询类	其他涉电涉侨相关信息咨询
国外服务	涉电类国家电网有限公司海外控股公司推介，提供疫情防控环境下华侨所在地电力供应相关咨询	

（三）聚焦精准服务，推进接力行动

（1）办电服务上"精准接力"。一是提供"一站式"办电服务。依托"侨帮主"2.0 云上平台和"海外营业厅"两大载体，以优质供电服务为基点，向华侨提供办电服务，突破时空限制，实现"国内用电海外办""海外用电国内帮"的"互联网+"一站式办电服务，进一步解决海外华侨办电和用电难题的同时，积极服务国家"一带一路"建设及省市县"侨商回归"工程，充分发挥青田华侨优势，吸引侨商、侨资回流发展，促进侨胞、侨眷凝心聚力。二是提供"差异化"涉侨服务。创新推进"流动便侨服务站"在华侨经济文化合作试验区、侨乡进口商品城、侨乡农产品城的落地实践，硬环境上按照驻地企业的年度建设目标任务，倒排电力工程工期，缩短施工方案时限，最短时间完成配网工程线路施工与接网工程装置工作，软环境上做好用户业扩报装、老旧线路检查、重大设备排查、用电方案指导等"臻享+差异化涉侨服务"，拓展电网延伸业务和综合能源服务。

（2）市场服务上"精准接力"。一是提升电力支撑保障能力。借助"侨帮主"2.0云上平台和"海外营业厅"的阵地集合，及时、准确地向海外华侨推送国内清洁能源的发展形势、最新政策、储能设备、需求侧资源等信息，完成电厨房、鱼光互补水质监测设备采购方案的编制，增进华侨企业及用户了解，形成公平透明、竞争有序的市场化辅助服务共享和分担机制，提升电力支撑保障能力。二是加强专业咨询指导。针对能源销售服务、分布式能源服务和节能减排服务及需求响应服务，公司营销部专门成立专业咨询团队，为海外华侨综合能源投资提供专业全面的技术和业务咨询指导，从新能源消纳、电力市场交易、新兴产业发展等多方位、多维度进行精准挂钩、有效引导，帮助侨商把握创业机遇，规避创业风险，促进电力市场界面实现跨界融合与优势互补。

（3）社会服务上"精准接力"。以"电"带面，将服务延展至"双招双引"的"一揽子服务"，积极支撑政府"招商引资""招才引智"工作。一是助力专项行动。结合地方就业创业管理服务体系，合力推进"海外院士青田行""产业人才集聚""高新人才创新创业平台创建""国际人才智力合作交流活动"等专项行动的开展，帮助搭建沟通协商平台，在市场准入、平台服务、电力资源等方面给予配合和支持，持续增强华侨归乡、侨资回流的信心和热情。二是加强舆论引导。配合完成《关于实施青田华侨"五年人才计划"意见》《青田加快重点产业人才引进培养的十条措施》《青田"1+3"人才服务管理工作办法》等政策的落实与宣贯。携手开展青侨家风故事、人才推荐会、"侨雁归巢筑梦家乡行"青年人才座谈会等"巢引力"主题活动，宣传"双招双引"工作中的成功案例、创业故事、乡情乡谊，进一步扩大"侨雁归巢"接力体系的知晓度和影响力。三是增强人文关爱。携手当地政府、公共事业单位、非营利机构等部门，在关心关爱侨眷、促进文化交流方面努力贡献。通过协同开展"点亮心灯——关爱华侨留守儿童心理健康"项目、建设华文教育基地、建立梯次全托式养老院、构建侨眷养老服务保障机制等途径，深耕关心厚爱侨眷，让远在异乡的侨胞感受到"家乡的温暖"（见图12-6）。

（四）发挥协同效应，完善接力机制

（1）建立驿站联络员机制。以侨界联络员为实施主体，依托"流动便侨服务站""双招双引驿站"，扩充建立包括国内服务站6名专员在内的驿站联络员机制，编制完善联络员队伍工作手册，对内着力提升供电业务办理效率，对外联合各利益方，做好人才引巢的信息梳理和双向反馈，专项对接人才引巢的举荐模块，形成以驿站为落点的闭环工作模式。

（2）建立产业项目落地协调机制。配合相关单位和部门多渠道参与并开展招商引资活动，启动"一项一案"制管理，着重解决重大产业项目进程中配套电

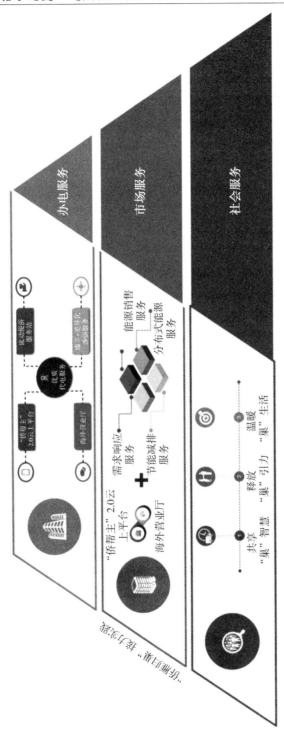

图 12-6 "侨雁归巢"接力实践

力供应所遇到的困难和问题，加强产业规划与青田电力规划、土地利用规划、重点工程规划的衔接，缩短前期审批时限、完善中期管理流程、督促后期推进力度，及时跟踪落实重大产业项目的关键环节及实施进度，建立相关招商引资重点目录，规范重点产业项目入驻条件，有效提升招引项目落地效能。

（3）建立引荐奖励机制。通过全天候在线申报，对参与举荐的部门（单位）、个人进行引才引荐奖励，人才及团队等级依据相关办法进行甄别等级奖励，提高招才引智市场化水平。同时将引荐奖励机制纳入青田公司考核体系，从领导责任落实情况、申报项目准备情况、引资工作成效情况对标进行年度评估与考核，有效优化基层电力服务激励措施。

四、项目成效

（一）"侨"特色服务，助推"精准服务力"提升

项目升级再塑"侨帮主"2.0云上平台和"海外营业厅"特色载体的两大平台功能，有效优化使用性能、突破时空限制，有效形成了"臻享+差异化涉侨服务"新模式，构建起了市县两级新型VIP客户增值服务体系，进一步深化了"互联网+营销服务"在海外华侨办电服务中的应用，累计开展各类"侨"特色服务90余次。同时，"侨雁归巢"接力体系的赓续建立，打破了职能界限和专业壁垒，充分整合了社会资源、创新了服务元素，实现了办电服务、市场服务和社会服务并轨推进，使得华侨充分享受到回乡创业相关流程办理的"一站式"服务，有效减少了华侨到达现场办理业务的次数，缩短了华侨办理相关程序的时间，让华侨回乡创业变得更轻松、服务落地变得更精准。

（二）"侨"要素回流，助推"发展竞争力"提升

项目实施以来，累计为海外华侨、青田归侨、目标侨眷等群体办理了198户大工业、一般工商业用电及83户居民生活用电，累计报装容量10200千伏安，新增电量3200万千瓦时，增加电费收入2300万元，电网发展从华侨经济中寻求到了新的"借力"增长点。华侨相继投资屋顶光伏发电等节能减排的新能源项目，疫情常态化影响下的经营管理得到缓冲，催生了适应发展的落地路径。项目推进打造以"电"带面形成的服务联盟，青田公司携手政府各职能部门、公共事业单位以及非营利机构，积极配合推动《加快华侨要素回流、推进共同富裕的若干意见（试行）》的宣传和落实，吸引回国投资的华侨已近15万人，侨资企业有500余家，实际回笼侨资130多亿元，持续促进了华侨兴业、资本、总部、智力、安居"五大回归"，地区经济指数逐步提升。

（三）连心"侨"传播，助推"品牌价值力"提升

项目推进过程中，通过调动协调利益各方、多渠道推动政府出台惠侨、聚

侨、引侨相关政策，围绕打造特色商贸平台、发展欧陆风情体验、引导华侨总部回归、促进中西文化交流、推进金融服务创新、强化科技人才支持、鼓励华侨回乡安居等涉侨七大领域，出台了30条具体的补助扶持政策，积极开展了百名海外"双招双引"大使、百个"双招双引驿站"等电力支撑、服务保障的沟通协调工作，持续开展了"连心'侨'、雁归巢"品牌传播等牵线主导的多项特色工作。目前，青田公司在43个国家和地区的72个海外工作站的服务中积极发挥作用，切实构建起了以青田侨文化为向心的文化认同、愿景趋同、知行协同的青侨乡情网络，使得国家电网有限公司在政府"双招双引"工作中的责任担当和社会影响力更加深入人心。

案例三　点亮牧区
——社会责任根植藏区乡村振兴*

一、项目概况

2020年，党和国家进一步提出了乡村振兴、碳达峰碳中和等战略大计。之前一直将援藏扶贫作为服务党和国家工作大局的电网企业，面临着如何在新的时代背景下，积极响应党和政府的宏图方略，进一步优化升级援藏工作模式的未来抉择。2018年以来，国网绍兴供电公司在为对口支援的西藏那曲县进行电网建设与升级改造的同时，结合当地的需求，孕育和开展了电动皮卡等公益捐赠活动，赢得了当地居民的热烈欢迎和良好口碑。为更好地、可持续地开展援藏工作，国网绍兴供电公司以社会责任根植项目为契机，提出《点亮牧区——社会责任根植藏区乡村振兴》项目，通过融入共享价值、资源整合与品牌运作等社会责任理念与方法，对公司援藏工作进行重新梳理、整合与提升。公司引入社会参与，在项目开展之初，就建立多方参与的项目团队，扩大了公益项目的朋友圈；在对牧民用电问题的调研过程中，创新媒体跟拍式调研方法，推进访谈与传播的协同并进；在对调研问题进行梳理的过程中，运用思维导图工具，找出与新能源机构合作升级光伏电源这一突破口；坚持以点带面，制定"点亮牧区"公益三步走战略，以少聚多地逐步推进对牧民用电问题的解决。2021年度仅为本项目开始的第一年，项目组计划用5~10年的时间，持续跟进和优化，打造出一个多

* 国网绍兴供电公司、国网绍兴市上虞区供电公司茅东华、孟永平等。

方参与、合作共赢、可持续的援藏精品工程。

二、思路创新

（一）问题剖析

1. 公益做法零散跳跃，缺乏长期系统规划

国网绍兴供电公司从2018年10月起，开展对口支援西藏那曲聂荣地区电网建设。截至2020年6月，帮扶电网总投资8368.59万元，立杆5688基，架线321.19千米，新装配变台区103个，解决了160个自然村的用电难题，居民生产生活持续得到改善。同时，国网绍兴供电公司在电网建设过程中，了解到了当地学校在物资运输上的困难，于是联合国网浙江电动汽车公司为学校专门定制了可适应低温与高原环境的电动皮卡车，并将"电娃课堂"带到当地学校，宣传安全用电知识，受到了学校师生的热烈欢迎。2021年以来，国网绍兴供电公司开启筹备针对牧民的移动电源的捐赠工作。从现有的工作来看，国网绍兴供电公司面向藏区的公益帮扶以电力帮扶为主，配以零散、跳跃的捐赠和公益活动，一次性帮完就转移对象和目标，缺乏一个针对当地经济社会发展特点和实际需求、基于电网企业优势的长期公益规划，难以实现企业价值与社会价值的最佳匹配与双赢。

2. 组织方式单打独斗，资源整合能力不足

国家电网公司的公益捐赠主要在系统内部开展，各个地方的公司针对当地的公益需求按年度向总部公益慈善基金申请相应的费用，并将费用委托某家慈善机构代为管理和执行。绍兴公司以往在开展援藏公益活动的过程中，组织方式都是单打独斗，缺乏内部资源整合与外部力量的介入，公益往往局限在活动层面，没有形成项目化的运作机制，公益活动的影响范围与价值创造均有所局限。同时，还可能因为慈善代管的流程因素影响到项目推进的整体效率。随着西藏脱贫攻坚工程的顺利完成，如何实现西藏乡村振兴战略与碳达峰碳中和目标，达到绿水青山和金山银山的共赢发展是摆在国家与人民面前的新课题，需要政府、企业与社会各界的广泛参与和共治。因此，在推进援藏公益的过程中，如何最大化优化整合社会资源，以"一两拨千斤"的创新与变革推进藏区社会发展，是新时代新公益的新发展方向。

3. 欠缺品牌化运作，影响力与传播度有限

对于国网绍兴供电公司在2019年度开展的电动皮卡捐赠和"电娃课堂"进藏区的活动宣传，仅在官媒发了几篇新闻通稿，既缺乏品牌化的定位和运作，也没有充分利用新媒体的传播优势，公益活动的社会影响力与传播度有所欠缺。2020年，国网浙江电力坚持十年的"点亮玉树——'新能源+新教育'生态赋能工程"公益慈善项目，从全国772个优秀参赛项目中脱颖而出，获得2020中国公益慈善项目大赛金奖，成为此次大赛中央企业唯一获奖项目，在促进青藏高原可持续发展的同时，也提升了电网企业的品牌形象与社会影响力，探索并创建出了"电力+环保+公益"的有效路径，为绍兴公司接下来的援藏公益事业提供了有益的参考。

（二）责任根植

1. 基于共享价值，绘制电力发展与藏区振兴的交集面

转变以往纯粹利他的援藏工作方式，引入创造共享价值的理念和工具，从企业价值与社会价值共同倍增的目标出发，探寻既契合藏区经济社会发展需求和牧民生活需要，又有利于电网企业自身战略发展的相关议题，绘制电力发展与藏区振兴的交集面，从中发现最为重要、紧迫的社会责任议题，为公司长期可持续推动援藏工作提供更具综合价值的方向指引。

2. 基于资源整合，构筑社会各界多元化参与的同心圆

转变以往各自为政的援藏工作模式，根植资源整合的社会责任理念，联合西藏、四川等兄弟单位的力量，整合综合能源公司、北京大鸾翔宇慈善基金会、媒体机构等社会组织的资源优势，构筑社会各界多元化参与援藏工作的同心圆。通过对优势资源的整合以及各方工作的协同，让援藏工作发挥更大的效用、创造更大的价值。

3. 基于品牌运作，挖掘责任力与影响力并存的闪光点

优化援藏工作的社会宣传工作，引入品牌化运作的思维和方法，将绍兴公司发起的这项常态化援藏工作打造成具有品牌辨识度和品牌影响力的战略公益项目，挖掘项目中责任力与影响力并存的闪光点，运用整合营销的方法，做好大众传播，最大化争取社会的关注与支持，助力提升电网公司的责任品牌形象。

三、实施举措

（一）引入社会参与，扩大公益项目朋友圈

1. 着眼长期价值，提前搭建项目团队

转变以往公益捐赠单打独斗或临时招兵的组织方式，从战略公益的角度预判项目长远发展的目标、价值和需求，进而提前沟通并搭建项目工作团队。项目组积极与藏区发展相关的兄弟单位、公益组织、媒体机构等各个利益相关方进行沟通，交流新发展阶段下援藏工作的新思路、新方向，建立以国网绍兴供电公司为牵头单位，以西藏电力公司、四川电力公司、浙江综合能源服务公司、北京大鸾翔宇慈善基金会、英大传媒等为合作单位的社会责任根植项目工作组，明确工作团队、职责分工以及各单位参与到项目中的时机，并邀请科研机构的社会责任专家进行指导协助（见表12-4）。

表 12-4　多方协同的公益团队组织分工表

工作团队	职责分工	参与起点	
牵头单位	国网绍兴供电公司	总体策划、资金支持、人员协调	2021 年底
兄弟单位	国网西藏电力有限公司	落地执行	
	国网四川省电力有限公司	落地执行	2022 年底
公益组织	北京大鸢翔宇慈善基金会	资金支持、资源协调	2021 年底
技术单位	浙江综合能源服务公司	产品技术开发	
	八度阳光	产品技术开发	
媒体	英大传媒	社会传播	
	中国电力出版社	社会传播	
社会专家	中国社会科学研究院	咨询策划、辅助执行	

2. 注重过程沟通，增进团队间凝聚力

项目组坚持透明运营的理念，组建由电网公司、基金会、媒体、社会专家等成员构成的工作微信群，将参与的各方负责人纳入微信群中，在线及时交流项目推进的信息，尤其是在项目调研过程中，实时汇报项目进展，极大地提升团队凝聚力与向心力。

（二）创新调研方式，推进访谈与传播并进

转变以往公益活动因缺乏调研而盲目决策的工作方式，在开展光伏移动电源捐赠之前，首先派出调研小组，对当地牧民的生产生活现状和对光伏电源的实际需求展开深入细致的研究，及时发现问题、调整方向，为后续捐赠工作和公益项目的长期执行奠定真实客观的实践基础。

1. 基于相关方视角，制定调研方案

项目组制定了详细的调研方案，旨在深入藏区牧民生活所在地，通过问卷调查、访谈座谈以及沉浸式观察等调研方式，了解那曲县牧民的生产生活现状，评估对移动电源的需求及其对牧民的实际价值，发掘牧民生产生活的其他需要，为做好本次捐赠和未来持续开展的公益项目进行情况摸底与背景调查（见表 12-5）。

表 12-5　利益相关方沟通情况

目的	对象	方式	预期目标
捐赠沟通	当地政府（农牧局）	访谈	掌握牧民数量、结构与分布 评估对移动电源的需求 拟定本次捐赠的对象 商议捐赠的形式

目的	对象	方式	预期目标
背景调查	环保部门	访谈	了解藏区环境现状和问题 了解游牧的生态环境价值 探讨电网建设与环境保护的工作结合点
	牧民安居点村干部	访谈	了解安居工程的社会价值 了解牧民生活现状和需求
	当地供电局	访谈	了解在当地的睦邻关系 探索与牧民互助合作的机会
	牧民	访谈 沉浸式观察 问卷	观察了解牧民日常生活 发现牧民的切身需求和资源 发掘更多的公益创新点
素材采集	牧民	沉浸式观察	评估移动电源的社会价值 发现使用中可能存在的问题 为后期宣传筹资拍摄素材

2. 联手媒体机构，开展跟拍式调研

西藏那曲地域偏远，要开展相应的公益项目，人力和时间成本都相对较高。为了最大化整合资源，提高项目调研的效率，项目组邀请了媒体摄制组、社会责任专家组，共同组成调研工作组，奔赴西藏那曲进行媒体跟拍式调研。媒体跟拍不仅能够提高采访调研的效果和真实性，对过程进行充分翔实的记录，也能够为后续项目传播储备真实、自然、丰富的素材。项目共调研五天，并形成了一份调研汇报短片。

（三）运用思维导图，深度剖析问题与机会

1. 总结调研成果，聚焦问题发现

通过调研，对本次项目所聚焦的那曲牧民生活现状和困境有了更加真实、清晰的了解。具体来说，主要表现在以下四个方面：

一是牧民的用电需求已经从"用上电"向"用好电"转变。国家多项政策的落实，使牧民的生活条件得到了较大的改善。家家户户基本都有固定的住房，有汽车作为出行工具，家里也都添置了冰箱、彩电、洗衣机等生活设施。但是部分牧民家尚未被电网覆盖，仅使用政府发放的光伏电源，在阴天等情况下，电器设备就无法正常使用，严重影响了牧民的生活品质。

二是光伏电源的后期运维基本空白，是一个潜在的隐患。移动式的光伏电源主要依靠蓄电池来储存所发电量，其功效必将随着电源的使用而逐年下降。牧民居住分散，所有电源皆为政府免费赠送，对光伏电源的维护基本处于空白状态，在未来如何有效地实现对牧民光伏发电系统的维护，也是一个需要提前关注和思考的问题。

三是牧民对融入互联网的需求同样强烈，但受地域影响同样面临数字鸿沟。当地牧民基本家家有手机，但是由于地处偏远，通信设施和电网一样难以触达，导致牧民的手机在家里基本无法使用。目前，各个村的联络通信基本依靠手机微信群等现代化工具，这些没有被互联网覆盖的牧民没有办法及时得到外界通知，信息十分闭塞。牧民本就居住分散，生活孤独而闭塞，如何改善当地的通信条件，帮助偏远地区的牧民跨越数字鸿沟，更好地融入互联网时代，尽管不是电网企业可以主导的事情，但也是关系牧民生活品质的一部分。

四是野生动物数量增多给牧民的生计安全带来了新的困扰。近年来，随着国家对退牧还草、草原生态保护、野生动物保护等政策的推行，西藏那曲地区的植被和生物多样性都得到了不同程度的改善，棕熊等野生动物的数量也有了较大幅度的提高。生态环境优化的同时，也让处于偏远地区的牧民面临着被棕熊、狼群等野生动物袭击的危险，人与自然的矛盾以另一种形式浮出水面。如何在保护野生动物、保护生态环境的同时，也能够保证人的安全，实现人与自然的和谐相处，同样考验着人类的智慧。

2. 运用分析工具，寻找问题解决的突破口

经过调研，从诸多重要问题中聚焦牧民用电难这一最为紧迫且与电网企业关系最为紧密的议题入手，运用思维导图（见图12-7），从原因、现状、问题、后果等各方面进行深入剖析，寻找问题解决的突破口。

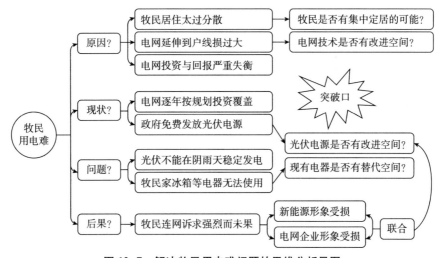

图 12-7　解决牧民用电难问题的思维分析导图

经过分析发现，牧民用电难的原因主要在于，西藏那曲地域广阔，牧民居住太过分散，电网延伸到牧民家往往需要几十甚至上百千米，不仅投资与回报严重失衡，还会因为线损直接让电在运输的途中就消耗掉了，难以触达边远牧民的家中。目前，针对牧民用电的现状，当地电网企业按照电网规划逐年投资电网建设，坚固网架结构和层级，尽可能地全面覆盖牧民居住点，但这需要一个较长的时间。对于目前尚未连网的牧民，政府去年在那曲免费发放了 2 万多台光伏发电移动电源，基本能够解决牧民夜晚照明等生活用电。但是，光伏电源仅在晴天能够持续稳定供电，遇上阴雨天气，则可能电量不足，难以带动冰箱、洗衣机等较大功率的电器。

为了寻找问题解决的最佳突破口，项目组从牧民侧、电源侧、电网侧以及用电侧均展开分析和调研，挖掘进一步优化改进的空间。首先从牧民侧来看，西藏前些年大力推进了牧民安居工程，将许多分散居住的游牧民搬迁到定居点，形成半游牧半定居的畜牧生产方式，而定居点则具有更好的连网通电条件。因此，电网企业可以进一步配合政府的牧民安居工程，做好供电保障工程。从电网侧来看，那曲公司需要修建更多电压等级更高的网架，从而为远距离输电提供技术上的保障。这需要电网公司进一步配合政府发展规划，继续加大电网投资，但这是一个循序渐进的过程。从电源侧来看，政府之前免费发放的光伏电源，其功率、电压和容量均不是市面上最好的电源，还有很大的改进空间。从用电侧来看，鉴于光伏电源本身依赖于天气等特点，帮助寻找同等功效下功率更小的电器，也是一个选择。综上来看，既可行又迅速的解决办法是联合新能源企业开发生产容量更大、供电更为稳定的光伏电源，帮助牧民更快、更好地用上电。

（四）坚持以点带面，逐步解决牧民用电难题

1. 着眼西藏地域特征，开发适用性光伏电源

国网绍兴供电公司联合浙江综合能源服务公司（以下简称"绍兴公司"），在牧民当前使用的光伏电源的技术水平上，针对西藏当地的天气、海拔等气象条件和地域特征，专项开发更能适用于高原气候，更能抵御阴雨天气的光伏发电技术，以及容量更大、耐用性更好的光储能电池，努力提升牧民的生产与生活用电品质。同时，绍兴公司还提前联络了国内先进的新能源技术研发机构八度阳光，使其参与到本项目后期的进一步优化升级当中。

2. 以公益捐赠为试点，推进产品小范围试用

国网绍兴公司选择西藏那曲供电公司在当地的驻村点那曲市比如县夏曲镇热萨村作为 2021 年公益捐赠的试点村，捐赠 20 台新版的光伏电源给当地村民试用。鉴于该村共有 180 多户村民，项目组通过实地调研和与当地村委沟通，选取家中有老人、病人和孩童的最需要改善用电条件的 20 户家庭先行试用。同时密

切跟踪监测和评估新版光伏电源的实际使用效果，评估其在阴天中的供电表现，调查牧民使用满意度，为后续是否继续采购和捐赠新版光伏电源提供实践依据。

3. 主动唤起社会关注，形成公益三步走战略

由于国网绍兴供电公司每年度的公益捐赠金额有限，本次捐赠的光伏电源数量仅为 20 台。全那曲大约有 2 万户牧民还没有连上电网。如何用 20 台的小规模数量，最大化撬动社会资源，来填补那曲 2 万牧民甚至更多地区牧民对高品质用电的需求缺口，将是本项目接下来要重点解决的问题，也是最能体现社会责任根植的智慧和精髓所在。

国网绍兴供电公司结合当前现实基础与未来远景规划，超前制定"点亮牧区"公益三步走战略（见图 12-8）。将工作分为试点期、深耕期与扩大期三个阶段。试点期着力解决技术问题，通过小范围的捐赠和试用，不断优化改进光伏产品；深耕期主要进行模式探索，国网绍兴供电公司在开展 2021 年捐赠的同时，提前联络四川省电力公司、北京大鸢翔宇慈善基金会、八度阳光等合作方，积极与当地农牧局、能源局沟通，通过在线参与、现场捐赠等方式全程了解 2021 年公益捐赠的进展与成效，同时与那曲供电公司商讨光伏电源的长效运维机制，致力于形成可持续的牧民用电解决方案；扩大期将着力公益品牌运作和社会传播，努力唤起更多团体和公众对牧区的社会关注，逐步拓宽"点亮牧区"公益品牌的资金来源渠道，扩大牧民受助群体，帮助西藏、四川等地更多牧民切实改善用电品质。

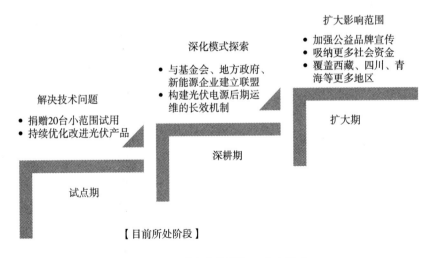

图 12-8 "点亮牧区"三步走战略

四、项目成效

（一）点亮牧民生活，为藏区振兴贡献电网力量

国网绍兴供电公司委托浙江新能源公司联合开发的新版光伏移动电源的容量为牧民目前使用的电源容量的6倍。通过本项目的阶段性实施，在很大程度上缓解了牧民阴雨天用电困难、冰箱难以带动等问题。同时，通过新能源的推广利用助推对高原地区的环境保护与碳达峰碳中和目标的达成，为藏区乡村振兴的实现奠定了坚实的基础。

（二）创造共享价值，实现参与各方的合作共赢

国网绍兴供电公司组织的这次公益捐赠以及策划的未来的一系列公益计划，在优化整合电网企业、综合能源公司、社会组织等各方优势资源的同时，也能为参与各方创造共享价值。项目帮助当地那曲供电公司缓解了与当地牧民之间的紧张关系，赢得了社会公众对国家电网公司的认可和尊重；浙江新能源公司通过推广自身的光伏产品，以公益为契机打开了更为广阔的新能源市场；北京大鸢翔宇慈善基金会等社会组织与媒体机构经过同步参与，也实现了自身的发展。

（三）实现模式创新，为援藏工作打造精品工程

相较大多数事后总结型的社会责任根植项目，本项目是全程参与的社会责任根植项目，从项目立项之初到过程执行以及未来的发展规划，社会责任专家始终全程参与和指导。通过本项目的前期试点探索，初步形成了"专业机构+供电企业+合作单位"公益创新的长期协作机制，能为公司长期、系统地开展藏区对口援助制定路线、方针。

接下来，国网绍兴供电公司将力争通过品牌化运作与社会化传播，为电网企业援藏工作打造又一精品公益工程。

参考文献

［1］陈独秀．独秀文存［M］．合肥：安徽人民出版社，1978.

［2］陈建奇．高质量发展促进共同富裕的内在逻辑和实现路径［N］．四川日报，2021-09-06（009）．

［3］陈丽莎，王乾鹏，丁豪．电力大数据应用的浙江实践［J］．国家电网，2021（2）：62-63.

［4］陈丽莎，杨晨．当好绿色主力　守好"两山"阵地［N］．中国电力报，2021-09-13（002）．

［5］陈丽莎，周游，茹玉．让办电用能更便捷高效——国网浙江电力高质量开展"网上国网"建设运营工作［J］．国家电网，2019（9）：25-27.

［6］陈丽莎．"共富"下的能源革命进行时［N］．中国电力报，2021-08-12（001）．

［7］陈丽莎．"三年行动计划"加速乡村电气化［J］．中国电力企业管理，2021（11）：6-7.

［8］陈丽莎．浙江电力全力支撑浙江高质量发展建设共同富裕示范区［N］．中国电力报，2021-07-21（001）．

［9］陈燕和．国有企业应该承担三个维度的社会责任——学习习近平总书记系列重要讲话的体会［J］．学术研究，2018（4）：81-87+177-178.

［10］邓观鹏，张扬金，陈志茹．新发展阶段下共同富裕的内涵、逻辑与条件［J］．理论建设，2021，37（5）：66-71.

［11］邓小平文选：第三卷［M］．北京：人民出版社，1993.

［12］丁春福，王静．关于习近平共同富裕重要论述的四维思考［J］．理论界，2020（8）：1-8.

［13］杜人淮，贺琨．在高质量发展中促进共同富裕［N］．解放军报，2021-10-20（007）．

［14］高雅．加快数字化转型　推进能源互联网企业建设［N］．国家电网

［48］张来明，李建伟．促进共同富裕的内涵、战略目标与政策措施［J］．改革，2021（9）：16-33．

［49］张婷．发挥"六个力量" 服务脱贫攻坚——访国网扶贫工作领导小组办公室主任张莲瑛［J］．国家电网，2020（11）：40-45．

［50］浙江高质量发展建设共同富裕示范区实施方案［N］．浙江日报，2021-07-20（001）．

［51］中共中央马克思恩格斯列宁斯大林著作编译局．马克思恩格斯文集：第八卷［M］．北京：人民出版社，2009．

［52］中共中央马克思恩格斯列宁斯大林著作编译局．马克思恩格斯选集：第三卷［M］．北京：人民出版社，1995．

［53］中共中央文献研究室．邓小平文集（中）［M］．北京：人民出版社，2014．

［54］中共中央文献研究室．十七大以来重要文献选编（上）［M］．北京：中央文献出版社，2009．

［55］中共中央文献研究室．习近平关于社会主义文化建设论述摘编［M］．北京：中央文献出版社，2017．

［56］中国社会科学院财经战略研究院课题组，何德旭，赵瑾．"十四五"时期推进中国贸易高质量发展的问题与对策［J］．财贸经济，2021（10）：23-37．

［57］中国社会科学院工业经济研究所课题组．新工业革命背景下的世界一流管理：特征与展望［J］．经济管理，2021，43（6）：5-21．